本书获得以下项目资金资助：教育部人文社会科学规划基
进视角下国际货币权力转移及人民币国际化对策研究"（18YJA
国家社科基金后期资助"附加值贸易网络关系视角的中国
式及转型升级研究"（18FJY022）；中共天津市滨海新区
校级课题"东亚生产网络演进与中国地位选择"。

U0610782

东亚生产网络视域下
中国国际地位考察

——来自附加值贸易的证据

李 霞◎著

The Position of China

from the Perspective of
East Asian Production Networks:

Evidence from
Global Value Chains Trade in Value-added

经济管理出版社
ECONOMY & MANAGEMENT PUBLISHING HOUSE

图书在版编目（CIP）数据

东亚生产网络视域下中国国际地位考察：来自附加值贸易的证据／李霞著.—北京：经济管理出版社，2019.11

ISBN 978-7-5096-6969-3

Ⅰ.①东… Ⅱ.①李… Ⅲ.①中国经济—经济发展—研究 Ⅳ.①F124

中国版本图书馆 CIP 数据核字（2020）第 010082 号

组稿编辑：丁慧敏
责任编辑：丁慧敏 韩 峰 张广花 张莉琼 乔倩颖
责任印制：黄章平
责任校对：董杉珊

出版发行：经济管理出版社
　　　　　（北京市海淀区北蜂窝 8 号中雅大厦 A 座 11 层　100038）
网　　址：www. E-mp. com. cn
电　　话：（010）51915602
印　　刷：三河市延风印装有限公司
经　　销：新华书店
开　　本：720mm×1000mm /16
印　　张：14.75
字　　数：212 千字
版　　次：2020 年 4 月第 1 版　2020 年 4 月第 1 次印刷
书　　号：ISBN 978-7-5096-6969-3
定　　价：59.00 元

前　言

中东欧区域生产网络、北美区域生产网络和东亚生产网络是当今三大区域生产网络，尤以东亚生产网络最为突出。在经历了1997年亚洲金融危机和2008年国际金融危机这两次重创之后，它每一次都能迅速恢复并重构，展示出强大的适应性和活力。中国的加入更是给东亚生产网络带来了强劲的发展动力和广阔的市场回旋余地，同时也加速了东亚内部市场结构和成员架构的变革。本书聚焦变革中的东亚生产网络，试图为正在经历转型"阵痛"的中国经济开拓新的外部空间提供可行的建议。

本书围绕以下四个问题展开：①通过全球价值链的附加值数据，是否能够发现东亚生产网络有别于传统视角下的新特征？②中国在当前东亚生产网络中究竟处于什么样的地位？哪些因素影响了中国在东亚生产网络中的分工地位？③中国应该如何顺应东亚生产网络重构的趋势，借以提升自己的分工地位和区域影响力？④中国在东亚区域内地位的提升是否有助于国内产业结构调整？

上述四个问题构成了本书的内在逻辑：首先在全球价值链理论框架下对东亚生产网络演进和中国参与现状展开研究，判断中国在东亚生产网络中的地位，并以此为基础分析影响中国在东亚生产网络地位的各种因素，其次探讨中国在东亚生产网络中的地位提升是否有助于解决中国面临的产业困境。因此，本书不但具有重要的理论价值而且具有极强的现实意义。

笔者结合微观视角和宏观视角，运用比较静态分析和动态分析相结合、规范分析和实证分析相结合的方法，对东亚生产网络演进和中国地位选择问题进行了分析，研究内容主要体现在以下四个方面：

（1）本书针对全球价值链条件下东亚生产网络的新特征，通过历史分析和动态分析相结合的方法，以外国直接投资（Foreign Direct Investment, FDI）和附加值贸易数据为基础，从资金流动、产品贸易和成员影响力三个层面对东亚生产网络进行重新解构。提出东亚生产网络是东亚生产体系进入21世纪之后的特定发展阶段，是东亚生产体系在比较优势分工法则下，受全球价值链驱动，以跨国企业为点，以FDI和中间品贸易为线，以各成员关系为面，互补型、多边型、垂直型与水平型分工交织的复杂新型区域分工网络。目前东亚生产网络以"韩国和东盟—中国—美国"模式为典型特征。但是其外向型、梯度性和低附加值性的核心特质与雁阵模型、"三角模式"等前期形态并没有本质不同。FDI方面，日本主导了东亚的FDI流出，中国带动东亚FDI流入，目前东亚FDI整体呈现净流出状态，以中国表现最为突出；贸易方面，东亚生产网络尚未摆脱外向型特征，但是内部集约性不断增强。目前在东亚主要国家中，中国对东亚出口的贡献最大，日本对东亚生产网络最为依赖。

（2）针对中国在东亚生产网络中的地位及影响因素，本书采用了从宏观到微观的逻辑进行分析。

首先，通过大量数据分析，提出中国主要通过引进东亚投资、参与东亚加工贸易、对东亚进行投资三大渠道融入东亚生产网络。特别地，鉴于近年东亚地区成为中国海外直接投资的头号目的地，本书采用投资引力模型对中国在东亚直接投资的区位因素进行分析，并对东亚经济体的投资潜力进行估算。中国在东亚地区的投资决策与东道国市场扩张能力、基础设施水平、社会服务水平和双边贸易水平高度正相关。中国在东亚地区投资时愿意承担更大的政治风险，倾向选择"一带一路"沿线国家和与中国签署双边投资协定的国家。与传统认知不同，中国更倾向在东亚地区选择劳动力成本较高的经济体进行投资，自然资源和距离并不是主要考虑的区位因素。本书基于东亚生产网络深受全球价值链影响的事实，从中间品贸易角度，利用传统贸易数据进行验证，证实中国在东亚生产网络中仍处于加工平台位置。

其次，从参与东亚生产网络的价值链程度、价值链利益获取状况和贸易影响力三个方面，分别采用投入产出方法、附加值贸易分解和复杂社会网络分析的方法对中国在东亚生产网络中的地位进行考察，得出的结论是中国是东亚生产网络最具贸易影响力的国家，但存在贸易地位与利益获得不匹配的状况。具体来看，中国是东亚生产网络的出口平台，但作为东亚市场提供者的角色日益突出。中国在东亚生产网络的参与程度超过日本，其中，通信设备制造、机械制造、电器设备制造和交通运输设备制造等产业的竞争力最强，劳动密集型行业的竞争力下降。中国已经占据东亚生产网络的核心区域，但是尚未摆脱依赖外部市场的被动性。尽管在影响力方面日本已经被中国超越，但是日本在对外经贸关系中的主动性更强。

最后，采用实证分析的方法对影响中国在东亚生产网络中地位的因素进行分析，提出中国在东亚生产网络中的地位与双边市场容量、中国的区域影响力和东道国贸易便利化水平高度正相关，同外部市场需求负相关。

（3）针对东亚生产网络重构趋势和中国所起到的作用，本书从宏观角度入手，对东亚生产网络的演进趋势采用动态方法进行揭示，提出了东亚生产网络未来重构呈现的三大趋势：内部全产业链培育稳步推进，内在稳定性进一步强化；开放性和包容性特质凸显；区域一体化建设加快。中国可以借东亚生产网络重构契机，把国内产业结构调整和东亚生产网络重构相结合，在东亚生产网络中发挥更大的主动性，从产业转移的被动接受者变为主动实施者，实现与成员国之间的合作共赢。

（4）对于中国在东亚区域内地位的提升是否有助于国内产业结构调整的问题，本书以国际政治经济学理论为指导，采用规范分析方法，针对中国目前面临的内外部压力，提出中国与东亚生产网络是互利共生的关系，中国应该正确认识并适应在东亚生产网络中的地位，正确认识并克服新一轮产业转移给国内经济带来的挑战，通过产业海外转移和国内产业链条升级，继续摆脱制造业的低端属性，同时主动构建自己主导的产品价值链，实现与东亚成员之间的合作共赢。

本书内容具体安排如下：

第一章是绪论。在明确了选题背景和研究内容之后，从宏观理论研究、微观实证研究和有关中国地位研究三个方面对东亚生产网络相关的文献进行梳理与综述。

第二章是国际生产网络的基本理论。阐述国际产业转移驱动下全球价值链与国际生产网络的内在关系，并对如何判断生产网络参与程度和地位作出理论性描述，为后文的研究提供理论分析框架。

第三章是东亚生产网络演进历史。按历史顺序对东亚生产网络的演进进行了细致的梳理与分析，总结了东亚生产网络的本质和表现特征。

第四章是东亚生产网络现状。从资金层面对东亚 FDI 流动状况进行研究，并以附加值贸易为切入点在产品层面对东亚贸易商品流动状况进行细致分析，力求完整呈现东亚生产网络真实现状。

第五章是中国融入东亚生产网络的途径。以中国融入东亚生产网络的途径作为切入点，探究中国与东亚生产网络中各成员的双边互动方式和影响，着重分析了中国在东亚地区的直接投资这一途径。

第六章是中国在东亚生产网络中的地位考察。围绕东亚生产网络的实质，从中间品贸易、垂直专业化程度方面对中国在东亚生产网络中的地位展开考察。

第七章是中国在东亚生产网络中的地位影响因素分析。思考如何提高中国在东亚生产网络中的地位。

第八章是东亚生产网络重构趋势分析。以国际经济变化趋势为切入点，分析东亚生产网络未来重构趋势。

第九章是以中国之为加快推动东亚生产网络重构，是本书的对策建议部分。

第十章是主要研究结语及不足。作为全书的总结部分，对全书研究内容进行最后归纳，并指出本书的研究局限和未来研究方向。

本书的创新之处在于：

在视角上，跳出传统数据和传统观点局限，从东亚生产网络与中国的互动影响这一视角出发，对中国在全球价值链体系中是该主动选择分工角色还是被动接受分工地位的问题进行探讨。

在理论上，将产业转移理论、跨国公司理论和国际贸易理论相结合，在全球价值链理论框架下，从产业转移、资金流动和商品流动三个角度围绕价值分配对东亚生产网络的演进与其特征进行讨论；紧扣东亚生产网络特征，构建关于中国在东亚生产网络地位的分析框架，对研究内容进行全面观察。

在方法上，将社会网络分析方法引入分析中，构建核心—边缘模型对东亚生产网络中各经济体的地位变迁进行宏观考察和可视化分析；首次定义附加值贸易影响力指数，对中国在东亚生产网络中的地位进行考察。

本书的不足之处在于：

在理论方面，尽管构建了有关东亚生产网络各经济体地位的评价框架，但是仅侧重于经济地位的考察，没有把在东亚生产网络中具有较大影响的复杂政治博弈纳入分析范围。

在实证方面，受限于计量知识和水平，实证检验中没有采用更为复杂的模型。

在指标选取上，鉴于TiVA（2015年）数据库数据的不连贯性，没能全部采用更合理的附加值指标衡量中国在东亚生产网络中的地位。

以上不足为未来的研究指明了努力方向。

目　录

第一章

绪论

中东欧生产网络、北美生产网络和东亚生产网络是目前三大区域生产网络，尤以东亚生产网络最为独特。在经历 1997 年亚洲金融危机和 2008 年国际金融危机两次重创之后，东亚生产网络每一次都能迅速恢复并重构，展示出强大的适应能力和活力。中国的加入更是给东亚生产网络带来强劲的发展动力和广阔的市场回旋余地，但是也引起东亚内部结构和构架的不断变革。本书将视角对准正在经历变革的东亚生产网络，试图为正在经历转型"阵痛"的中国经济开拓新的外部空间。

第一节　选题背景和意义

目前，中间品贸易和服务贸易已经占世界贸易总量的 60% 以上①。这些中间品和服务由分布在全球的不同企业提供，这些企业在利润的驱动下，将产品生产环节按照价值形成过程重新配置构成了全球价值链。目前，与全球价值链相关的贸易占全球贸易总额的 80% 以上，全球价值链分

---

① 数据来源于《2013 年世界投资报告》。

工的趋势越来越明显。① 生产环节的重构改变了国际分工形态，产业间分工、产业内分工以及产品内分工同时存在的多层次网络分工体系逐步形成。基于此，作为全球经济重要参与者，跨国公司改变了传统的垂直一体化组织方式，转而寻求更加灵活的网络型治理方式，通过外包、投资和公司内贸易等形式，依据总成本最优原则，将产品的一个完整生产过程分割成若干生产片段，并将其分配到不同国家分别进行，形成微观企业生产网络，世界经济也因此形成不同规模的生产网络。世界经济全球化与区域经济一体化作为两大并行不悖的趋势，在国际生产网络中得到完美体现，东亚②生产网络则是最为活跃的代表。

东亚生产网络初步形成于第二次世界大战后全球产业大转移。"二战"后，在发达国家的带领下，一批"夕阳产业"（以劳动密集型产业为主，例如轻纺工业、轻型机械工业等传统部门）从发达国家向发展中国家转移。一批东亚新兴经济体凭借先天的自然禀赋（特别是低廉的劳动成本），承接来自发达国家的产业转移，快速实现经济的腾飞，完成了工业化进程，并逐步开始新一轮的经济结构调整和优化。日本经济奇迹在前，韩国"汉江奇迹"在后，中国香港、中国台湾、新加坡等紧随其后，几乎凭借相同的经济发展模式实现了经济的持续增长。"老的亚洲靠的是大雁迁移的比喻，即成熟产业向低工资国家迁移。"③ 内部依托雁行模式，外部依赖发达国家市场，成为传统东亚生产网络的核心特质。相关学者的研究也证实，极强的贸易—FDI关联是东亚生产网络的重要特征（Gaulier、Lemoine和Unal-Kesenci，2007）。这一特征造就了东亚强大的生产能力，但也造成了它的"飞地"性状——内部消费市场缺失，外部依赖性极强。特别是1997年亚洲金融危机的爆发，使东亚国家，特别是东盟新兴工业体的经济

---

① 数据来源于《2013年世界投资报告》。

② 地理上的东亚包括中国、日本、韩国、朝鲜和蒙古。但鉴于东亚生产网络的覆盖区域，本书涉及的"东亚"如无特别说明仅包括中国（受数据限制，不包括澳门特别行政区和台湾地区）、日本、韩国、东盟六国（印度尼西亚、菲律宾、泰国、马来西亚、越南、新加坡）。

③ 世界银行：《东亚的复兴：增长的创意》。

在国际游资的反复冲击下陷入衰退。"东亚奇迹"戛然而止，悲观人士甚至重拾 1994 年克鲁格曼的断言"东亚无奇迹"，认为东亚新兴工业体会重蹈拉美国家的覆辙，陷入长期衰退的境地（斯蒂格利茨、尤素福，2003）。

1997 年亚洲金融危机在重创东亚经济的同时也为其提供了结构转型的崭新契机，东亚生产网络开始第二次重构，并再次焕发夺目的光彩。亚洲金融危机爆发 10 年之后的 2007 年，东亚各经济体的 GDP 总量达到 10 万亿美元，将近 1998 年的 2 倍。东亚经济体也从迅速融入全球化的区域集合，朝着主动利用本地活力与资源的共同区域转变。不同经济体凭借各自的比较优势，占据价值链的不同环节，分享地区经济增长机遇：日本作为东亚经济强国，负责资本和技术密集型产品的研发设计工序；"亚洲四小龙"① 这类新兴经济体凭借资本和技术实力，占据生产复杂部件和进行少量研发的价值链中端；中国和"亚洲四小虎"② 经济体则主要占据低技术含量的加工组装工序。从时间节点上来看，全球价值链分工的迅速发展几乎是与东亚生产网络重构同时展开，两者之间相互影响：一方面，全球价值链分工的发展是推动东亚生产网络重构的重要推动力；另一方面，东亚生产网络重构为全球价值链的扩张提供了广阔的空间。东亚分工格局也逐步由过去的技术层次递减、垂直产业间分工格局向分散化和垂直专业化为基础的共享式生产网络转变。

2007 年，美国次贷危机爆发进而演变成全球性金融风暴，东亚的复兴又一次被打断。这一次受全球经济萧条的拖累，东亚经济再难独善其身。东亚生产网络也开始了艰难的第三次重塑。目前东亚依然是世界经济增长最快速的地区（见表 1-1）。东亚生产网络再一次展现出强大的生命力和适应力。

① "亚洲四小龙"指韩国、中国台湾、中国香港和新加坡。
② "亚洲四小虎"指泰国、马来西亚、菲律宾和印度尼西亚。

表 1-1　主要地区 GDP 增速对比　　　　　　　　单位：%

地区	1981~1985 年	1986~1990 年	1991~1995 年	1996~2000 年	2001~2005 年	2006~2010 年	2011~2015 年
东亚和太平洋地区	7.5	7.6	10.2	6.2	8.3	9.7	7.2
欧洲和中亚	—	-1.5	-6.7	2.2	6.2	3.9	2.3
拉美和加勒比海地区	0.7	2.1	3.5	2.8	2.7	3.9	2.7
中东和北非	4.1	2.6	1.7	5.2	4.4	4.9	1.1
撒哈拉以南非洲	0.6	1.9	0.7	3.4	5.8	5.6	4.1
南亚	5.3	5.7	5.0	5.6	6.3	7.5	6.5

注："—"表示空缺。

资料来源：根据世界银行《2016 年世界发展指数》计算得到。http://data.worldbank.org/data-catalog/world-development-indicators。

　　就全球三大生产网络而言，东亚具有不可比拟的优势，但是缺陷也同样明显。从内部来看，东亚生产网络按照全球价值链延展的特性导致其内部成员的经济梯度不如北美生产网络明显，内部成员虽然存在密切合作，但是竞争也同样激烈；从外部来看，东亚生产网络具有极强的 FDI-贸易关联，对于 FDI 和发达国家市场依赖性非常强，内生性远逊于欧洲市场，特别是在全球经济复苏乏力、全球贸易量萎缩的背景下，"两头在外"的东亚生产网络面临严峻考验。

　　从纵向考察，东亚生产网络已经经历了两次大的重构。第一次重构以"二战"后产业转移为契机，积极融入全球化进程，承接了来自发达国家的产业转移，以"雁行模式"为基本特征，打造出"东亚奇迹"；第二次重构以亚洲金融危机为起点，适应了全球生产链扩张的步伐，以多层次、多节点的网状生产结构塑造了东亚的复兴。这两次成功转型的关键在于其动态演化机制，具体而言，东亚从"发展型国家"转变为与全球价值链进行战略耦合，实现了经济全球化同时也改变了东亚，特别是制度基础。东亚生产网络发展之初是以"发展型国家"为制度基础。"发展型国家"的概念出现于 20 世纪 60 年代，"发展型国家"的政府掌管国家经济发展并

"监管市场"，其主要特点是镶嵌式自主，政府对市场进行政策干预并对企业表现提出要求，由政府决定国家优先发展的产业，同时国内市场最终呈现为寡头竞争。"发展型国家"的理念受到各界的批评，主要原因在于政府无法正确地选择优先发展的企业，同时过多的政策干预可能会导致市场价格出现偏差。20 世纪 80 年代，东亚面临的内外部环境发生变化，政府职能也开始转变：政府的权利重新分配于许多国有和非国有企业，政策制定也更加有效——支持国内的公司和产业把握全球机会进行发展。到 20 世纪 90 年代，许多国有企业选择脱离国家体系，成为独立的利益群体而不再听从政府的经济发展计划。这些企业脱离国家体系后，从结构性依赖政府转型，成功进入了全球生产网络。全球价值链开始替代"发展型国家"成为东亚生产网络新的制度基础。企业通过全球价值链获取知识、力量和能力。在全球价值链中，战略耦合代表国内企业和经济与全球高竞争力的领先企业之间的咬合。这主要通过三种机制实现，分别是战略合作、产业分工以及定位于全球领先企业。这种战略耦合最终会带来产业组织的垂直分工专业化和生产模块化，同时也会使东亚生产网络各环节咬合日趋紧密。

21 世纪初的东亚见证了世界政治和经济格局的两个重大变化：一方面，推崇民粹主义政党的势力有所加强，英国脱欧、美国特朗普胜选后的保护主义政策以及意大利修宪公投失败为全球化的发展蒙上了一层阴影；另一方面，2008 年国际金融危机之后，全球保护主义迅速抬头，以邻为壑的贸易政策层出不穷。贸易增速逐渐减少到和产出增速相同的水平，2016 年贸易增长率与产出增速的比值低至 0.6，而在全球化最为鼎盛的 20 世纪 90 年代，贸易增速基本比世界经济的增长速度快一倍。毫无疑问，经历了 30 多年快速发展的全球化来到了十字路口。这些危机正严重冲击着这个继欧洲、北美以外的又一新兴工业带。危机始终存在，在当前英美等国试图向历史回归，尝试退回到保护主义经济政策，全球生产链面临变革的背景下，以其作为制度基础的东亚生产网络必将随之进行适应性调整。东亚生产网络的第三次重构能否使东亚在一系列变革甚至是不利变革中重现"东亚奇迹"呢？

　　中国自改革开放以来，积极融入经济全球化和区域经济一体化进程。于东亚而言，中国的加入打破了东亚生产网络的生产结构。中国凭借低廉的劳动力成本、丰富的自然资源和完善的基础设施保障，成为东亚生产网络生产平台和出口平台，打破了原有的"三角贸易"结构，成为"新三角贸易"的重要一极。正是因为中国，东亚一半以上的贸易在本区域内进行，贸易一体化程度空前提高。中国正拉动着（东亚的）区域化和地区主义（世界银行，2006）。中国的加入还打破了东亚生产网络的秩序结构。原来的"雁头"日本经济陷入衰退，复苏无力，中国却经历了经济的长期、持续、超高速的增长，并且成为东盟、日本和韩国第一大贸易伙伴，东亚第一大经济体。东亚各经济体实力的变化引起东亚生产网络政治秩序的重构。与面临转型困境的东亚一样，中国近年来也承受经济增速下调的压力。首先，以劳动力成本为代表的生产成本大幅上升，使部分依赖人工和自然资源的产业迁移至绝对工资水平更低、人口年龄结构更为年轻或是资源更为丰富的东南亚、南亚国家，如越南等国。如图 1-1 所示，2005～2014 年，全国城镇单位就业人员平均工资从 1.83 万元增至 5.636 万元，涨幅超过 200%。其次，技术升级浪潮使部分对人工和要素禀赋不太依赖的高端产业迁移至发达国家。3D 技术、智能工厂、页岩气技术等手段，大大降低了制造业对人工和能源消耗的倚重，发达国家制造业回流迹象明显。麻省理工学院（MIT）的研究发现，33% 的全球化美国企业考虑开展制造业的本土布局。最后，外部市场低迷也给中国制造业带来了沉重的打击。2015 年，中国货物进出口总值较 2014 年下降 7%，出口下降 1.8%，进口下降 13.2%。历史经验证明，每一次全球产业的转移，本土留下的都是拥有全球竞争力的产业，人们不禁思考，中国经历了这次产业转移之后，还剩下什么呢？

　　对东亚生产网络演进与中国定位的重新思考将为上述两个问题提供新的解决思路。另外，东亚的经济奇迹，中国的崛起等诸多因素交织，使东亚一直是世界经济的热点地区。美国一直将东亚视作其全球战略利益的核心区域。"亚太再平衡"战略的提出，已经将中国周边的问题复杂化，现任总统特朗普标榜的"美国优先"的原则和对华遏制战略,是否会导致未来东亚地区地缘冲突的升级?联系着东亚主要经济体的东亚生产网络无疑将成为调控东亚地区政治冲突的重要因素。

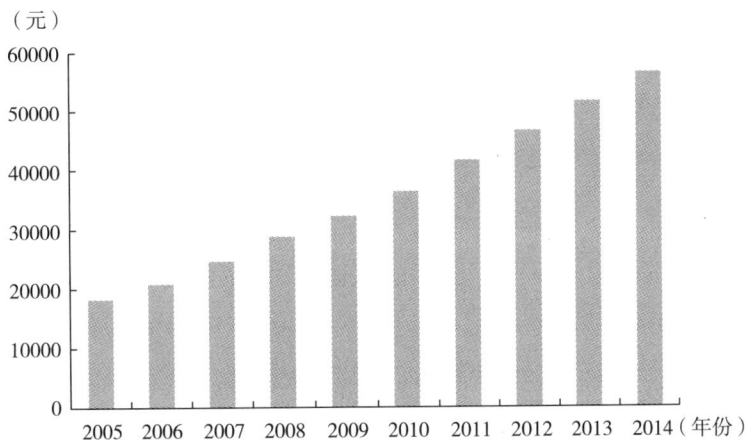

图 1-1　2005~2014 年全国城镇单位就业人员平均工资

资料来源:中国国家统计局网站,http://www.stats.gov.cn/tjsj/。

"中国已经成为东亚生产网络的中心"(Gill,2008)。按照前文的分析,东亚生产网络的变化引起中国经济布局的调整,相应地,中国带来的竞争效应也引起了东亚生产网络的重组,各成员专业化地位和阵型结构也随之发生变动。基于此,本书试图在全球价值链视角下,回答以下四个问题:①透过全球价值链的附加值数据,是否能够发现东亚生产网络有别于传统视角下的新特征?②中国在当前东亚生产网络中究竟处于什么样的地位?哪些因素影响了中国在东亚生产网络中的分工地位?③中国应该如何顺应东亚生产网络重构的趋势借此提升分工地位和区域影响力?④中国在东亚区域内地位的提升是否有助于国内产业结构调整?

随着产品内分工的兴起,工序转移已经成为产业转移的主流,对于国际生产分割的研究也开始突破传统角度,全球价值链理论开始兴起。全球价值链理论主要从两个方向对国际生产进行全新的考察:①从中间品贸易切入，以附加值程度来量化全球价值链各参与体的利益获取状况；②从工序转移即生产分割过程切入，以垂直专业化程度来量化全球价值链中各参与体的参与状况。本书将在全球价值链理论框架下基于东亚生产网络附加值贸易现实和生产状况，试图准确判断中国在东亚生产网络地位，并以此为基础探讨哪些因素影响了中国在东亚生产网络的地位以及地位的提升是否有助于解决中国面临的产业困境，不但具有理论价值而且具有现实意义。

第二节　文献综述

目前世界存在三大生产网络：东亚生产网络、中东欧生产网络和北美生产网络（Ando 和 Kimura，2003）。Ando 和 Kimura（2003）提出，东亚生产网络具有三个鲜明的特征：一是它与东亚区域内各国的贸易和生产制造活动紧密相连，已经成为各国经济不可分割的重要组成部分；二是东亚各国在收入水平和要素价格等方面存在梯度差异，因而适合垂直专业化分工；三是该网络包含企业间和企业内交易。鉴于该领域的研究比较复杂，本节将对该领域的文献按照从理论到实证的逻辑进行重新归纳和梳理。

一、宏观理论研究

Ernst（1997，2002）提出生产网络即是把商品生产的全过程划分成不同环节，并将这些环节按照比较优势分别部署于不同国家（或地区）的不同企业，由不同国家契约协作，不同企业共同参与所构成的生产组织形式。Ando 和 Kimura 首次提出了东亚生产/适配网络（Regional Production/Distribution Networks）的说法。随后国内的学者开始公开使用，如陈勇（2006），王静文（2007），张伯伟、胡学文（2011），雷昭明（2015）等。宏观生产的分散、局部区域的聚集和跨境、跨企业的关联交易是东亚生产网络形成发展的标志（Ando 和 Kimura，2005；Ng 和 Yeats，2003；Athukorala，2005；等等）。

（一）传统产业转移理论视角下的东亚生产网络

早期对于东亚生产结构的研究最著名的莫过于"雁阵模型"（The Flying Geese Model）理论（也被称为"雁行模式"），这也是公认的东亚生产网络的雏形。20世纪30年代，日本学者赤松要提出产品层面的"雁阵形态"理论（Akamatsu，1935，1937）。20世纪60年代，受产品生命周期理论（Product Life Cycle，PLC）启发，赤松要提出产业层面"雁阵形态"说，认为一国产业发展也呈现阶段渐进性特征。并在产品和产业两个层面的"雁阵形态"理论的基础上，提出"发达国家与后进国家之间的雁阵模型"，他将不同国家按经济发展阶段和工业化程度不同分为先进国、中间国和追随国三类，这样三类国家组成一个雁阵，先进国为雁首，雁阵在雁首的带领下不断进行技术创新和产业转移，实现经济的共同增长，并且保持适当的经济发展梯度（赤松要，1962）。小岛清在其一系列研究中（小岛清，1962，2000；等等）对"雁阵模型"加以完善和补充，并根据20世纪60年代末开始的日本对东亚的产业转移从劳动密集型产业过渡到技术密集型再到资本密集型产业的事实，提出了"边际产业转移"理论，指出一国的产业转移应从本国已经处于或即将处于比较劣势的夕阳产业即"边际产业"（Marginal Industry）开始，逐步向海外进行（小岛清，1977）。一方面，利用东道国廉价的劳动力、原材料等要素禀赋，降低生产成本。尽管边际产业在母国属于夕阳产业，但是在东道国仍具有相当大的比较优势，有利于东道国的经济增长；另一方面，母国可以集中资本和人才在具有比较优势的产业，有利于母国保持雁首地位。事实上20世纪60~80年代东亚国家的产业升级和经济崛起一直遵循雁阵模型，Ozawa的一系列研究也证实了这一结论（Ozawa，1991，1993，2000，2005）。

无论是雁阵模型理论还是边际产业转移理论都预示垂直产业间分工是东亚生产网络最基本特征（见图1-2）。这一特征之所以形成，关键在于东亚经济体保持了明确的经济发展梯度，以此保证了不同国家在产业结构和成本上的相应差异（刘洪钟，2000）。

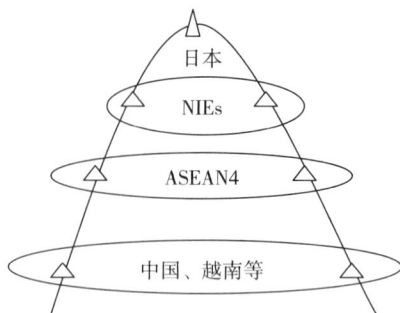

图 1-2　雁阵模型

资料来源：引自周昕（2013）。①

　　雁阵模型并没有摆脱古典经济学分析框架，认为技术进步是外生给定的，据此认定东亚的经济发展依赖外来技术的转移，否定后发国家的赶超战略，雁阵模型下的分工容易造成后发国家的"低端锁定"和发展的路径依赖。而且，"雁形提升"并不稳定，然而这一模式本身就存在"两难"，即技术锁定与技术升级的矛盾会导致雁阵的不稳定。一方面，居于"雁尾"的后起国家出于对更高经济利益的追求必然会沿着雁尾—雁身—雁首的链条，即从产业下游向中上游攀升，寻求技术升级与产业升级；另一方面，先进国想要保持"雁首"位置，必须确保长期的经济增长和卓越的科技领先能力，即努力保持技术锁定，否则"头雁"的位置必将受到赶超国的挑战，所以以"雁形提升"为特征的生产网络并不具备稳定性，它只适合跟随战略，并不适合赶超战略。从长期看，东亚各国（地区）经济的发展必然会突破"雁形提升"格局并进行新的区域性经济重构（刘洪钟，2000）。

　　雁阵模型的另外一个不足在于，它强调了产业间的重新布局和贸易，却没有解释日益壮大的产业内贸易，也并不能解释为什么有些行业如服装

---

　　①　图中 NIEs 为亚洲新兴经济体，即中国香港、中国台湾、新加坡和韩国；ASEAN4 为东盟四国，即马来西亚、泰国、菲律宾和印度尼西亚。

和纺织业迅速转向低收入国家或地区，而另外一些行业，如汽车制造业却没有转移。

（二）全球价值链视角下的东亚生产网络

20世纪90年代开始，一方面，随着交通和通信技术的变革，产品从生产环节进行细化分解成为可能，全球价值链兴起；另一方面，日本经济进入长期衰退，"亚洲四小龙""亚洲四小虎"和中国的加入，使东亚生产网络出现了显著变化。作为全球价值链的一部分，东亚生产网络的分工模式从垂直型产业间分工向水平型产业内、产品内分工转变（王静文，2007）。这也给东亚生产网络的研究带来了新的变化。不少学者开始突破传统视角，从价值链的角度重新审视东亚生产网络。

Gereffi（1999）把全球商品链分为生产者驱动型（Producer - driven Commodity Chains）和购买者驱动型（Buyer-driven Commodity Chains）两大类，并提出与购买者驱动型商品链中的领先厂商建立紧密的联系，是东亚生产网络成功的关键。通过对这些商品链的主动介入，东亚的供应商实现了从进口品的初级加工到更高附加值产品出口的产业升级。从东亚地区来看，电子产业等技术密集型产业和玩具、服装等劳动密集型产业基本都是按照这一路径，依靠与美国、日本、欧洲等领先厂商建立密切联系，一方面获得资金、技术和市场，另一方面通过动态学习实现了产业升级，提升了在价值链的位置。通过这种途径完成的产业升级被称作供应导向（Supplier-oriented）（WB，2008）。Gereffi的研究集中在购买者驱动型商品链，忽视了东亚还存在大量跨国公司通过FDI所形成的生产者驱动型商品链。事实上，跨国公司作为全球价值链的微观基础，在东亚生产网络的演进过程中扮演了重要角色。Kimura（2006）认为，跨国公司以利润为导向将产品生产环节分解在全球配置的治理方式使东亚生产网络从水平型向网络状转变。

还有不少学者从产品层面研究跨国公司的生产组织方式对东亚生产网络的影响。该类研究通过对一些经典的产品如芭比娃娃（Tempest，1996）、 ipod（Dedrick 等，2008）、iPhone（Koopman 等，2008；Xing 和 Detert，2010）等产品价值链剖析，得出相似的结论：在价值获取方面，发达国家和发展中国家在跨国公司主导的价值链分工体系下存在巨大差异，呈现不对等的层级关系，发展中国家处于明显弱势，形成所谓"微笑曲线"。Buckley（2009）、Alterburg（2008），国内学者刘志彪和张杰（2009）、卓越和张珉（2008）、巫强和刘志彪（2012）也持类似观点。

对于全球价值链分工体系中客观存在的价值获取不均，本书认为应该理性客观地看待。在承认国际分工存在不合理因素，发展中国家可能存在被"技术锁定"的同时，也必须承认，全球价值链也给发展中国家带来了全新的发展机遇，所谓"不公"只是相对的。无论是对新兴经济体还是对发达经济体来说，全球价值链分工都是机遇与挑战并存，只不过发达国家凭借其技术、资金和市场优势，在该分工体系中占据优势和有利地位，发展中国家处于弱势。但是从历史的角度来看，但凡参与并快速融入全球价值链分工体系的发展中国家都获得了快速的经济增长，东亚经济在 1997 年亚洲金融危机之后快速复兴即是明证（WB，1997）。因此对发展中国家而言，应该考虑的不是要不要参与全球价值链，而是如何利用全球价值链获得最大利益，这也是本书的写作立意之一。

（三）新的理论认识突破与东亚生产网络

上述雁阵模型理论、全球价值链理论及其相关理论基本都是在宏观框架下对东亚问题的分析与剖解，对东亚生产网络出现的一些新问题或新现象的说服力并不强。比如传统框架下强调劳动成本的节约，属于经济决定论范畴，即经济将自然地遵循一个事先确定的相似的轨道。然而东亚的经济奇迹也带来了一些新的重大争论，涉及的话题包括贸易自由化、区域贸易协定中复杂的关于原产地"面条碗"规则、对外国投资者的税收优惠和新的地区治理规则，还有与经济增长结伴而来的"顽疾"：交通拥堵、腐败和社会矛盾冲突等。东亚问题研究迫切需要引入新的研究框架。幸运的是，20 世纪 90 年代以后，关于经济发展的理论研究取得了重大突破，其中包括哪些产品参与国际贸易（新现代贸易理论），什么原因使富国经济迅速增长，甚至比穷国和中等收入国家增长得还快（新增长理论），以及增长发生在哪些地方（新经济地理学）。这些理论有一个共同的因素，也是它们的核心：放松了规模收益不变的假设，强调规模经济效应，后来又引入规模收益递增模型，这样就能在更为真实的背景中描述市场的复杂性。对于东亚国家特别是中等收入国家而言，这些模型很好地解释了它们应对专业化挑战时实施的新增长战略。

1. 新国际贸易理论与东亚生产网络

新国际贸易理论的兴起解释了这样一种现象：收入水平相近的国家之间的贸易，比收入水平不同、要素禀赋各异的国家间开展得更多。这个理论强调贸易赖以存在的基础，除了要素禀赋的差异（古典比较优势理论），还有生产的规模经济效应（现代比较优势理论）。它将贸易、新技术、产品多样性和生产规模紧密地联系在一起。因此，这个理论对于多数贸易都发生在中等收入国家之间且中间品贸易占较大比重的东亚来说，尤其具有使用价值（WB，2008）。

2. 新经济增长理论与东亚生产网络

新经济增长理论的突破在于将企业行为引入理论模型，试图解释企业在物质激励下，利用创新实现自身成长。它将企业分成两大类：前沿企业和跟随企业。前沿企业需要通过竞争来推动前沿创新，维持领导地位；跟随企业也有机会通过竞争来逼近前沿技术，获取超额利润。而结构性改革，如新的竞争政策、解除对牌照的管制、贸易自由化、企业进入和退出战略以及教育上的成功等，都影响企业创新和跟随的努力程度，因而对经济增长有直接影响。来自东亚国家的证据也支持这些观点（Avghion 和 Howitt，2006）。该理论还将创新、教育和知识联系到一起，认为知识的积累可以无限制地促进经济增长。

3. 新经济地理学与东亚生产网络

新经济地理学关心的是企业在决定区位时的选择（Krugman，1998；

Fujita、Krugman 和 Venables，1999）。认为企业倾向于将生产集中在同一个地点，以便享受生产车间层次上的规模经济，也容易接近他们的顾客群和供应商，以便减少运输成本（Gallup 和 Sachs，1999）。不过，一旦市场达到了一定的规模，就会刺激其他公司也就近设场来分享市场规模，从而会产生聚合经济，而这一点也正是新经济地理理论强调的关键。聚合经济（规模经济）的产生与历史有密切关系。因此，新经济地理学并不强调经济决定论，潜台词即是国家竞争力或产业竞争力是可以培养的。这一点对各国政策制定者尤其具有启发性。

归纳起来，新国际贸易理论、新经济增长理论和新经济地理理论都分析了推动经济增长的新力量，如图1-3所示。增长是专业化、创新和规模经济的结果，又通过货物、资金和知识的贸易以一体化的形式反映出来（WB，2008）。这种一体化引发了空间和社会的变化，并对国内一体化、城市化甚至收入分配产生了影响。如果管理得当，这种社会和空间的变化趋势会带来生产的进一步积聚和技能更快速的形成，以创造更大的规模经济。但如果管理不当，空间和社会问题就会以交通拥堵、污染、社会冲突、腐败等方式浪费规模经济带来的利益，并大量减少可用于投资和管理的资源。然而不得不承认，这些理论突破对于解决东亚大多数经济增长过程中出现的问题并没有特别贡献，他们从东亚的成功经验中收获的启迪反而更多。

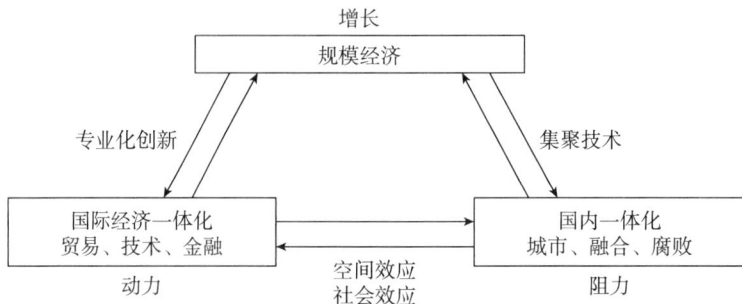

图1-3　经济增长动力框架

资料来源：笔者根据相关资料自行绘制。

二、微观实证研究

关于区域生产网络形成的研究，主要是以产业分工和产业聚集两大理论为研究基础的。在新地区主义的影响下，东亚国家以北美和欧盟区域一体化建设为榜样加强合作，逐渐形成了东亚区域经济（Miroslav Jovanovic，1992）。然而与北美生产网络和中东欧生产网络依靠超国家的制度安排形成不同，东亚生产网络具有自身的独特性。关于东亚生产网络的实证研究非常多，总结来看主要集中在形成与发展原因、各经济体地位和内外部关系三个方面。

（一）东亚生产网络形成与发展原因的相关实证研究

Ng 和 Yeats（2003）对东亚区域内零部件贸易进行了实证分析，提出东亚区域内贸易增长与东亚生产网络蓬勃发展是互为因果的。Ando 和 Kimura（2006）则认为内部生产过程高度一体化是东亚生产网络迅速发展的原因。世界银行认为规模经济、强有力的政府领导、出口导向型经济模式和高储蓄率是东亚经济的典型特征（WB，1993）。Haddad 也持类似观点，他认为工资差、产业聚集、政策引导和运输成本因素是东亚生产网络形成并发展的主要推动力（Haddad，2007）。综合来看，东亚生产网络形成与发展的原因主要包括以下四个方面：

1. 外资（FDI）—贸易关联

对外贸易是东亚生产网络发展的引擎（张伯伟等，2011）。几乎所有学者都认可东亚地区的对外贸易与外来投资有密切的联系。对于先进经济体来说，产业技术的调整升级和币值升值压力，给他们带来了海外直接投资的动力，将后发国家纳入先进经济体主导的全球生产链，有利于分散化生产；对于后发经济体而言，外来资金的引入可以弥补其资金不足，有利于经济增长。大量 FDI 从发达国家流向东亚，东亚区域内也呈现"雁阵型"流动。此时经济上具有明显梯度性特征的东亚地区的比较优势显现出来。FDI 是东亚生产网络的最重要推动力（夏平，2007）。东亚生产网络实质是"以 FDI 为基础形成的东亚区域内经济循环机制"（刘洪钟，2000）。浦田（2000）在传统引力模型基础上引进 FDI 变量，对日本 1992~1995 年海外投资和对外贸易数据进行分析，认为日本企业的海外投资对东亚区域生产网络的贡献较大。Hatch 和 Yamamura（1996）、Urata（2004）等通过不同的研究方法也得出类似的结论。

大量 FDI 的流入，使东亚区域内加工贸易盛行，东亚地区"两头在外"的特征日益明显。"FDI—贸易关联"既是东亚生产网络形成的主要动力，也是主要特征（Kawai，2004）。不少学者从国家层面研究 FDI 与出口和 GDP 之间的密切联系。我国学者丁剑平（2003）对韩国、中国、泰国的 GDP、FDI 流入量和出口量进行了相关性分析，证实这三个国家的 FDI 与出口和经济增长联系密切，相关系数都在 0.8 以上。刘洪钟（2000）和 WB（2005）也认为，东亚存在"FDI 增长率>贸易增长率>实际 GDP 增长率"的现象。关于中国，更多的研究集中在从产业层面分析中国 FDI—贸易关联性。欧定余和陈维涛（2012）通过引力模型对中国 1998~2008 年相关出口数据进行分析，认为外资是中国成为"出口加工基地"的主要原因。Lemoine（2002，2006），Alessia Amighini（2005），崔义链（2005），Gaulier、Lemoine 和 Kesenei（2005）等从产业层面对中国相关数据进行测算后也认为中国具有极强的 FDI—贸易关联。

2. 要素优势

丁宋涛、刘厚俊（2013）通过 BA 模型证明东亚分工模式主要是基于要素禀赋优势法则。在东亚地区，各国（或地区）以要素禀赋为基础形成，按照各自的比较优势开展专业化分工，形成了以垂直型分工为特征的东亚生产网络。Ando（2005，2006）证明了东亚生产网络存在明显的垂直专业化特征。Kmi（2002）在对东亚和北美地区生产网络的 RCA 指数进行比较后提出，东亚生产网络得益于专业化分工和生产，Ando 和 Kimura（2009）通过对东亚区域内部不同经济梯度性的研究也证实了这一结论。早在 20 世纪 90 年代，Ng 和 Yeats（1999）就已经提出，亚洲的生产从 20

世纪90年代开始从日本、韩国等工资较高的国家移向中国、印度尼西亚等工资成本较低的国家，说明低工资国家在东亚生产网络中具备优势。然而，越来越多的学者反思依靠低工资、廉价资源展开"竞次"（Race to the Bottom）能否成功完成赶超战略。王晓蓉（2011）从价值链角度进行分析后认为，依靠"低质""廉价"和"出口"的增长模式已经不可维系，中国需要摆脱路径依赖，打造以自己为龙头的高端产业链。

3. 规模经济

Rodrik（2004）认为，规模经济是东亚经济增长的主要推动力。Jones和Kierzkowski（1990，2001，2004）在他们的系列研究中，以经济地理学中的生产集聚与分散理论说明为何东亚生产网络取得了巨大的成功。规模经济确实在东亚发挥了重要作用。内部规模经济主要取决于庞大的产品市场、更大的生产规模；外部规模经济主要来自产业的积聚。在东亚，这些因素都在起作用（Hayami，2006）。

城市反映着规模经济，并且是最重要的联结点。当一国的企业竞争力提高并在经济活动上追赶世界技术前沿时，大城市和超大城市都是发生创新的"温床"。城市无论大小，都推动了贸易、资金和知识平稳流入发展中国家或在发展中国家内流动（WB，2005）。东亚城市也给规模经济的快速增长提供了助力，而且也发挥了吸引FDI的作用。Rosenthal和Strange（2004）经过测算得出，城市规模扩大一倍，生产率的提高在3%~8%，反映了聚合经济的益处。中国120个城市的产出占国内生产总值的3/4，通过对这些城市进行研究发现，大城市企业的生产率显著上升（WB，2006）。在东亚国家（或地区），城市吸引了大量外国投资：中国80%的外国直接投资分布在沿海省份，而越南60%的外国直接投资分布在3个省市——同奈、河内和胡志明。而与港口之间的距离是城市吸引外国直接投资多寡的有力决定因素，因此，对于依靠出口的东亚来说，沿海的商业门户尤为重要（Leman，2005）。

4. 较低的贸易成本

交通技术、通信技术的变革和国际贸易投资一体化，对全球的生产模式和贸易方式产生了重要影响，也极大地降低了贸易成本（UNCTAD，2010；Baldwin，2011）。Haddad（2007）认为，东亚低廉的贸易成本是垂直分工网络在东亚区域内形成和不断发展的重要原因。卢锋（2004）将运输成本下降归纳为三方面：一是远洋运输技术进一步完善，导致大宗货物运输费用大幅下降和运输时间的节省；二是航空运输成本下降；三是高速公路的普及。如图1-4所示，相较而言，亚洲地区交通运输成本最低，这得益于东亚经济体地理位置的临近。

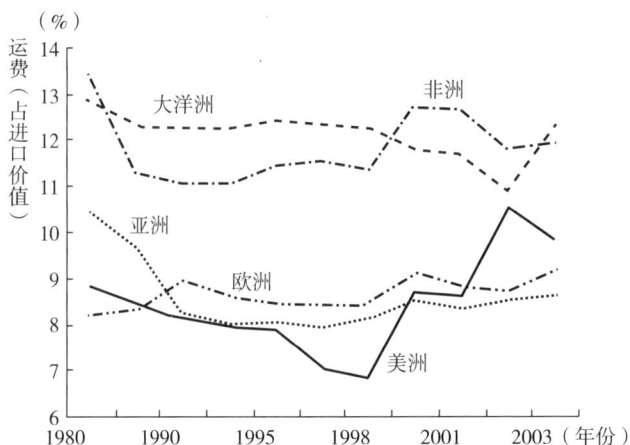

图1-4　不同区域运输成本比较

资料来源：Indermit Gill 等. 东亚复兴——关于经济增长的观点 [M]. 北京：中信出版社，2005.

贸易壁垒的减少和低关税也是东亚地区贸易成本低廉的重要原因（见图1-5）。丁媛媛等（2012）以 Novy（2008）贸易成本估计模型为依据估算出 1995~2009 年中国与东盟平均贸易成本下降了33%，主要原因是双边开放和一体化程度的加深。关税的削减也大大加深了东亚的垂直专业化分工（彭支伟、刘伟霆，2008），东亚区域内制度层面合作进一步推动了东亚生产网络的发展。2002 年东盟自由贸易区成立，随后以东盟为中心，形成了"10+3"多边合作框架，东亚国家真正的制度性合作开始了。根据亚洲开发银行数据，到 2013 年，亚洲地区的贸易协定为 109 个，正在商谈中的有 148 个，两者相加有 257 个。彭支伟、刘钧霆（2008）采用 Hummels 等（2001）的方法，对 1995 年和 2001 年东亚各经济体的垂直专业化指数进行测算，结果表明，东亚各经济体的贸易自由化政策有效地降低了贸易成本，推动了东亚生产网络的形成与发展。

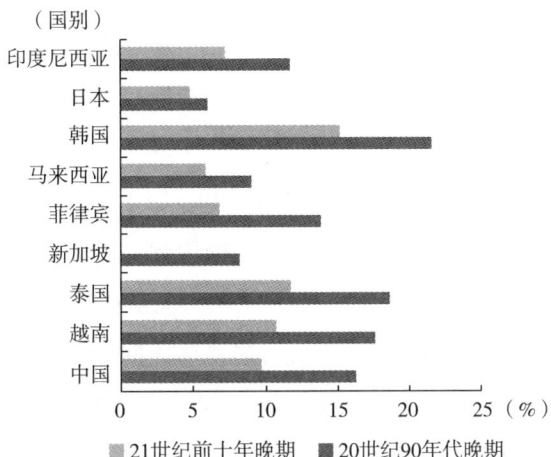

图 1-5 东亚部分国家关税水平比较

资料来源：根据 WTO ATO 数据库，http：//tao.wto.org/report/TariffAverages.aspx 绘制。

（二）东亚生产网络内部关系相关实证研究

该类研究方法大体有四类：

（1）通过中间品贸易和零部件贸易数据来间接反映东亚垂直分工的程度和结构，Ng 等（2001）研究东亚生产专业化后得出，该地区专业化生产模式是在要素禀赋优势的分工法则下形成的。Athukorala 等（2006）采用增广引力模型来考察东亚内部的生产分割情况，验证了生产分割对东亚生产网络发展与深化的重要作用。Hiratsuka（2005，2008）则以硬盘驱动产业为例，对东亚生产网络内部的垂直分工关系进行了解释。

（2）以 Hausman（2007）提出的出口复杂度指数为基础进行测算，考察分工地位与收入水平之间的关联性。Rodrik（2006）发现中国的出口复杂度已经超越自身的发展水平,被称为"Rodrik 悖论"。围绕这一现象,国内外学者从不同角度进行了解释。施炳展(2010)从产品内分工的视角,通过计算出口产品与世界平均价格的差异程度并进行国际范围内比较后,认为中国出口产品平均价格低于其应有水平,说明其分工地位与经济发展水平不匹配。赵瑞丽等(2015)、顾顺达等(2013)、李小平等(2015)分别从人力成本、金融发展、碳生产率等角度对中国出口复杂度状况进行了测算。国内学者还分行业对中国的出口复杂度进行了考察。戴翔(2015)、张雨等(2015)从不同角度对我国服务行业的出口复杂度进行了考察,李小平等(2015)利用 1998~2011 年中国 26 个制造行业的数据研究了出口复杂度提升对中国经济增长的影响,认为我国制造业产品的出口复杂度与我国经济发展阶段和要素禀赋状况是相适应的。

(3)从贸易增长的角度考察有关各经济体之间分工地位与贸易增长模式的关系。Feenstra(1994)、Funke 等(2001)均从此处着手,特别是Hummels(2005),将贸易增长分解为产品广度增长、产品价格增长和产品数量增长,不同的贸易增长途径体现了国际分工地位的差异:依靠种类和价格增长带动出口的国家更靠近价值链的高端,依靠数量增长带动出口的国家往往处于产业链的低端。这一经典方法为研究区域生产网络中各经济的分工地位提供了极大的帮助。Hadda(2007)采用该方法对东亚生产网络进行考察后认为,在区域外市场的争夺方面,东亚成员可能存在竞争关系,但是从垂直型分工形式和收入增长效应来看,东亚经济体在生产结构和发展路径上是互补的。

(4)运用 Hummels(2001)提出的垂直专业指数和投入产出表测算垂直分工情况以确定东亚内部各经济体地位。徐建春、鹿朋(2008)以北京大学中国经济研究中心课题组(2006)计算出的垂直专业化指数(VS)为基础进行分析,得出中国主要凭借劳动力优势参与东亚生产网络,在分工中处于弱势的结论。彭支伟等(2008)、喻春娇(2010)等都采用类似方法从不同角度对东亚区域或中国的垂直专业化程度进行了测算。

（三）东亚生产网络与外部经济体相关实证研究

面对区域经济一体化潮流，东亚地区也积极推动内部融合。越来越多的学者将研究精力投入东亚一体化以及与外部合作的研究领域。我国学者和春红认为东亚已经形成以"东盟"为核心的"轮轴—辐条"经济一体化结构（和春红，2007），温祁平（2014）认可这一观点，他通过可计算一般均衡模型（CGE），把经济福利和政治福利结合起来进行研究，认为虽然东亚已经形成以"东盟"为核心的"轮轴—辐条"经济一体化结构，但是该结构并不稳定。和春红（2010）比较东亚区域经济一体化程度与欧洲一体化的程度后发现，东亚区域的一体化进程远远落后于欧洲，由于东亚内部成员之间对区域领导者位置和利益的争夺，东亚区域经济一体化进程甚至出现了倒退与反复。沈铭辉（2011）从多国 FTA 的角度发现，东亚在区域一体化建设中困难重重，固然有区域内各个经济体发展水平存在差异和历史等原因，但是内部成员对"轴心"国的争夺也是重要原因。

三、东亚生产网络中有关中国地位的研究

Lemoine Francoise（2004）在以中国为例研究组装贸易和技术转移时提出，国际生产工序分割的一体化及东亚国际生产网络发展在促使中国经济增长的同时，也加快了中国参与东亚生产共享的步伐，Amighini（2004）的研究也印证了这一发现。Guillaume Gaulier 等（2005，2007）认为，中国通过零部件、中间产品贸易参与东亚国际分工体系，改变了东亚的"三角贸易"格局。刘重力等（2009）从技术梯度差异的角度，利用引力增广模型对东亚垂直分工网络的技术水平进行了量化，结果显示日本在核心部件中的作用下降，中国作为东亚生产网络中的重要一极，与东盟形成了互补而非替代关系。

张伯伟、胡学文（2011）通过计算过去 15 年东亚 20 种终端产品的零部件贸易 RCA 指数并进行分析，提出中国已经成为东亚区域内主要的零部件出口国，日本的主导地位逐渐削弱。Haddad（2007）和中国学者陈建

（2007），郑昭阳、周昕（2007），唐海燕等（2008）都从不同角度提出中国已经成为东亚生产网络的中心。但不少学者对此结论提出质疑，认为尽管中国在东亚生产网络中的地位日趋重要，但是在整个利益分配中却处于劣势。鹿朋（2007）通过计算1992~2003年中国出口产品的生产中来自东亚的中间投入品的比重变化，说明中国在东亚区域内生产分工中处于较为低端的加工组装环节。张明志（2007）通过对中国电子机械类产品内贸易的实证研究，说明了中国仍处在东亚生产网络的产品生产的低端环节。王静文（2007）也持类似观点，认为中国虽然充当东亚生产网络的主要出口平台，但是真正创造的附加值并不高。

大多数学者认为中国在东亚生产网络中居于主导地位，但也有学者持不同意见，林曦（2006）通过分析SITC3第7类产品的产业内贸易指数，认为中国在该类产品国际分工中的地位有所改变，但仍处于东亚国际生产网络分工的从属地位。刘重力（2014）依据Koopman（2010）价值链分解原理，将东亚生产网络在价值链中的依赖关系分解为"上游依赖"和"最终需求依赖"两个层面，利用OECD-WTO TiVA数据库进行分析后发现，虽然中国的"上游依赖"地位越来越强，但是对东亚生产网络"最终需求贡献度"并不高。

四、东亚生产网络研究述评

随着东亚生产网络的活跃，对东亚的研究一直是理论界、学术界的热点，研究主要围绕东亚生产网络形成原因、内部成员关系和域内外关系三方面展开，较为成熟且全面。但是总体来看，还存在一些不足：

第一，指导理论框架方面，尽管学者们用传统贸易理论、新贸易理论、空间地理理论等理论框架成功地解释了很多东亚生产网络的相关问题，但是除雁阵模型理论外，真正以研究东亚问题为指向的理论非常少。一些与东亚生产网络密切相关的理论问题并不清晰，比如目前对于东亚生产网络的研究多是以中间品或零部件贸易为切入口进行，但是在国际贸易标准分类（SITC）下如何界定最终产品和中间产品，事实上并没有客观的统一标准。关于东亚生产网络的基础理论研究尚待突破。

第二，研究方法方面，学者对东亚生产网络的研究目前已经突破经济学研究工具范畴，管理学、社会学等其他学科的研究工具已被引入该研究领域。但是总体来看，对东亚生产网络的研究并没有形成系统性。以东亚生产网络内部关系研究为例，虽然学者们从产业间和产品内分工的角度进行了细致研究，但是研究角度狭窄且缺乏系统性，宏观层面细致刻画中国在东亚生产网络中地位的文献并不多。

第三，研究数据方面，目前对东亚生产网络的研究还是以传统流量数据或存量数据为主。正如 Zhi Wang 等（2009）认为的那样，传统贸易统计数据存在重复计算等缺陷，也无法量化东亚生产网络受全球价值链驱动和影响之后的变动程度。目前来看，OECD-WTO 联合发布的 TiVA 数据库（2015 年版）基本覆盖了全球主要的经济体并提供了更为科学、客观的分析指标，正是基于这种考虑，本书尝试利用 OECD-WTO TiVA 数据对东亚生产网络进行新的考察。

第三节　研究方法和创新

一、主要研究方法

本书同时从微观经济视角和宏观经济视角出发，运用比较静态分析和动态分析相结合、规范分析和实证分析相结合的方法，对东亚生产网络演进和中国地位选择问题进行全面的分析。

第一，在研究东亚生产网络形成与演进时，主要采用历史分析和动态分析方法，揭示其演变过程，并以 FDI 数据和附加值数据为基础，剖析东亚生产网络掩盖在传统数据之下的新特征，特别地，采用 KPWW 方法对东亚生产网络的现状进行重新解构。第二，采用实证分析方法分析中国融入东亚生产网络的途径。在传统贸易理论框架下，从微观角度入手，以传统贸易数据为基础对中国与东亚生产网络的经济贸易关系进行衡量和模型验证；以实证研究为主，构建投资引力模型，着眼中国与东亚各经济体的FDI 双向流动，探讨影响中国在东亚生产网络投资的区位因素。第三，采用实证分析和理论建模相结合的方法考察中国在东亚生产网络中的地位变化。在异质性产业贸易理论框架下，结合投入—产出方法，通过测度东亚各经济体的垂直专业化水平衡量参与东亚生产网络的程度。结合最新数据，通过实证方法探讨影响中国在东亚生产网络地位的各种因素。为了更加直观地体现中国在全球价值链和东亚生产网络的变迁，本书以经济地理理论为指导，基于附加值数据，构建核心—边缘结构模型，将各参与经济体的地位变迁进行可视化直观展示。第四，从宏观入手，采用动态分析方法揭示东亚生产网络的未来演进趋势。以国际政治经济学理论为指导，分析美国、中国、日本和东盟在东亚地区的政治博弈。第五，采用规范分析方法探讨中国在东亚生产网络重构中的作用，并论证中国在东亚生产网络地位调整与中国产业升级的相互促进作用。

二、可能的创新

东亚是世界经济的热点地区，大量学者在该领域进行了细致深入的研究。如果本书有创新之处的话，可能体现在以下几点：

第一，视角创新。讨论中国的经济增长离不开外向型经济发展战略，目前经济新常态下唱衰"中国制造"和"中国出口"成为世界性的话题。大量资金和产业转移至东南亚国家的现实使国内悲观主义思潮迅速抬头。一直以来对中国外向型发展战略最大的批评集中于其"低端嵌入"的方式和从属的地位。明晰中国在全球价值链和东亚生产网络中的真实地位，对于指导中国产业发展和提振中国经济信心尤为重要。但是目前鲜有研究对中国在全球价值链特别是东亚生产网络中的地位进行全面细致的刻画。本书跳出传统数据和传统观点窠臼，从东亚生产网络与中国的互动影响这一视角出发，对中国在全球价值链体系中是该主动选择分工角色还是被动接受分工地位的问题进行探讨。

第二，理论创新。随着工序贸易的开展，全球价值链实际上服从跨国公司全球利益和组织，全球生产网络理论实际是在全球价值链理论的基础上，结合国际贸易理论和跨国公司理论而形成的一种全新理论。在分析东亚生产网络现状时，将产业转移理论、跨国公司理论和国际贸易理论相结合，在全球价值链理论框架下，从产业转移、资金流动和商品流动三个角度围绕价值分配对东亚生产网络的演进与其特征进行讨论；在分析中国在东亚生产网络中的地位时，紧扣东亚生产网络特征，从产品生产价值链参与程度、商品流通、贸易利益分配和贸易贡献与影响力四个维度，构建完整的分析框架，对研究内容进行全面观察。

第三，方法创新。本书将社会学领域比较成熟的社会网络分析方法（Social Network Analysis）引入分析中，构建核心—边缘模型对东亚生产网络中各经济体的地位变迁进行宏观考察和可视化分析。利用贸易增加值核算方法和最新的附加值贸易数据，首次定义附加值贸易影响力指数，对中国在东亚生产网络中的地位进行全面考察。

第四节　研究内容

本书研究内容具体安排如下：

第一章是绪论。在明确了选题背景和研究内容之后，从宏观理论研究、微观实证研究和有关中国地位研究三个方面对东亚生产网络的相关文献进行梳理与综述。

第二章是国际生产网络的基本理论。阐述国际产业转移驱动下全球价值链与国际生产网络的内在关系，并对如何判断生产网络参与程度和地位作出理论性描述，为后文的研究提供理论分析框架。

第三章是东亚生产网络演进历史。按历史顺序对东亚生产网络的演进进行细致的梳理与分析，总结东亚生产网络的本质和表现特征。

第四章是东亚生产网络现状。从资金层面对东亚 FDI 流动状况进行研究，并以附加值贸易为切入点在产品层面对东亚贸易商品流动状况进行细致分析，力求完整呈现东亚生产网络真实现状。

第五章是中国融入东亚生产网络的途径。以中国融入东亚生产网络的途径作为切入点，探究中国与东亚生产网络中各成员的双边互动方式和影响，着重分析了中国在东亚地区的直接投资这一渠道。

第六章是中国在东亚生产网络中的地位考察。围绕东亚生产网络的实质，从中间品贸易、产品价值链参与程度、参与体价值获取程度和参与国家（或地区）影响力四个方面对中国在东亚生产网络中的地位展开考察。

第七章实证分析了影响中国在东亚生产网络中地位的因素，并思考如何提高中国在东亚生产网络中的地位。

第八章是东亚生产网络重构趋势分析。以国际经济变化趋势为切入点，分析东亚生产网络未来重构趋势。

第九章为对策建议部分，提出应该以中国之为加快推动东亚生产网络重构。

第十章为全书的总结部分，对全书研究内容进行最后归纳，并指出本书的研究局限和未来研究方向。

第二章

国际生产网络的基本理论

包含东亚生产网络在内的国际生产网络的形成与发展是在工序贸易和中间品贸易不断壮大的背景下进行的，是全球产业转移的直接结果，也是跨国公司在世界范围内持续经营的产物。但传统国际贸易理论侧重观察最终产品的交易与流通，忽视了中间品的生产、交易以及相关企业的内部关联，由此导致相关领域的研究缺乏坚实的微观理论基础。这种情况随着在国际产业理论框架下国际贸易理论与跨国公司理论的不断融合才逐步改善（Antras，2003；罗能生等，2006；王静文，2007）。本章将对相关领域的理论进行一个简单梳理，重点在于阐述国际产业转移驱动下全球价值链与国际生产网络的内在关系，并对如何判断生产网络参与程度和地位做出指标性描述。

第一节　国际产业转移理论

国际产业转移指发生在国家之间的产业转移，即产业由一些国家或地区转移到另一些国家或地区的现象（郭世华，2008）。国际产业转移理论最早可以追溯到日本学者赤松要（Kaname Akamatsu）的雁行形态论

（1936），此后学者们从不同角度和领域对这一复杂现象进行研究，试图清晰描述产业在国际间的转移路径和规律。

一、传统产业转移理论

自雁行形态论之后，对于国际产业转移主要从产品视角、产业视角和企业视角开展研究。

从产品视角阐述国际产业转移最具代表性的理论是产品生命周期（Product Life Cycle，PLC）理论（R. Vernon，1966）。该理论从产品成本构成变化的角度很好地解释了产品生产标准化之后从发达国家向发展中国家转移的现象，但是却无法解释标准化之前的向外投资的行为。

从产业视角阐述国际转移现象比较具有代表性的理论是"边际产业"论。日本小岛清（Kiyoshi Kojima）继承了新古典"比较成本"的思想及赤松要将贸易（宏观分析）和国际投资（微观分析）相结合的一体化理论分析框架，提出"边际产业"概念①，一国应以获得东道国原材料和中间产品为目的，从本国处于比较劣势的边际产业开始，依次进行海外直接投资，这样可以发挥投资国和东道国的比较优势，使双方获得利益。"边际产业"论描述了东亚国家经济依次起飞的过程，对于早期东亚国家的国际分工和经济结构具有一定的解释力。

随着全球化生产的发展，跨国公司逐渐崛起成为国际产业转移的主要载体和推动者，理论界敏锐地注意到了这一现象，直接导致国际产业转移研究的微观化。Smith（1971）提出的"企业盈利空间界限论"，伊查克·爱迪斯提出的"企业生命周期理论"等都是从企业视角对国际产业转移现象进行的思考。当然其中最具影响力的是英国学者邓宁（Dunning，1977）提出的国际生产折衷理论。该理论提出跨国公司的所有权优势（O）、内部化优势（I）和区位优势（L）决定了其跨国经营行为和海外投资行为，进而决

---

① 小岛清认为"边际产业"具有双重性，一方面，对于投资国来说，应位于投资国比较优势顺序的底部，另一方面，对于东道国来说，则应该属于比较优势顺序的顶端。

定了产业在国际之间的转移。而国际产业转移则是跨国公司获得竞争优势的重要途径。Pennings 等（1999）的后续研究表明跨国指数较高的跨国公司更容易做出利于产业转移的行为。

整体而言，传统产业转移理论都是从发达国家角度出发，对发达国家向发展中国家的产业转移行为进行的研究，对于垂直型产业转移现象具有相当强的解释力，按照该类型理论，产业在国际间的转移会保持一定的梯度，但是随着产品内分工和工序贸易为基础的全球价值链的兴起，传统产业转移理论的说服力越来越弱。另外，随着发展中经济体的崛起，越来越多的投资从发展中经济体流向发达经济体，面对这种情况，传统产业转移理论的解释力受到制约。

二、发展中国家视角的国际产业转移理论

鉴于传统产业转移理论仍旧属于"梯度转移"的理论范畴，面对发展中经济体的崛起，部分学者开始从发展中国家的角度思考产业转移现象。比较具有影响力的有：从经济依附角度入手解释的"中心—外围"理论（Prebisch，1981）、从发展中国家技术比较优势角度入手解释的"小规模技术理论"（Wells，1977）和国际生产折衷理论的动态演化，即"投资发展周期理论"。这一理论的核心思想是发展中国家对外直接投资行为取决于其所处的经济发展阶段以及所拥有的比较优势。日本学者小泽辉智（1992）结合波特的竞争发展理论①，强调所有国家的经济结构升级和发展具有阶段性和继起性。在资源要素驱动阶段，吸引的都是劳动密集型或资源密集型产业的移入，随着向更高级的经济阶段演进，该国吸引的转移产业向技术密集型和中间品相关产业靠拢，与此同时该国的劳动密集型和资源密集型产业也开始向外移出。在该国从投资驱动向创新驱动过渡的阶段，该国会在技术密集型产业吸引外国投资，中间品产业也会开始向外转移。

---

① 波特在其竞争发展理论中，提出了国家竞争发展的四个阶段：资源要素驱动阶段、投资驱动阶段、创新驱动阶段以及财富驱动阶段。

从总体看，尽管现在发展中国家经济力量和话语权大大增强，但是产业转移的主流仍然是从发达国家流向发展中国家，因此对发展中国家产业转移的研究比较少，并没有形成系统性，成果并不丰富。该领域的研究，一类是从国际政治经济学理论出发，强调发达国家与发展中国家之间产业转移的相互影响。另一类是从主流产业转移理论出发，结合研究内容将其加以改进后进行动态演化，并不具备广泛的适用性，解释力受到限制。另外，对于发展中国家产业转移的研究本质上仍属于被动论范畴，对于以中国为代表的发展中国家近年来主动性的大规模海外产业投资行为并不具备说服力。

第二节　全球价值链理论

随着生产分割背景下的工序转移成为国际产业转移的主流，对于国际产业转移的研究开始从突出价值创造与获取的价值链角度进行考察。在全球价值链下很少有企业包揽产品所有的生产工序，它们基本上是把自己嵌入国际产业链条的某一个工序（环节）中进行价值生产与获取，由此导致产业转移可以不再像传统方式那样必须整条产业链完整迁移，而是有条件地以生产工序为对象进行局部迁移，导致国际产业转移的门槛越来越低，有条件突破经济水平、技术水平、资金水平等限制条件的转出方越来越多，因而打破了产业从发达国家转移至发展中国家的"梯度"转移这一传统模式，同时也弥补了发展中国家产业转移只能被动而为的不足，以生产工序为研究中心的价值链理论允许出现"跳跃式"发展的可能，这为发展中国家产业升级提供了新的思考角度。

一、价值链

从 20 世纪六七十年代开始，一些学者开始使用价值链的概念。1985年，波特在《竞争优势》（*Competitive Advantage*）一书中，首次将价值链作为分析框架来研究企业的生产经营活动。波特认为一个产品典型的价值链一般包含四个环节：设计、生产、营销、消费和回收（见图2-1）。所以价值链描述的是产品从设计环节开始，经过一系列的价值增值与转化，传递至最终消费者并实现价值再循环的一个链条式过程。

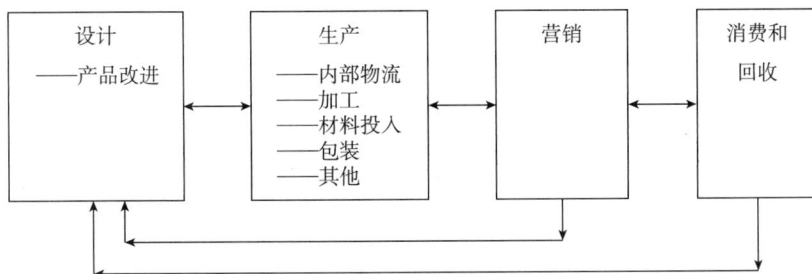

图2-1　典型价值链

资料来源：引自 Kaplinsky 和 Morris（2002）。

但是波特（1985）所指的价值链将产品增值的链条定位于企业内部，四大环节完全属于企业内部活动，企业也由此成为"全能工厂"。这样的企业最大的缺陷是企业难以聚集优势资源形成比较优势，且造成组织机构冗杂低效。为了强调专业化优势，提高效率，企业将那些能够形成自身特有优势的生产环节作为核心环节予以保留，其余辅助生产环节剥离或外包出去或从市场采购，这样，企业之间围绕产品加之生产的联系密切起来，依赖性逐步增强。当这些企业在地域上汇集在某一国家（或地区）内部时，构成了国内价值链（National Value Chains，NVC），而当这些企业分布在不同国家（或地区）时，一国的生产以另一国的生产为投入，形成了全球价值链（Global Value Chains，GVC）（见图2-2）。

可以说，全球价值链（Gereffi，2001）概念实际描述的是围绕某一产品①的不同国家和地区的国际分工形式，而国际贸易是其形成的前提和基础。因此，全球价值链更准确的说法应该是"全球价值链分工"。

---

　　① 此处产品指可以直接进入消费领域的最终产品，企业生产出的直接进入下一轮生产环节加工形成新产品的产品被称为中间品或中间投入品。

国内价值链（NVC）

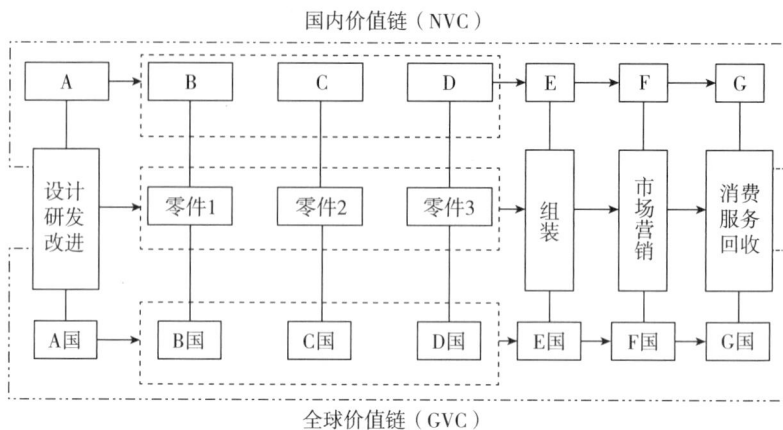

图 2-2　国内价值链/全球价值链示意

资料来源：引自 Kaplinsky 和 Morris（2002）。

Hummles（1998）据此提出了"垂直专业化分工"（Vertical Specialization）的概念来描述这种国际贸易和国际分工的新局面。但它忽视了水平分工。Feenstra（1998）在"垂直专业化"基础上提出"全球贸易一体化和生产非一体化"（Integration of Trade and Disintegration of Production in the Global Economy）的概念。他认为，一方面世界正通过国际贸易联结成一个统一的市场，另一方面以前统一的生产活动和服务活动被分割成无数环节分散到不同国家或地区共同完成。可以说"全球贸易一体化和生产非一体化"对于全球生产结构裂变状况的描述比"垂直专业化"更准确，但也没有跳出生产领域的局限。

卢峰（2004）提出"产品内分工"（Intra-product Specialization）的概念，认为产品内分工是"一种特殊的经济国际化过程或展开结构，其核心内涵是特定产品生产过程不同工序或区段通过空间分散化展开成跨区域或跨国性的生产链条或体系。"根据空间范围的区别，他将产品内分工分成国内产品内分工和国际产品内分工。此处国际产品内分工即是全球价值链分工。但是"产品内分工"的概念只关注了生产过程中有形物质的转化，忽视了服务的生产和不同产业链条之间形成的网络关系。

二、全球价值链的驱动力

Gereffi（1995，1999a，1999b）按照商品链的关键环节不同，将产品链的驱动力分为购买者和生产者两种，构成了商品链"二元驱动"说。建立在产品链基础上的全球价值链的驱动力也延续了该种说法，分为购买者驱动型价值链和生产者驱动型价值链。

购买者驱动型价值链中具有控制能力的是那些具备强大品牌优势、销售渠道和物流能力的跨国企业。它们通过全球采购或 OEM 等方式组成庞大的商品流通网络垄断市场需求，以外包的形式影响生产，进而控制整个生产网络。在购买者驱动型价值链中，价值增值部分主要流向销售等流通领域〔见图 2-3（a）〕，以玩具、服装等传统劳动密集型产业为主。生产者驱动型价值链从生产端推动市场需求，具有关键技术和知识优势的跨国公司或致力于发展当地经济的政府部门都可以成为生产端的重要推动力，在其推动下形成当地产业链的垂直专业化分工，打造具有上下游产业链条关系的产业集群，并通过 FDI 形式进行海外扩张，最终形成生产者主导的全球生产网络。在生产者驱动型价值链中，价值增值部分主要流向生产环节〔见图 2-3（b）〕，以汽车、航空等资本或技术密集型产业和现代新型制造业为主。

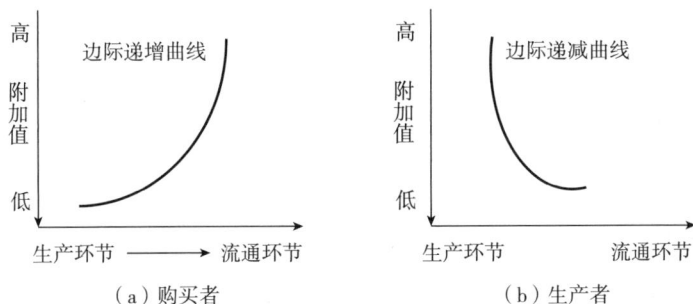

图 2-3　驱动型价值链

资料来源：张辉（2006）。

显然，价值链"二元驱动"说是从产业部门的角度进行划分，与现实世界的复杂性相比，这种划分过于武断。我国学者张辉（2006）在对生产者驱动和购买者驱动两种价值链进行比较的基础上，提出了"混合动力驱动"。在该种价值链中，附加值流向兼具生产者驱动型和购买者驱动型两种价值链的特征，如图2-4所示。

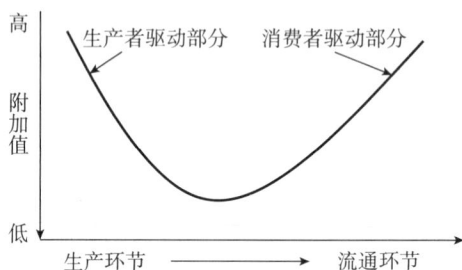

图2-4　混合动力驱动型价值链

资料来源：笔者在张辉（2006）研究的基础上绘制。

需要指出的是，全球价值链的驱动力是动态变化的。目前，世界上有从生产者驱动向购买者驱动转化的趋势，这一点通过 Gereffi（1999）、张辉（2006）等的研究可以得到证实。这主要是因为随着研发能力的不断增强，生产企业保持技术垄断优势的难度越来越大，与此同时，无形的服务类产品在市场中的比重越来越高，导致市场的重要性随着消费者消费能力的增强日益凸显。当然核心原因还是市场导向下利润最大化动机的驱使。

三、全球价值链的治理

全球价值链是对跨国公司（企业）主导下的复杂国际分工关系的比较准确的描述。在这种复杂的国际分工关系下，生产什么、如何生产、生产多少、谁来生产、利益如何分配以及生产者之间关系如何协调等领域的研究催生出全球价值链治理研究。该理论以主导企业（Lead Firm）为研究中心，关注碎片化生产和全球化分工过程中主导企业与其他企业之间的关系构建、利益分配和壁垒设置以及给相关国家带来的利益、机遇和挑战。按照全球价值链中企业之间关系的不同，可将其分成四类治理模式（Humphrey 和 Schmitz，2004；Schimtz，2004；刘志彪、张杰，2007，2009）。

第一，市场型（Marked Based）：该种模式中交易双方中的任意一方改变交易伙伴的成本都很低。主要是因为产品标准化程度较高，很容易从市场中获得。供应商与购买商以及其他参与企业之间没有太紧密的关系，完全根据自己的利益需求从事"独立交易"（Arm's Length Transactions）。

第二，平衡网络型（Balanced Network）：包括采购商和供应商在内的参与企业是互补合作的，不存在一方控制另一方的情况。采购商可以提出产品标准，但是必须保证供应商能够满足他们的要求。

第三，俘获型（Captive Network）：涉及企业的平衡关系被打破，主导企业（Lead Firm）控制着其他企业的活动，制定产品标准，其他企业（供应商）在这些标准下从事价值链活动。主导企业不但直接控制其供应商，而且其控制力还沿着价值链不断延伸。

第四，等级型（Hierarchy）：该种模式中也存在一个主导企业，只是该企业拥有其他企业的直接所有权，形成母公司和子公司（或总部与分公司），形成垂直一体化生产。

特别地，Ponte 和 Sturgeon（2014）在企业参与价值链的治理模式基础上采用微观—中观—宏观的分析框架和模块化分析方法进一步发展了全球价值链治理理论。其中，微观层次描述价值链节点的决定因素和运行机制，中观层面描述价值链节点之间的互动机制，宏观层面描述整个价值链的整体运行状况。由此可见，Ponte 提出的全球价值链的微观层面和中观层面以综合现有理论成果为主，微观层面侧重价值链行为主体——企业之间的关系，中观层面侧重产业，真正的创新在于宏观层面分析框架的提出。

四、全球价值链的升级

全球价值链升级源于增加值在价值链不同环节的分配差异。一般来说，从产品设计研发、关键零部件制造到标准零部件生产、加工组装再到营销、品牌及市场服务和价值再循环的一个产品生存周期中，其增值能力呈先高后低再增高的"U 形"趋势，即微笑曲线（Smiling Curve）①。而在国际经济发展中，发达国家跨国公司在资本、技术、品牌等方面存在相对优势，因而往往占据附加值最高的"微笑曲线"两端环节。广大发展中国家则仅处于加工组装、标准零部件制造等"微笑曲线"的低端位置，获得附加值较少，甚至出现低端锁定，长期专注于劳动密集型和资源密集型产业生产，与发达国家的收入差距越来越大。在这种情况下，如何摆脱低端锁定实现沿价值链向上攀升，是摆在广大发展中国家面前亟待解决的难题。

综合此类研究（Humphrey 和 Schmitz，2000；Schmitz，2004；Kaplinsky 和 Morris，2002；Lall，2000；UNCTAD，2013 等），发展中国家可以在四个方面实现产业链的升级：

（1）工序升级（Process Upgrading）：通过引进先进技术和整合企业资源使生产更有效率，让投入更有效率地转化为产出（如更快速的存货周转、更低的废品率、更准时的物流等）。

（2）产品升级（Product Upgrading）：转向生产更加成熟的新产品或比竞争对手更快速地改造老产品（以更高单位产品价值作为衡量条件）。

（3）功能升级（Function Upgrading）：获得所处价值链内的新功能，使自身从事的活动所包含的技艺整体提高。

（4）链条升级（Chain Upgrading）：将某特定价值中积累的知识技术，转到其他更高级产品的生产价值链中。

学术界主流的看法是，发展中国家实现价值链升级应从工序升级开始，然后顺序完成产品升级、功能升级最终至链条升级，即走从嵌入 GVC 到自主 GVC 之路。但实事求是地说，要求每一个发展中国家按照上述程序按部就班地进行产业链升级是不现实的，因为这样会导致资源和市场的分散。Gereffi（2005）也提出，不同的价值链治理模式下，企业应采取不同

---

① 施正荣．再造宏碁［M］．北京：中信出版社，2005．

的产业升级路径，不同国家也应该根据自身条件选择适合的价值链升级路径。特别是对发展中国家而言，现有的研究对于发展中国家在全球价值链中的地位基本比较悲观（Gereffi，2005；张辉，2004；等等）。所以，对发展中国家可以通过内向化方式引进先进技术、设备和管理，改善工艺流程，提高技术水平，实现产业链升级；也可以通过外向化方式积极融入海外价值链并追求高端位置，积累技术和品牌实力，推动技术跨越。刘志彪、张杰（2007，2009）提出发展中国家可以一边积极参与全球价值链，努力从价值链低端向上攀升，一边积极构建国家价值链（National Value Chains，NVC），打破旧有的以发达国家为主导的全球价值链治理模式。发展中国家进行产业升级的努力，客观上打破了发达国家对产业链高附加值环节的垄断，使国际分工格局和全球价值链的价值分配格局出现了结构性变化，这一过程称为"价值链重构"（Beck 等，2001；毛蕴诗和郑奇志，2016）。

第三节　全球生产网络理论

在全球化不断深入和技术变革加剧的背景下，以前必须从某一国（或地区）整体转移至另一国（或地区）的国际产业转移转化为以最终产品为核心的无数生产工序在全球范围内的优化配置。这一变化，使被传统国际贸易理论大大简化的微观企业行为得到了越来越多的学者重视，一个突出的表现就是将现代企业理论与国际贸易理论相结合，特别是异质性企业的引入将国际贸易理论的研究维度从宏观、中观引入到微观。

一、企业生产网络

通过引入现代企业理论，国际贸易理论拓宽了研究维度，与此同时，现代企业理论也实现了自我完善与发展，最具代表性的成果就是企业生产网络理论的出现。

生产网络，指企业内部和企业之间的一种关系，通过这种关系，企业组织开展其整个系列的商业活动：从研发、产品定位和设计，到投入要素的供给、制造（或者服务的提供）、分销和服务支持。因而，生产网络通常不仅包括一个领先企业及其附属机构和子公司，而且包括这个企业的分包商、供应商、服务提供商或者其他参与合作关系的企业，如标准制定者和研发分析（Borrus，2000）。Richardson 是网络理论的先驱（Richardson，1997），但是该理论提出初期并没有引起人们的重视。直到 20 世纪 80 年代，日本企业依托其庞大的企业间网络（Network）取得了巨大成功，人们才开始注意到在企业与市场之间存在能量巨大的"中间形态"，即企业之间长期存在的多种多样的合作关系。企业生产网络理论以此为视角，专注于研究企业内外能够引起各种交互作用的网络关系及其构造，认为企业和市场不是相互对立关系或从属关系，而是相互影响和相互渗透关系，正是这种相互影响和相互渗透，导致企业之间各种各样的网络关系和制度安排的存在（王静文，2007）。

企业网络理论将传统企业组织理论的"企业—市场"二维分析框架拓展为全新的"企业—网络—市场"三维分析框架，弥补了企业理论与市场理论的不足，但是目前来看其仍局限在抽象性的理论研究中，在具体研究中并没有体现出国内和国外的差别。

二、全球生产网络

全球生产网络并不是单纯的企业网络国际化。在经济全球化背景下，全球价值链实际上服从跨国公司的全球利益。在跨国公司组织下，依托工序的分解，某一生产环节可以由一个企业完成，也可以由多个企业完成；可以在一国（或地区）范围内完成，也可以跨国完成。这种在跨国公司主导组织下一个或多个价值链交织而成的国际分工现象，即为全球生产网络（Production Networks）（Ernst，1997）[①]。与全球生产网络的提法类似的还有：

[①] Ernst 提法为全球生产网络（Global Production Networks），但生产网络从地域层面看包括全球生产网络、区域生产网络和地区（国内）生产网络。东亚生产网络即为典型的区域生产网络。

价值链分解（Slicing the Value Chain）、国际化生产分担（International Pro-
duction Sharing）、外购或外包（Outsourcing）、生产分割（Production Frag-
mentation）等。但是全球生产网络的内涵最为丰富，接受度最广。

刘德伟、李连芬（2015）认为，Borrus 论证的生产网络只是微观层
面，其应有宏观层面的含义，即国家之间的分工和贸易关系，生产网络是
"在国际分工不断深化的过程中，多个国家以要素禀赋等方面的差异为基
础，以 FDI 和贸易为纽带建立起来的产品内分工关系"。宏观层面生产网
络的主要特征有：第一，多国参与且围绕某一项最终产品；第二，以中间
品贸易为主要特征；第三，各国之间主要通过 FDI 和外包的形式连接。

由此可见，全球生产网络理论实际是在全球价值链理论基础上，结合
跨国公司理论、产业转移理论、国际贸易理论和企业生产网络理论而形成
的一种全新角度的理论形式。从某一国家角度，其参与全球生产网络的模
式见图 2-5：

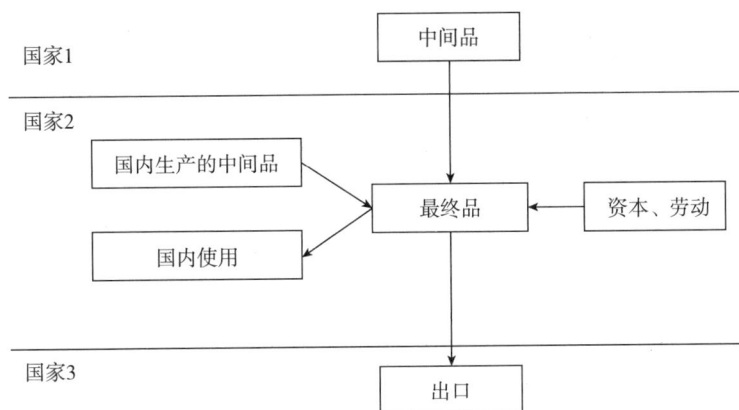

图 2-5　全球生产网络

资料来源：Hummels D.，Ishii. J.，Yi K. M.（2001）。

三、全球价值链与全球生产网络

通常全球价值链侧重产品的完整工序环节和生产过程，而生产网络侧

重身处其中的节点的关系。Sturgeon（2001）认为，"'链'侧重各行为主体按照流程形成的纵向分工，体现的是生产和分配所呈现的垂直序列关系，包含产品消费、维修环节。而'网'侧重企业之间关系的程度和性质，主要研究在多个企业联合为更大经济单位的过程中而形成的系列关系。"通常生产网络与特定的企业群相联系，网络每一个环节都有企业群体和很多水平关系，而价值链和特定的产品相关。某项特定产品的价值链可能参与几个不同的生产网络，而领导企业所组建的生产网络可能涉及不同的价值链生产。

第四节　全球价值链分工地位度量指标

本节将从价值增值与获取角度总结全球价值链与全球生产网络中分工地位的度量指标，主要有两大类，一类是从"链"的角度以垂直专业化生产为中介衡量参与全球价值链分工程度，还有一类是从"网"的角度以衡量价值分配和利益获取能力为中介度量全球价值链地位水平。

一、基于垂直专业化生产的相关指标

垂直专业化指数（Share of Vertical Specification，VSS）最早由 Hummels（2001）提出，表示一国出口一单位价值中含有的国外进口中间品的比例。该指数越高，表示该国融入全球价值链的程度越深。

$$M_i = \sum_{j=1}^{n} M_{ji} \tag{2-1}$$

其中，M_i 表示 i 部门出口品中包含的进口中间品价值，M_{ji} 表示 i 部门进口的 j 部门提供的中间品价值量。

$$VS_i = \left(\frac{M_i}{Y_i}\right) \cdot X_i = \left(\frac{X_i}{Y_i}\right) \cdot M_i \tag{2-2}$$

其中，VS_i 是指一国 i 部门出口品中所含进口中间品的价值，Y_i 为行业 i 的产出，X_i 表示 i 部门的出口价值，则国内所有部门的垂直专业化价值为：$VS = \sum_{i}^{n} VS_i$。

如果用 i 部门出口专业化程度除以该部门的出口总额，则构成了该部门垂直专业化指数：

$$VSS_i = \left[\left(\frac{M_i}{Y_i} \right) \cdot X_i \right] / X_i = \frac{M_i}{Y_i} \tag{2-3}$$

同理，该国垂直专业化指数为：

$$VSS = \frac{VS}{X} = \frac{\sum_{i=1}^{n} VS_i}{\sum_{i=1}^{n} X_i} = \sum_{i=1}^{n} \left[\left(\frac{X_i}{X} \right) \left(\frac{VS_i}{X_i} \right) \right] \tag{2-4}$$

进一步地，$VSS = \dfrac{\sum_{i=1}^{n} VS_i}{X} = \dfrac{1}{X} \sum_{i=1}^{n} \left(\dfrac{M_i}{Y_i} \right) X_i = \dfrac{1}{X} \sum_{i=1}^{n} \dfrac{X_i}{Y_i} \left(\sum_{i}^{n} M_{ji} \right) =$

$\dfrac{1}{X} \sum_{i=1}^{n} \sum_{j=1}^{n} \dfrac{X_i}{Y_i} M_{ji} = \dfrac{1}{X} \sum_{j=1}^{n} \sum_{i=1}^{n} \dfrac{X_i}{Y_i} M_{ji}$。

至此可知，VS 指标是衡量一国垂直专业化分工程度的绝对指标，VSS 则是相对指标，衡量一国在世界上的贸易结构和生产地位。

二、基于附加值贸易框架的相关指标

Koopman（2010）提出用 $GVC\_Participation_{ir}$ 指标来衡量一国在全球生产网络中的参与程度，即

$$GVC\_Participation_{ir} = \frac{IV_{ir}}{E_{ir}} + \frac{FV_{ir}}{E_{ir}} \tag{2-5}$$

其中，i 表示部门，r 表示国家，$GVC\_Participation_{ir}$ 表示 r 国 i 部门参与全球生产网络的程度；IV_{ir} 表示 r 国 i 部门的间接附加值出口，即别国出口中包含的 r 国 i 部门的价值增值；FV_{ir} 表示 r 国 i 部门出口中包含的国外价值增值；E_{ir} 表示 r 国 i 部门的总出口价值；$GVC\_Participation_{ir}$ 指标越大，表示该国参与国际生产网络的程度越深。

如果两个国家 GVC_Participation$_{ir}$ 指标相同，那么，是否意味着它们在国际生产网络中的地位相同呢？Koopman（2010）据此进一步提出了 GVC_Position$_{ir}$ 指标，即

$$GVC\_Position_{ir} = \ln\left(1+\frac{IV_{ir}}{E_{ir}}\right) - \ln\left(1+\frac{FV_{ir}}{E_{ir}}\right) \qquad (2-6)$$

该指标越高，表示该国家在全球生产链中的地位越高，越靠近上游环节，反之则该国地位越低。

Koopman 等还根据其关于全球价值链的经典文献[①]中论述的价值链分解原理，提出"后向关联度"和"最终需求贡献率"两个指标，用于衡量产业之间的关联程度。

i 国对 j 国的后向关联度为：

$$FV_{ij}\_share = \frac{FV_{ij}}{EX_i} \qquad (2-7)$$

其中，FV$_{ij}$ 表示 i 国出口中由 j 国提供的附加值，EX$_i$ 代表 i 国的总出口价值。

该指标可以衡量上游提供者 j 国对下游生产者 i 国的影响程度，该指标越大，表示 j 国作为上游提供者的地位越稳固。

进一步地，我国学者刘重力、赵颖（2014）提出最终需求贡献率，即

$$FD_{ij} = \frac{DVFF_{ij}}{GDP_i} \qquad (2-8)$$

其中，DVFF$_{ij}$ 表示 j 国最终需求中由 i 国创造的附加值部分，GDP$_i$ 表示 i 国 GDP，FD$_{ij}$ 表示 j 国最终需求中由 i 国提供的附加值占 i 国 GDP 的比重，该指标实际上衡量了全球价值链下 j 国对 i 国的贡献率。该指标越大，表示 i 国对 j 国越依赖。

---

① Robert Koopman, William Powers, Zhi Wang, et al. Give Credit Where Credit Is Due: Tracing Value Added in Global Production Chains [J]. National Bureau of Economic Research Working Paper, 2010, No. 16426.

第五节　本章小结

东亚生产网络的形成与发展是在工序贸易和中间品贸易不断壮大的背景下进行的，是全球产业转移的直接结果，也是跨国公司在世界范围内持续经营的产物。但传统国际贸易理论侧重对最终产品的交易与流通的观察，忽略了中间品的生产、交易以及相关企业的内部关联，由此导致相关领域的研究缺乏坚实的微观理论基础。这种情况随着在国际产业理论框架下国际贸易理论与跨国公司理论的不断融合才逐步改善。本章以国际产业转移为线索，在明确相关概念的基础上，按照宏观—中观—微观的逻辑顺序梳理相关文献，重点挖掘国际产业转移、全球价值链和国际生产网络的内在关系，以便为后文东亚生产网络的研究提供理论支持。

本章首先对国际产业转移理论进行了梳理和评价。传统国际产业转移理论属于"梯度转移"的理论范畴，不管是以产品生命周期理论为代表的产品视角下产业转移理论、以"边际产业论"为代表的产业视角下产业转移理论还是以"国际生产折衷理论"为代表的企业视角下产业转移理论，都是以"垂直产业转移"和"顺向转移"为主旨，将先进国家比较劣势产业的移出作为研究起点，然而随着新兴工业国家的崛起，先进国的产业垄断被打破，越来越多的发展中国家也开始进行海外产业转移，于是理论界尝试从发展中国家的角度解释产业转移。该领域的研究，一类是从国际政治经济学理论出发，强调发达国家与发展中国家之间产业转移的相互影响，比如"中心—外围"理论。另一类从主流产业转移理论出发，结合研究内容将其加以改进后进行动态演化，如"小规模技术理论"和"投资发展周期理论"。总体来看，对发展中国家产业转移的研究本质上仍属于被动论的范畴，对以中国为代表的发展中国家近年来大规模的海外产业投资行为缺乏解释力。

国际产业转移在 20 世纪 90 年代之后从以前的整体转移开始转变为"任务"转移，于是以前脉络分明的梯度式国际分工转变为纵横交错的网状分工。对国际产业转移的研究也开始从突出价值创造与获取的价值链角度进行考察。本章在第二节梳理了"链"的理论。指出全球价值链以某一产品价值链跨区域的聚合为主要表现形式，但是又超越了产品价值链的微观生产特征，具备了生产分散化和贸易一体化的宏观特征。不管是驱动机制、治理模式还是升级演进都呈现出区别于产品价值链的独特性，本章对这些独特性进行了总结。

随着跨国公司驱动下的全球价值链迅猛发展，被传统国际贸易理论大大简化的微观企业行为得到越来越多的学者重视，企业生产网络理论开始与国际贸易理论相结合，提出全新的"企业—网络—市场"三维分析框架，本章在第三节对企业生产网络理论进行了介绍，重点关注微观企业生产网络国际化之后形成的国际生产网络。指出国际生产网络最大的特点在于其宏观性：多国参与、中间品贸易和 FDI 及外包的连接形式。最后，对全球价值链和国际生产网络进行区分，提出"链"是侧重各行为主体按照生产流程进行的纵向分工，如垂直专业化思想；"网"侧重参与主体之间关系的程度和性质，如附加值思想。本章最后一节对全球价值链和生产网络中地位的相关指标，从"链"的角度和"网"的角度进行了介绍。

第三章

东亚生产网络演进历史

　　东亚生产网络与东亚经济发展紧密相连，东亚的快速崛起是国际产业转移与深化的直接结果，最突出的表现就是东亚经济的腾飞呈现明显的梯度性，第一梯队是日本。日本的崛起是东亚经济发展的重要引擎。20 世纪80 年代以前，东亚基本形成了日本负责提供高技术产品，"亚洲四小龙"负责资本技术密集型产品，其他国家和地区负责资源型和劳动力密集型等加工产业，美国（实际上还有欧洲）充当终端消费市场的稳定模式。随着跨国公司全球经营的扩张，其以利润最大化为导向，将产品按照要素需求进行生产分割（Production Fragmentation），并在世界范围内重新按生产节点进行资源重配，改变了以前按照产业进行完整转移的战略，分工由传统的垂直型分工向水平型分工转变，在此之前的产业间和产业内生产贸易被以大量零部件交易为代表的产品内贸易取代，外包（Outsourcing）、分包（Subcontracting）、转包（Shift - contracting）和生产分享（Production Sharing）彻底改变了东亚的生产结构，最典型的一种是日本提供核心零部件，韩国和东盟生产一般零部件，中国负责组装至最终产品并出口的"新三角模式"，这种由不同的国家（或地区）按照生产价值链和不同区段进行专业化分工组成的新型区域性分工模式即为东亚生产网络①。

"世界工厂"的"厂址"变动与东亚生产网络的发展紧密相关。并且它的发展是历史的，深受世界经济版图变化影响，同时也是东亚各国政治力量对比变动的结果。本章将按历史顺序对东亚生产网络的演进进行细致的梳理与分析。

第一节 雁行模式

东亚生产网络是 21 世纪之后才出现的称谓，从历史角度看，它只是东亚生产体系众多形态中的一种，是东亚生产体系的一个特定发展阶段。最早的东亚生产体系以"雁行模式"著称。20 世纪 50 年代开始，在第三次科技革命背景下，美国专注于集成电路、精细化工等高技术、资本密集型产业，为了给这些新兴产业让路，美国的经济结构重新调整，迫切需要将纺织、钢铁等传统产业转出，日本抓住了这一千载难逢的机会，建成了继英国、美国之后的第三个"世界工厂"，闻名于世的"雁行模式"的"雁头"也由此形成。

20 世纪 70 年代以后，面临石油危机、日元升值的压力以及持续的对外贸易顺差带来的贸易摩擦等难题，特别是在 1985 年广场协议之后，"世界工厂"日本做出了和"前任"美国类似的选择：对内调整产业结构，对外加强直接投资。在继续转移劳动密集型产业的同时，开始将已经实现标准化生产的资本、技术密集型产业向海外转移。日本的这一选择直接拉动了东亚国家的"雁阵式"崛起，特别是 20 世纪 70 年代的"亚洲四小龙"；80 年代的"亚洲四小虎"② 和 90 年代的中国内地。不同的是，20 世纪 70 年代日本向海外转移即将淘汰的纺织等劳动密集型产业，国内借此专注于

---

① 正如前文所述，本书对生产网络的定义采用 Ernst 等（2000）的定义。

② 即"ASEAN4"，即马来西亚、菲律宾、泰国、印度尼西亚。本书包含实证部分如无特别说明，均以这四个国家加越南代表东盟（十国）。根据东盟数据显示，这五个国家的宏观经济指标约占东盟 90%。

钢铁、汽车等资本密集型产业的发展①；80 年代的产业转移范围进一步扩大，不再局限于"边际产业"，产业转移国除了域内的日本，还有域外的欧美发达国家，东亚俨然成为先进国家资本激烈争夺的热土。

由图 3-1 可见，东亚在 20 世纪 80 年代时形成了以日本为"雁头"，"亚洲四小龙"为"两翼"，"亚洲四小虎"尾随的"雁阵式"经济模式。雁行模式下美国和日本一方面向东亚输出资本、技术和中间产品，另一方面作为终端消费市场。东亚国家一方面承接上述输出产业，另一方面作为出口平台，利用廉价劳动力和资源将中间产品加工为制成品向美国、日本出口，同时将出口收入以金融投资的方式顺差回流向美国，即日本所称的"黑字还流"，实现了资金流、技术流和产品流的内部顺畅循环。

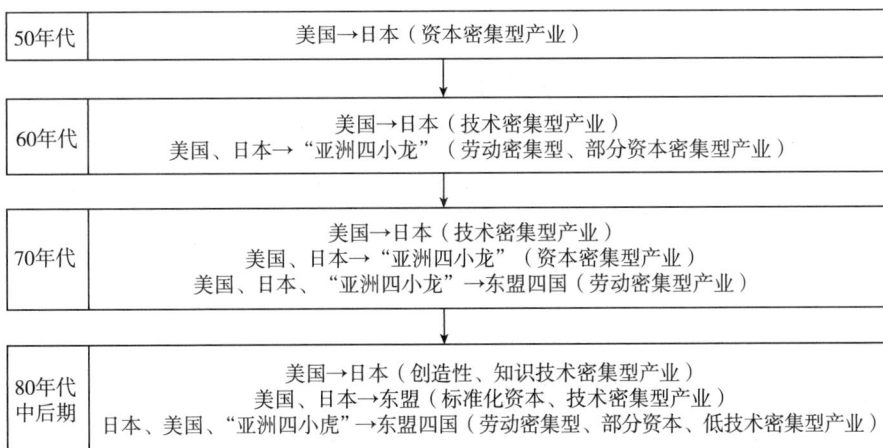

50年代	美国→日本（资本密集型产业）
60年代	美国→日本（技术密集型产业） 美国、日本→"亚洲四小龙"（劳动密集型、部分资本密集型产业）
70年代	美国→日本（技术密集型产业） 美国、日本→"亚洲四小龙"（资本密集型产业） 美国、日本、"亚洲四小龙"→东盟四国（劳动密集型产业）
80年代中后期	美国→日本（创造性、知识技术密集型产业） 美国、日本→东盟（标准化资本、技术密集型产业） 日本、美国、"亚洲四小虎"→东盟四国（劳动密集型、部分资本、低技术密集型产业）

图 3-1　东亚产业转移

资料来源：笔者自行绘制。

不可否认，东亚经济"雁阵式"崛起的背后是先进国家力保产业先进性的企图，后进国家进入"雁阵"的比较优势就是廉价劳动力和资源禀

---

① 在 20 世纪 70 年代第二次石油危机之后，日本由于国家战略调整也开始将这些资本密集型产业向"亚洲四小龙"转移。

赋，并顺应要素禀赋的动态变化进入上一层梯队，纵向看实现了自身的经济发展，但是横向看对先进国家产生的路径依赖难以摆脱。除此之外，雁行模式还导致东亚产业结构趋同，不愿固守产业链低端的国家之间竞争日趋激烈。所以雁行模式本质是追赶模式而不是创新模式，并不能持久。

果然，日本经济衰退、中国的加入等因素导致东亚内部条件发生变化的同时，外部世界里国际产业转移从整体式迁移向工序迁移转变，东亚经济发展梯度性被打破，以前简单的垂直型产业间和产业内分工向垂直专业化型产品内分工转变，雁行模式难以为继。2001 年日本政府明确提出"雁行模式"已经终结，随着中国的崛起，东亚进入"大竞争"时代。

第二节　竹节型生产网络

"雁行模式"的解体让东亚的发展进入新纪元，中国开始慢慢成长，特别是在日本、"亚洲四小龙"和"亚洲四小虎"遭受 1997 年亚洲金融危机的沉重打击之后。尽管和雁行模式下先进国家提供需求相比，东亚国家提供供给的情况并没有根本不同，但进入 20 世纪 90 年代后东亚还是出现了一些新的变化。供给被划分得越来越细且地域分布越来越广，并且越来越多的企业以直接投资和中间品贸易为核心在东亚迅速扩张。企业成为东亚生产网络的主体基础，而不是"雁阵"时期的政府。其实早在 20 世纪 90 年代之前就有跨国公司按照自身产品价值链在东亚配置生产，将中间品运回国内加工出售，只不过规模比较小。但是这种模式最可喜的特点在于其加快了"雁行模式"下垂直分工向水平分工的转变，突破了"梯度发展"的经济发展路径。对企业来说，面向全球产业机会的窗口要比仅拥有国内的政策支持更重要，所以企业更注重提高自身能力以参与全球化竞争。政府则转向推出面向全球价值链的产业政策，致力于提高新技术能力、推动创新和市场发展，而不是像过去那样选择特定的企业和产业进行发展。各国主动或被动地依据各自的比较优势按照生产阶段进行分工，这种发展模式被称为"竹节式资本主义"（Bamboo Capitalism）①。

竹节型网络与本书所指的东亚生产网络本质相同，只是程度有别。前者可以看作后者的前期简单形态。竹节式资本主义是从企业层面对东亚生产分工模式进行的形象描述，OECD（2007）则从国家层面将这种形态总结为"三角贸易模式"：日本和"亚洲四小龙"等国家和地区生产并出口零部件，中国和"亚洲四小虎"等国家负责组装加工并出口至欧美或回流到零部件出口地。例如，20 世纪 80 年代，韩国在东盟电子工厂所需零部件 86% 从国内采购，产品 90% 用于出口②。

第三节　三角形生产网络

在 1997 年亚洲金融危机之后，东亚的经济结构和分工结构发生了深刻的变化。对这一时期的东亚而言，外向型的总体经济特征没有变，作为世界资本的东道国地位没有变，不同的是，作为产业输入地，除了传统的"亚洲四小虎"之外，还有中国（不含港澳台地区），并且中国（不含港澳台地区）所占的比重越来越大；作为产业输出地，除了传统的日本、美国之外，还有"亚洲四小龙"，可以说"亚洲四小龙"正是在这个时期由"输入地"开始向"输出地"转变，如图 3-2 至图 3-4 所示。

主要原因在于"亚洲四小龙"普遍面临国内市场狭小、要素成本上升和资源环境"瓶颈"三大制约因素，直接催生了这场东亚产业转移。他们将产业转移至菲律宾等东盟国家，但是更大部分是转移至中国（不含港澳台地区），开始向技术密集型和资本技术密集型产业进行跳跃式转型。而中国（不含港澳台地区）抓住了这次产业转移的机会，不但承接了来自"亚洲四小龙"的产业转移，更吸引了大量来自欧洲、美国、日本的投资

① 最早出自 Roland（2003），用于描述广场协议之后的亚洲生产分工特征，2011 年《经济学人》杂志用该词表示中国经济特点之后，其才为人熟知，指"经济发展从下至上、相互连接、一节一节生长"。

② 案例来源于 Hart（1998）的研究。

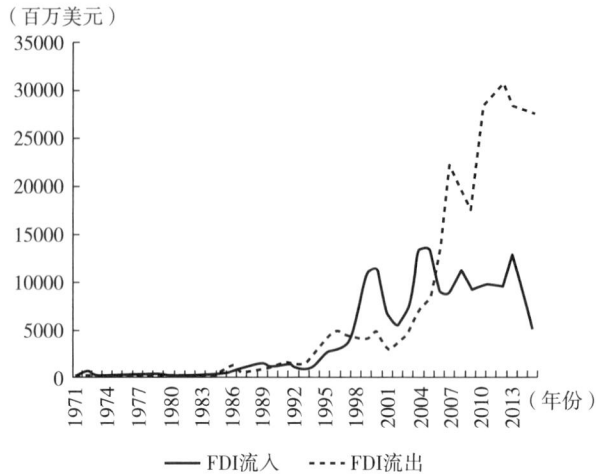

图 3-2　1971~2015 年韩国 FDI 流入、流出汇总

资料来源：笔者根据 UNCTAD Statistics 相关数据绘制，参见 http：//unctadstat. unctad. org/EN/。

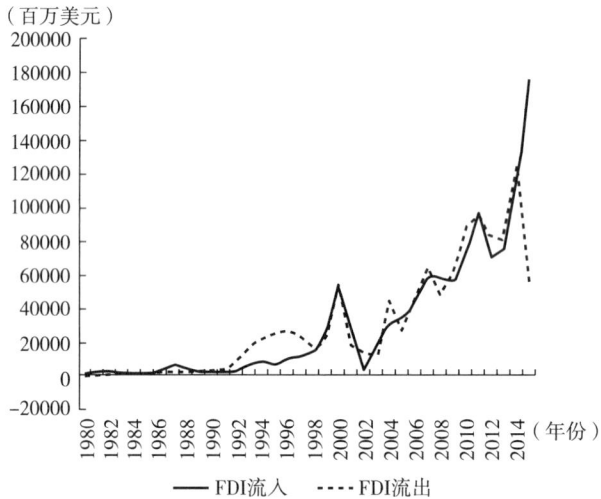

图 3-3　1980~2015 年中国香港 FDI 流入、流出汇总

资料来源：笔者根据 UNCTAD Statistics 相关数据绘制，参见 http：//unctadstat. unctad. org/EN/。

（百万美元）

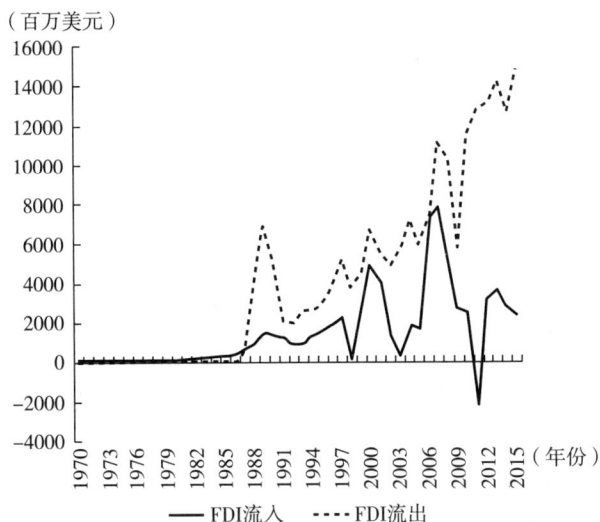

图 3-4　1971~2015 年中国台湾地区 FDI 流入、流出汇总

资料来源：笔者根据 UNCTAD Statistics 相关数据绘制，参见 http：//unctadstat. unctad. org/EN/。

（见图 3-5），制造业得到了迅速发展，奠定了中国作为制造大国的地位。

（百万美元）

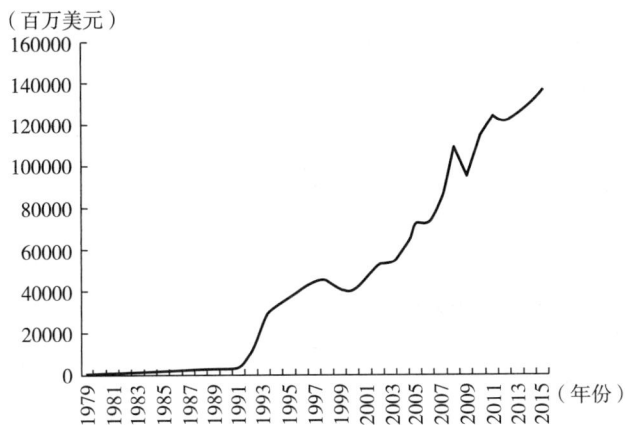

图 3-5　1979~2015 年中国（不含港澳台地区）FDI 流入状况

资料来源：笔者根据 UNCTAD Statistics 相关数据绘制，参见 http：//unctadstat. unctad. org/EN/。

此时亚洲的三角形贸易模式更加明确，中国担当起亚洲"出口平台"的功能，中国通过中间品贸易从东亚其他国家进口零部件，经过加工组装后再出口至美国等终端消费市场,这种"东亚—中国—美国"的贸易模式被称为"新三角贸易"(李晓,2005 等),中国作为东亚的零部件加工基地和出口基地,成为东亚生产网络的枢纽。

从国际收支状况看,中国对东亚经济体基本呈现逆差状态,对美国则是长期持续的顺差,中国已经成为世界经济失衡的重要一方(见图 3-6)。不难发现,中国对美国的逆差与中国对东亚国家的顺差具有一定的对称性,由此我们有理由推断,中美贸易失衡加剧与东亚国家的贸易转移相关,也就是"新三角贸易模式"在国际收支领域的现实演绎,背后所反映的是东亚内部产业转移以及随之而来的区域性结构失衡。东亚国家在将产业转移到中国的同时,也将出口转移到了中国。这也就意味着中国对美国(包括欧洲)的巨额顺差中,除了包括欧美中间商的利润之外,还包括东亚国家的"集体利润",如果把这些因素考虑进去,可以发现中国对外贸易顺差大部分实际是由境外零部件供应商所贡献的,也由此提出从附加值角度进一步考察中国的贸易和生产状况的必要性。

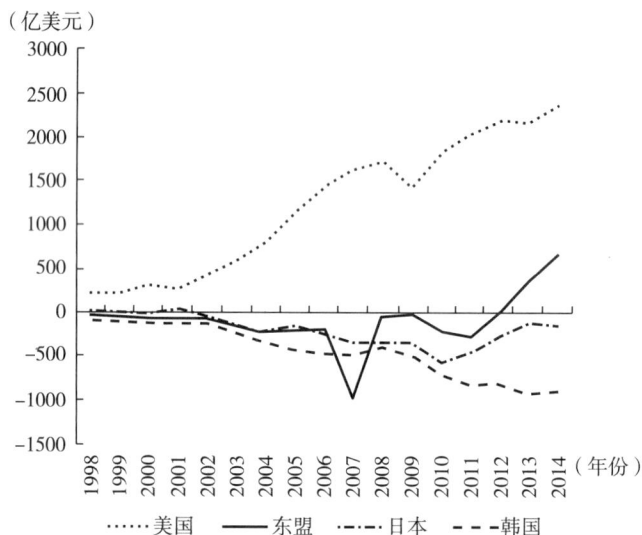

图 3-6　1998~2014 年中国与美国、东盟、日本和韩国贸易余额状况

资料来源:笔者根据 UNCTAD Statistics 相关数据绘制,参见 http://unctadstat.unctad.org/EN/。

作为世界上最大的贸易国，中国由于长期持续的顺差积累的巨额美元收入回流成为美元国际货币地位的重要支撑方。只要这种经济循环不打破，中美贸易逆差乃至世界经济失衡都不可能得到扭转。近年来美国提出的"再工业化""制造业回流"等呼吁实际也是在这一困境之下的勉力一搏，终究难以为继。

第四节　网状生产网络

一、产品层面的网状生产网络

"新三角贸易"使"雁行模式"的倒"V"形反转成正"V"形，伴随着生产工序的进一步切割，在跨国公司组织架构内，"新三角贸易"逐步向网状化演进，东亚生产在产品层面开始突破地域限制。目前，中国台湾近70%的笔记本计算机产于中国大陆。一部出厂价为144美元的Apple iPad产品在中国组装部分不足6美元（Dedrick等，2010），如图3-7所示，在苹果手机的生产链条中，将近60%的零部件采购来自东亚，超过30%的零部件采购来自域外，中国的组装和零部件采购仅占4%。苹果手机生产成为东亚生产网络在产品层次最具代表性的模式。

可以说，中国版的"世界工厂"与日本版的"世界工厂"、美国版的"世界工厂"乃至英国版的"世界工厂"有着本质的不同，真正的"世界工厂"不是中国，而是东亚。"新三角贸易"下"东亚—中国—美国"的贸易生产模式已经向"世界—中国—美国"模式转变。

中国固然是东亚产业转移以及出口导向模式的最大受益者。但是也必须注意：第一，表层表现出的长期贸易失衡特别是对欧美巨额贸易顺差带来的贸易摩擦；第二，内里折射出的中国处于低端的产业链分工地位。事实上，正如前文的分析，东亚相关国家和地区经济快速增长，不少国家或地区甚至实现了产业跳跃式的升级，20世纪90年代之前泾渭分明的经济和技术的梯度性被打破。在中国人口红利逐渐消失的同时，其庞大的消费

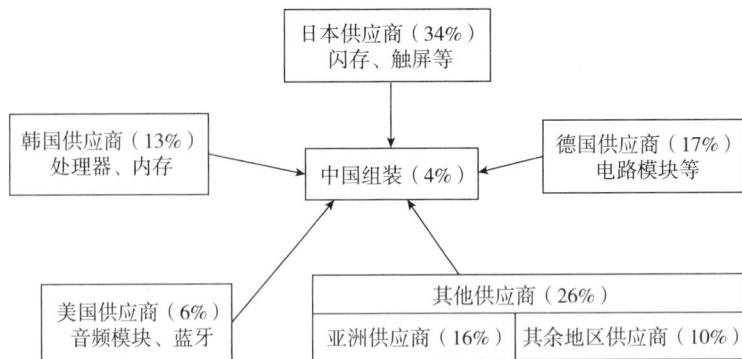

图3-7 东亚生产网络产品层面缩略图（以苹果手机为例）

注：图中所标示的数字比例为各供应商提供零部件价值在产品总成本中的占比，且经过四舍五入计算。

资料来源：根据 Rassweiler（2009），Xing 和 Detert（2010）资料绘制。

市场吸引了大量跨国公司。已清楚认识到亚洲地区禀赋变化状况的跨国公司进一步将生产过程"分割"，围绕着跨国公司的节点布局出现了一系列的产业集群，东亚的生产分工复杂性也随之增强，正式发展成以分布在东亚的企业为点、以产品内贸易和 FDI 为线、以"强政府"为引力的多线条交织的东亚生产网络。中间品贸易是东亚区域内贸易的主要内容，仅在1992~2003 年，中间品贸易占东亚区域内贸易的比重就从 1992 年的50.9% 上升至 2003 年的67.3%，与之形成鲜明对比的是最终品贸易在同样的时间内对外依赖程度从 1992 年的 50% 上升至 2003 年的 62.2%，东亚生产网络中外向型和加工式特征表现明显，主要原因在于东亚生产网络中并没有形成终端消费市场，价值链增值率最高的部分在外而不在内。

二、国家（地区）层面的网状生产网络

全球价值链不但在产品层面将东亚生产体系从"雁行模式"一步步推进到"网状模式"，而且也从国家（地区）层面改变了东亚各经济体的格局。随着中间品贸易的进行，东亚生产体系呈现的"世界—中国—美国"

新模式使身处重要节点位置的东亚各经济体主动或被动地重新进行战略布局，寻找新的比较优势以获得更大的利益。如图3-8和图3-9所示，从内部看，网状生产网络打破了"雁行模式"下各经济体之间有序的梯度式阶梯阵营，水平式网状阵营的特征明显，这意味着经济体之间在梯度阵营中各安其职的定位被打乱，它们之间为了争夺资金和生产的竞争越来越激烈。

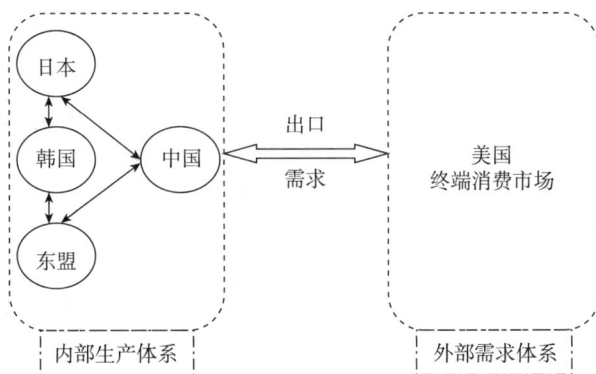

图3-8　东亚生产网络国家（地区）层面简略

资料来源：笔者自行绘制。

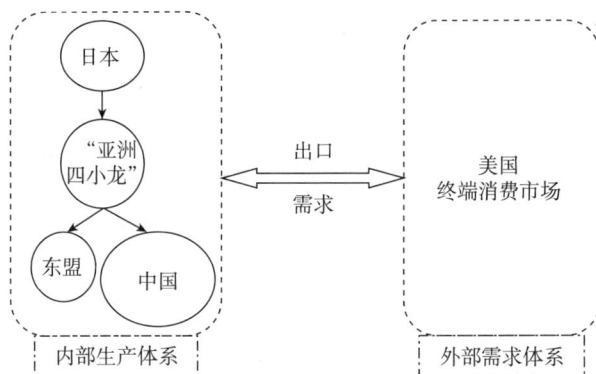

图3-9　"雁行模式"国家（地区）层面简略

资料来源：笔者自行绘制。

但是从外部关系看，东亚生产网络尽管内部阵营结构发生根本性变化，但是对外部市场的依赖一直存在，外部性特征自始至终存在甚至随着全球化的深入一度被强化。东亚生产网络是世界生产分工体系不可分割的一部分，它在萌芽时就与美国的产业转移密不可分，以致其产品价值的实现依赖欧美终端消费市场，一旦终端消费市场出现萎缩，必然给东亚生产网络带来沉重打击，而这也是目前东亚正在经历的。随着欧美经济复苏乏力，消费需求萎缩且贸易政策倾向严厉，通过贸易和资金的逆向传导给东亚的生产带来沉重打击，将"世界—中国—美国"的三角贸易模式转变为"世界—东亚—世界"模式成为东亚国家共同面临的选择。尽管有学者提出东亚生产网络有超强的内部稳定性（雷昭明，2015 等），但是如果其内部并没有出现消费终端以改变对外部的依赖，这种内部稳定性也只是生产层面低价值的凝结，反而是对东亚国家产业升级的阻碍，造成东亚生产网络的"低端锁定"，一旦某一个国家的劳动力禀赋或资源优势消失，必然会带来产业的迁移，亚洲金融危机之后东盟国家出现的"飞地效应"以及现在大量劳动密集型产业撤出中国则为明证。

三、"雁行模式"与网状生产网络

不管是"雁行模式"还是网状的东亚生产网络中，美国都是重要的"场外成员"，通过充当终端需求提供者的角色把东亚各国组成一个技术、资金和劳动力紧密结合的内部有机循环，不同的是：

第一，"雁行模式"是基于经济梯度性形成的产业间分工，而东亚生产网络是基于产品生产所需不同要素与国家比较优势相结合下所形成的产品内分工，从层次上看表现为参与其中的国家梯度阵型被打破，实现了产业跃升的国家之间竞争日趋激烈；从广度上看，企业内分工、区域内分工融合产品内分工的趋势日趋明显，产品组装企业、零部件供应商和研发企业越来越专业化；从深度上看，产品内分工更加细化，即使是同一部门的同一制成品也存在等级上的区分。

第二，"雁行模式"下生产要素循环的实现主要依靠 FDI，而在东亚生产网络下除了 FDI，外包、分包等有助于把生产工序分解的产业内贸易手段同样重要。

第三，"雁行模式"下的分工以垂直型的产业间分工为主，而在全新的东亚生产网络下，除了垂直型产业间分工外，更重要的是水平型产品内分工。

第四，"雁行模式"形成的主要推动力是国际产业转移，包括区域内产业转移，而东亚生产网络形成有国际产业转移的原因，但更多的是国际生产不断深化的结果。

所以，东亚生产网络尽管其核心特质，即经济的梯度性、外向性和低附加值性并没有发生根本性的改变，依然是以比较优势分工作为动态演进的驱动力，但是在外在表现上它已经成为与"雁行模式"迥异的互补型、多边型、垂直型与水平型分工交织的复杂新型区域分工网络。

第五节　本章小结

东亚生产网络与东亚经济发展紧密相连，东亚的快速崛起是国际产业转移与深化的直接结果，按照产业进行完整转移的战略，国际分工形式从传统的垂直型分工向水平型分工转变，在此之前的产业间和产业内生产贸易被大量零部件交易为代表的产品内贸易取代，外包、分包、转包和生产分享改变着东亚的生产结构。本章以国际产业转移对东亚生产的影响为主线，分析了东亚生产网络的演进历史。

东亚生产网络是在进入 21 世纪之后才被广泛使用的，从历史角度来看，只是东亚生产体系众多可能形态中的一种。本章将东亚生产体系从"雁行模式"—竹节型生产网络—三角形生产网络—网状生产网络的演进历史及各阶段特征做了述评，认为东亚生产网络演进历史实际是对东亚内部产业结构变迁以及随之而来的区域结构调整的折射。"雁行模式"是东亚生产网络的雏形，直接催生了东亚奇迹，但是也存在重大的缺陷：一是导致东亚产业结构趋同，不愿固守产业链低端的国家之间竞争日趋激烈；

二是梯形经济产业结构造成下层国家的路径依赖，不利于下层国家的追赶。随着供给被划分得越来越细且地域分布越来越广，越来越多的企业以直接投资和中间品贸易为核心在东亚迅速扩张，"雁行模式"开始解体。特别是中国加入东亚生产体系之后，东亚的生产结构模式经历了从垂直型—倒"V"形—正"V"形的转变，本章在对上述阶段进行细致分析的基础上提出"东亚才是真正的世界工厂"，中国巨大的贸易顺差实际是东亚国家的"集体利润"。

从产品层面和国家层面剖析东亚生产网络，会发现东亚生产网络只是东亚生产体系的一个特定发展阶段，它的核心特质与"雁行模式""三角形模式"等前期形态并没有发生根本性变化。尽管如此，通过对东亚生产网络与"雁行模式"进行比较，可以清晰地发现，东亚生产网络依然是东亚生产体系在比较优势分工法则下的特定阶段，但是已经成为和"雁行模式"迥异的互补型、多边型、垂直型与水平型分工交织的复杂新型区域分工网络。

第四章

东亚生产网络现状

进入 21 世纪之后，东亚经济慢慢从金融危机的打击中恢复并迅速复兴，跨国公司依据东亚禀赋的变化将生产过程进一步"分割"，东亚生产体系的复杂性也随之进步增强，最终发展成以分布在东亚的企业为点、以 FDI 和中间品贸易为线、以"强政府"为面的多线条交织的区域生产网络。本章将从资金层面对东亚 FDI 流动和产品层面对东亚贸易商品流动状况进行细致分析，力求完整呈现东亚生产网络真实现状。

第一节　FDI 流动现状

FDI 是东亚经济奇迹的动力，FDI—贸易关联是东亚生产网络的最重要特征。本节将从东亚区域层面和国家层面分析 FDI 流入和流出状况，进而判断东亚整体资金吸引状况和内部结构以及流向趋势。

一、FDI 流入状况

东亚的发展呈现出极强的 FDI—贸易关联。东亚承接了大量来自美国的产业转移，直接表现为 FDI 大量流入。在 20 世纪 70~80 年代，东亚吸引的 FDI 占世界的比重一直稳定在 5%~10%，在这期间最重要的引资国是最早承接来自欧美产业转移的日本，特别是在 20 世纪 70 年代早期东亚 FDI 的 1/3 流入日本。进入 20 世纪 90 年代，中国的发展带动东亚的 FDI 流入出现了质的飞跃，在随后的 30 余年占世界的比重基本维持在 10%~20%，1994 年更是达到 22.1% 的峰值，但是这一趋势也有反复和挫折。东亚引资史上出现过两次重大打击，导致 FDI 流入出现悬崖式下跌。一次是内源性的亚洲金融危机，直接导致 FDI 流入在 2001 年跌落崖底，主要原因在于亚洲金融危机的爆发给东亚各国带来了巨大的破坏，极大地损害了东亚各国的投资环境，即使从同期横向看，2000 年前后一段时间，东亚国家的 FDI 流入无一例外地都出现了下降，东盟甚至跌至 2000 年的 1.65%，为其史上最低，可见亚洲金融危机对严重依赖外资的外向型东盟国家的打击是最重的。第二次打击是外源性的次贷危机。受其打击，东亚的 FDI 流入锐减，2006~2007 年平均流入占比仅为 11%，但是随着世界的复苏，这一比例又慢慢恢复，2014 年达到小高峰，比例为 20.7%，如图 4-1 所示。

从东亚经济起飞的梯度性角度考察，1978 年敞开国门的中国（不含港澳台地区）加入东亚生产分工体系之后，迅速取代"亚洲四小龙"成为亚洲最"吸金"的地区，进入 20 世纪 80 年代以后，中国 FDI 流入量占东亚总额的比例维持在 40%~60%，大多数年份都在 50% 以上。2014 年，经济告别了超高速增长的中国，FDI 流入占世界比重为 10.1%，同期东亚其他国家和地区，新加坡状况最好为 5.3%，日本、韩国和中国台湾地区的比例分别为 0.16%、0.7% 和 0.22%，东盟十国总体为 9.7%，也稍逊于中国。从侧面反映出中国是东亚经济的"风向标"。

二、FDI 流出状况

在 20 世纪 80 年代之前，东亚地区基本表现为 FDI 净流入。但是随着经济实力的增强，东亚地区 FDI 流出的步伐加快，2012 年甚至超过老牌的 FDI 来源国——美国。FDI 流出状况如图 4-2 和图 4-3 所示。

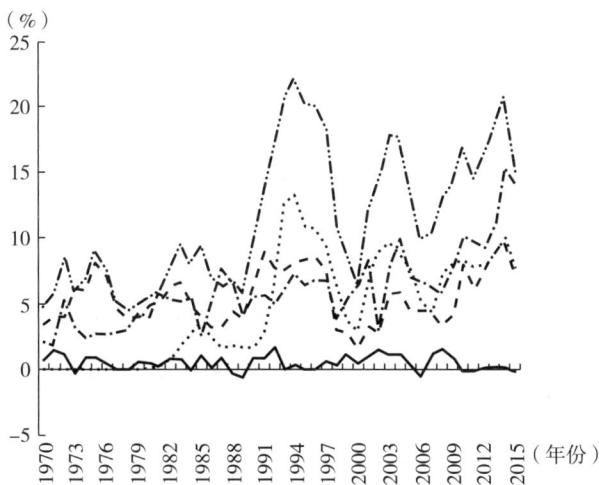

图 4-1 1970~2015 年东亚部分经济体 FDI 流入占世界百分比

注："亚洲四小龙"指韩国、新加坡、中国香港地区和中国台湾地区；东盟指东盟十国；地理上的东亚包括中国、日本、韩国、朝鲜和蒙古国，但鉴于东亚生产网络的覆盖区域，此处涉及"东亚"，包括东盟、中国、日本和韩国。

资料来源：笔者根据 UNCTAD Statistics 相关数据绘制，参见 http://unctadstat.unctad.org/EN/。

但是需要注意的是，尽管东亚在 20 世纪 80 年代之前几乎没有 FDI 流出，但日本从 20 世纪 70 年代开始进行海外投资，在 20 世纪 80 年代之前是东亚唯一的进行海外投资的国家，这一事实说明日本在成为"世界工厂"崛起之后开始进行战略性产业转移，成为带动东亚经济增长的"头雁"。正如中国带动东亚 FDI 流入走势一样，从 1980~2015 年，日本 FDI 流出量占东亚 FDI 流出量的比重平均为 63.8%。尽管日本在"广场协议"之后经济陷入萧条期，但是日本一直是世界上重要的 FDI 流出国。

在东亚地区的 FDI 流出构成中另一个重要的流出地区是东盟，新加坡同样占据了其中 50% 以上的份额，在 1983~2015 年，新加坡占东盟 FDI 流出量的平均比重为 55.9%，这主要是源于新加坡对于自身的精准定位。从 1965 年独立至今，新加坡的发展历程中有两个最重要的时间节点，第一是 1965 年独立至 20 世纪 80 年代，这一时期新加坡定位"转口贸易"，迅速成为"亚洲四小龙"之一，随后继日本之后开始进行比较劣势产业的转移

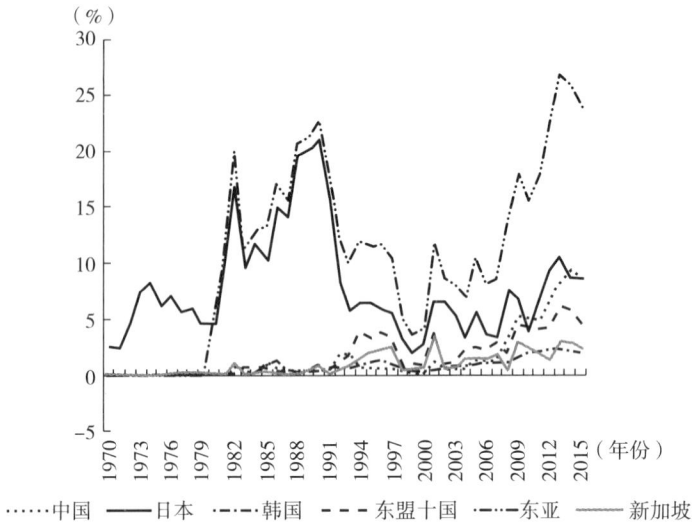

图 4-2　1970~2015 年东亚部分经济体 FDI 流出占世界百分比

注：东亚指东盟加上中国、日本和韩国。

资料来源：笔者根据 UNCTAD Statistics 相关数据绘制，参见 http：//unctadstat. unctad. org/EN/。

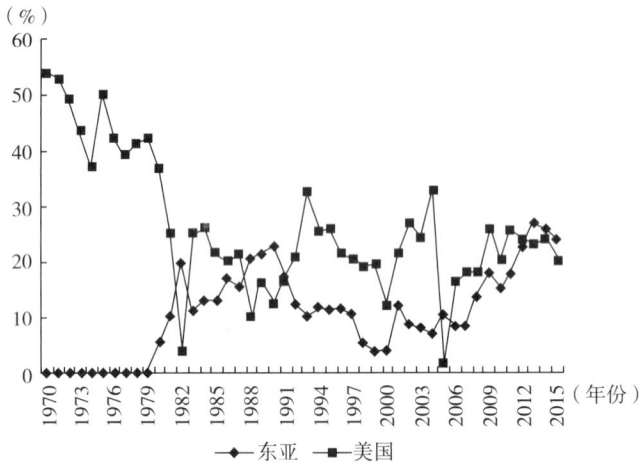

图 4-3　1970~2015 年东亚与美国 FDI 流出占世界百分比

注：东亚指东盟加上中国、日本和韩国。

资料来源：笔者根据 UNCTAD Statistics 相关数据绘制，参见 http：//unctadstat. unctad. org/EN/。

并在 1985 年达到小高峰，占世界比重为 0.38%，位居东亚第三。第二个时间节点为 1997 年亚洲金融危机，新加坡迅速开始由"转口贸易"向"转口金融"的转型，成为亚洲美元中心、离岸财富管理中心和重要的人民币离岸中心，FDI 流出量大增，2015 年占世界比重为 2.5%。

后来者居上的是中国。特别是 2008 年之后，中国的海外投资量呈现"蛙跳式"跃升，2004 年、2005 年、2008 年、2011 年占世界比重分别为0.07%、1.5%、3.2%、4.8%，2014 年达到高峰，为 9.3%。表明中国的海外投资始终与经济发展需求相伴生。

综合东亚的 FDI 流出状况可以发现，一国的海外投资是其经济崛起的伴生现象。因此对外投资是一国经济实力和地位的象征之一。小岛清（1987）认为，从经济上说，直接投资应该理解为向接受投资的国家传播资本、经营能力、技术知识的经营资源综合体。因此从质量上看，一国的海外投资往往是与其经济发展水平相称的。从层次上看，一国的海外投资往往与其同处于同一梯队的国家展开类似产业的竞争，不同经济梯队的国家之间并没有太大的交叉。另外，尽管东亚在近年来的 FDI 流出量有超过美国的趋势，但这并不意味着东亚国家对于外资的依赖性减弱，事实上，只要东亚出口导向型的经济模式不发生改变，东亚的外资不管是在传播技术、经验还是在提供资金方面都会发生独特而重要的作用，下文对于东亚FDI 净流出状况的分析将进一步印证这一结论。

三、FDI 净流出状况

如图 4-4 所示，在进入 20 世纪 70 年代之后，作为东亚经济"领头雁"的日本一直处于 FDI 净流出的状况。主要原因在于日本经济在经过 20世纪 50~60 年代长达 20 年的高速发展之后亟须调整国内产业结构，随之开始海外投资的步伐。日本的海外投资最初主要为区域内投资，首选地为"雁阵"的下层，即"亚洲四小龙"以及后来的东盟和中国（不含港澳台地区），投资的目的是深度参与区域内分工以更好地维持自身的比较优势，零部件的采购与最终产品销售并没有区域限定，这也暗示了东亚生产网络的产生，日本是主要推动者。在进入 20 世纪 80 年代后日本又一次海外投资高峰，除了基于利润最大化的全球生产的原因之外，还有一个重要的原因就是日本在"广场协议"之后为了缓解顺差过大带来的外部压力，推行了"黑字还流"计划。

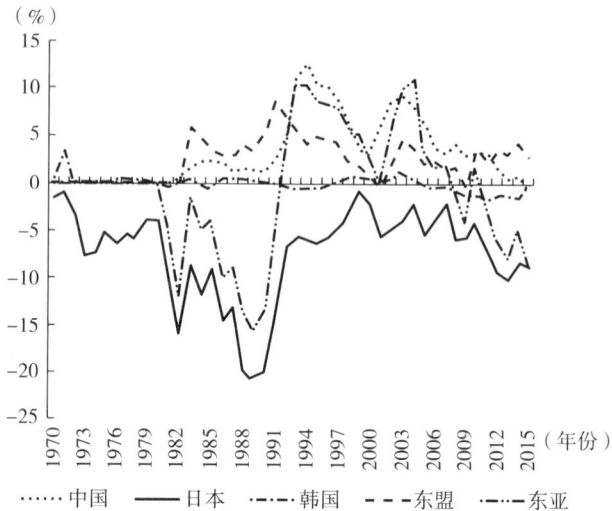

图 4-4　1970~2015 年东亚部分国家 FDI 净流入占世界百分比

注：东亚指东盟加上中国、日本和韩国。

资料来源：笔者根据 UNCTAD Statistics 相关数据绘制，参见 http：//unctadstat. unctad. org/EN/。

在 20 世纪 90 年代之前，东盟一直是东亚地区最大的 FDI 净流入地，结合日本的净流出国地位，这一时期的东亚以"三角模式"——"日本—东盟—美国"的分工模式为主要特征。在进入 20 世纪 90 年代之后东盟的地位被中国取代。通过数据可以发现，在随后 20 年的时间里，包括中国、东盟、韩国在内的整个东亚地区都处于 FDI 净流入地位，东亚各国依据各自的比价优势吸引大量 FDI 流入。但是进入 2010 年，东亚成为 FDI 净流出地区，主要原因在于欧美传统终端市场受次贷危机的打击大量萎缩，迫使东亚各国摆脱对欧美的依赖，开始进行"东亚—世界"的转型尝试，也从侧面反映出东亚各国经济实力的上升。

四、东亚生产网络内部 FDI 状况

在东亚生产网络体系中，一个"三角形"不可忽略——东盟、日本和

中国。

如表4-1所示，从东盟内部看，2015年，东盟的净FDI流入量中18.4%来自内部投资，剩余部分来自东盟外部，这固然说明东盟经济体内部并没有形成稳固的资金、商品的有机循环，但是这一比例仍占东盟外资来源地首位，可以确定东盟经济的内部关联性正在增强。紧随其后的是欧盟，以201.3亿美元居首，第二位是日本，美国和中国分别列第三位和第四位。下文继续考察中国的FDI状况。

表4-1 2013~2015年东盟FDI流入情况　　单位：百万美元

国家或地区	FDI 流入值			资本流入占总资本的比重（%）		
	2013 年	2014 年	2015 年	2013 年	2014 年	2015 年
东盟	19562.2	22134.5	22232.2	15.7	17.0	—
欧盟	24511.3	24989.9	20127.6	19.6	19.2	—
日本	24750.2	15705.4	17559.4	19.8	12.1	
美国	7157.2	14748.5	13646.0	5.7	11.3	
中国（不含港澳台地区）	6426.2	6990.1	8256.5	5.1	5.4	6.8
韩国	4303.3	5750.7	5710.4	3.4	4.4	
澳大利亚	2587.7	6281.5	5246.7	2.1	4.8	
中国香港	5251.2	9813.2	4542.9	4.2	7.5	
中国台湾	1381.8	3253.9	2807.0	1.1	2.5	
新西兰	335.9	550.0	2241.2	0.3	0.4	
十大资源	96267.1	110217.7	102370.0	77.1	84.8	
其他	28597.4	19777.4	18448.8	22.9	15.2	
东盟总FDI流入	124864.5	129995.1	120818.8	100.0	100.0	—

注："—"表示数据不详。
资料来源：东盟网站，参见 http://asean.org/resource/statistics/。

对于中国来说，外资来源地一直比较稳定，2015年日本以30.5亿美元在我国外资来源地位居第四位，美国居第五位①。对于中国的海外投资地，在亚洲主要集中在基础设施完整、政局比较稳定、人力成本比较低廉的地区，比如泰国、越南，日本居第四位。本书将在后文详细分析中国的

① 第一位、第二位分别为中国香港和新加坡。但正如前文说明，中国香港和新加坡因为其地区金融中心的地位，与中国内地资金关系比较复杂，故在本书中其数据不予考虑，但并不会影响结论。

海外投资状况，在此不予赘述。

综合上述分析，在东亚的 FDI 流动中，日本和中国扮演了重要角色。这也预示着在分析东亚生产网络中，除了技术层面的考察之外，还必须结合大国的地位和影响力进行综合考察。对于中国而言，尽管是以"雁尾"加入东亚分工体系，但是后来者居上，凭借独厚的要素优势成功超越东盟，成为"世界工厂"，经济实力的增强与政治影响力提升相互促进，给日本、美国带来了挑战。

但是必须清醒地意识到：第一，在经济影响力方面，日本的影响力同样显著，甚至在局部地区大于中国。第二，作为世界经济大国之一、世界第一制造业大国和贸易大国，中国的经济实力迅速增强的同时，能源约束、环境约束、劳动力约束和贸易壁垒成为中国经济转型升级向前走的束缚，所以中国的海外投资主要在于为中国企业突破上述束缚。随着中国经济转型升级的推进，高技术行业不断培育和崛起，中国必须开始以全球性的思维思考如何主动构造属于自己的国家价值链，尝试摆脱对被动加入的已经成熟的全球价值链的依赖。

第二节 中间品贸易现状

FDI 流动把东盟内部各国，以及其外部的中国（不含港澳台地区）、日本、"亚洲四小龙"和欧美紧密地联系在一起，正是东亚生产网络在资金层面的表现。尽管中国一贯是东亚地区 FDI 流入大国，近年来更是成为 FDI 流出大国，但是从总体来看，日本主导了东亚的 FDI 流出。可以说日本带动了东亚 FDI 流出，中国吸引了东亚 FDI 流入。接下来本书将从产品层面东亚生产网络的表现进行分析。

随着跨国公司推动的商品价值链在全球的配置，中间品贸易占国际贸易总额的比重超过 60%，某国从国外进口中间品进行加工后再行出口至第三国，这一过程一直到产品抵达终端消费市场才能最终结束。Koopman 等（2010）据此提出了 KPWW 方法，将一国的总出口分解成若干组成部分

（见图4-5），为国际贸易研究从最终需求层面转向中间贸易体现出的上下游关系的地位层面提供了有利工具。但是目前对于东亚的研究主要集中在最终需求层面，对于上下游关系的地位层面的研究文献比较少。

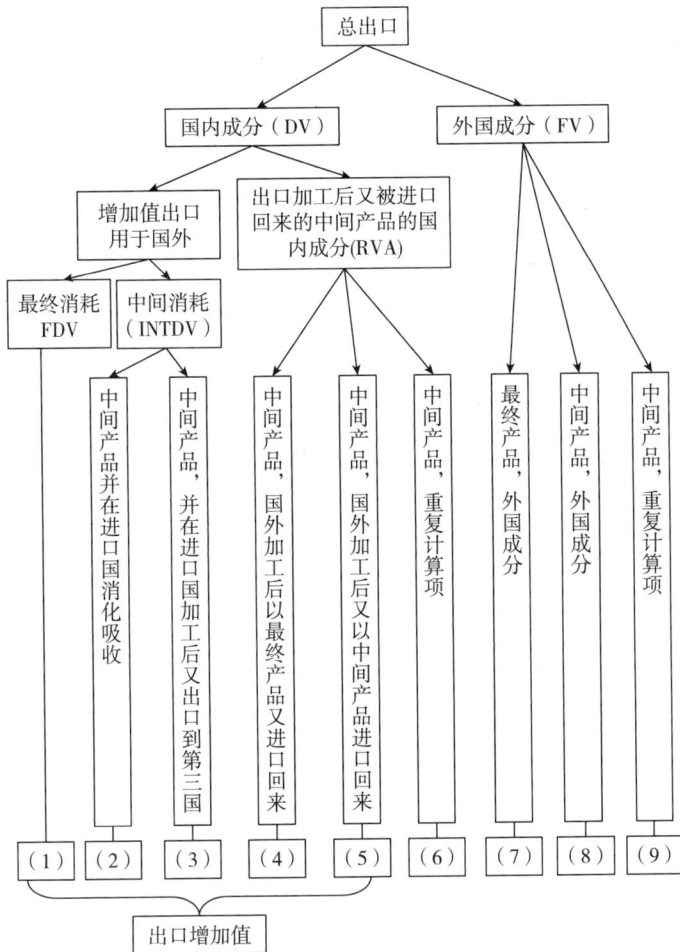

图4-5　产品附加值分解示意

资料来源：Koopman等（2010）研究。

另外，从传统贸易数据来看，中国作为"东亚—中国—美国"模式的关键平台，已经取代日本成为东亚生产和贸易的中心。但是正如前文指出，传统贸易数据过于关注最终产品的流通，忽视中间产品为代表的产品价值链流转，导致严重的重复计算，一定程度上会扭曲参与国家（或地区）在生产网络中的地位和利益获取，且并不能够很好地体现出上下游的依赖关系。在本节的分析中，将根据 KPWW 方法，采用 WTO—OECD 联合推出的 TiVA 数据库①增加值数据，尽可能地剥离传统数据统计的重复性，从增加值角度重新观察东亚贸易状况。

一、东亚生产网络分工现状

KPWW 方法整合了现有的产品附加值领域的关键研究成果，不仅对建立 TiVA 统计数据库有重大贡献，也为分析一国的分工地位提供了大量灵活可行的指标。Koopman 等（2010）构建了分析一国在全球价值链中分工地位的指标——GVC 地位指数以及 GVC 参与程度指数②。

（一）东亚生产网络参与度指数比较

GVC 参与度③描述了一国参与全球价值链的程度，在一定程度上反映出一个国家的开放程度。其中，后向关联指标表示该国在出口中的外国附加值比重，该指标越大，表示该国对于国外中间品的依赖越大，外国作为该国中间品供给者身份对该国的影响越明显，所以该指标又可被称为"上游依赖"。前向关联程度表示一国出口的中间品对外国的影响，即该国出口中的间接增值部分（见图 4-5 第三项），该指标越大，表明该国在全球价值链中的中间品供给者的身份越明显，上游地位越突出，在全球价值链中的位置越有利。本节计算了东亚经济体④各年份的总体 GVC 参与度状况，部分结果如表 4-2 所示。

---

① TiIVA 数据库（2015 年版）涵盖 61 个经济体，34 个独立的工业部门（16 个制造业部门和 14 个服务业部门）在 1995 年、2000 年、2005 年、2008 年、2011 年的双边增加值贸易状况和部分指标。

② 具体介绍已在前文叙述。

③ TiVA 数据库现涵盖 32 个部门，鉴于制造业在东亚的重要地位，本节选取了制造业中的 9 大类作为研究对象，具体类别及中英文对照情况详见附表 1。

④ 受 TiVA 数据库样本限制，东亚经济体含文莱、柬埔寨、中国香港、印度尼西亚、马来西亚、菲律宾、新加坡、日本、中国台湾、越南、中国（不含港澳台地区）和韩国；时间为 1995 年、2000 年、2005 年、2008 年、2009 年、2010 年和 2011 年。

表 4-2 东亚部分国家（地区）GVC 参与度状况

年份	日本			韩国			中国			东盟			东亚		
	T	B	F	T	B	F	T	B	F	T	B	F	T	B	F
1995	60.31	7.08	53.23	68.78	27.35	41.43	75.3	48.12	27.18	72.06	37.12	34.94	64.41	20.91	43.5
2000	62.43	9.19	53.24	72.75	35.26	37.49	75.61	50.63	24.98	76.93	47.1	29.83	67.34	27.4	39.94
2005	66.45	13.87	52.58	76.61	38.09	38.52	76.27	48.04	28.23	76.7	45.35	31.35	70.33	35.87	34.46
2008	69.77	19.33	50.44	80.88	48.04	32.84	73.38	39.61	34.17	76.63	44.52	32.11	71.34	36.6	34.74
2009	69.71	14.13	55.58	79.38	43.07	36.31	71.68	39.13	32.55	75.6	42.02	33.58	70.05	35.03	35.02
2010	70.16	15.63	54.53	79.93	44.29	35.64	72.79	40.17	32.62	76.87	42.72	34.15	71.03	36.2	34.83
2011	71.13	18.03	53.1	80.7	46.95	33.75	72.71	40.12	32.59	76.83	43.57	33.26	71.34	37.42	33.92

注：T 代表参与度指数，B 代表后向关联程度，F 代表前向关联程度。

资料来源：根据 WTO—OECD TiVA 数据库整理并计算而得。

数据显示东亚国家的 GVC 参与度一直维持在较高水平且略有上涨，这说明东亚生产网络已经深深嵌入全球价值链之中，国际化程度较深。从亚洲金融危机至次贷危机这段时间是东亚经济快速增长的时期，后向关联程度略有上升，前向关联程度略有下降，后向关联程度的上升反映出东亚在全球价值链中下游地位突出，对外部市场的依赖性加深，这与本书之前通过传统贸易数据分析得到的结论是一致的。

从表 4-2 中东亚各国的表现也能充分印证"东亚国家开放度高"的结论。图 4-6 更直观地反映出东亚主要国家的 GVC 参与度在进入 2000 年后基本在 70%~80% 的高水平，且基本走势都呈现出快速上升的局面，其中有以下几点需要注意：

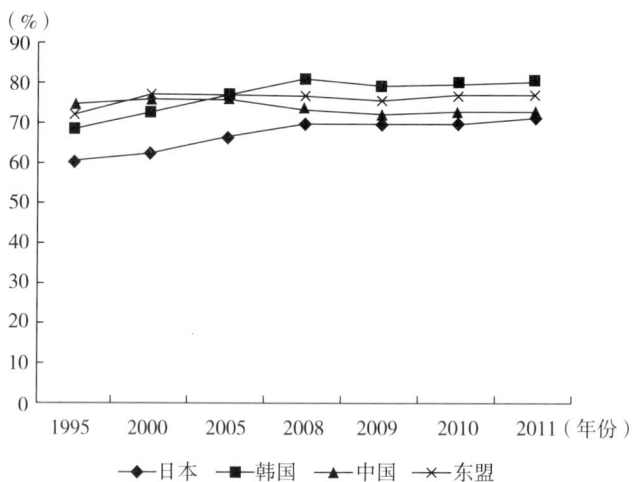

图 4-6 东亚部分国家（地区）GVC 参与度

资料来源：根据笔者计算而得。

第一，尽管东盟国家从 1995~2011 年的参与程度总体处于上升态势（见图 4-7），但在 2008 年全球金融危机之后 GVC 参与度指数呈现出明显下降，结合上一节分析，在东亚经济极强的外向性和 FDI—贸易关联下，外部环境的变化会通过市场、贸易和投资等渠道从产业链的一端层层传递至另一端，与中国、日本、韩国横向比较的话，东盟各国的指标下降最严重，在东盟内部排名越靠前的国家危机之后下降越厉害，充分说明参与全球生产程度越深，内外联系越紧密，对外界变化越敏感，往往也就最先经受市场调整之痛。

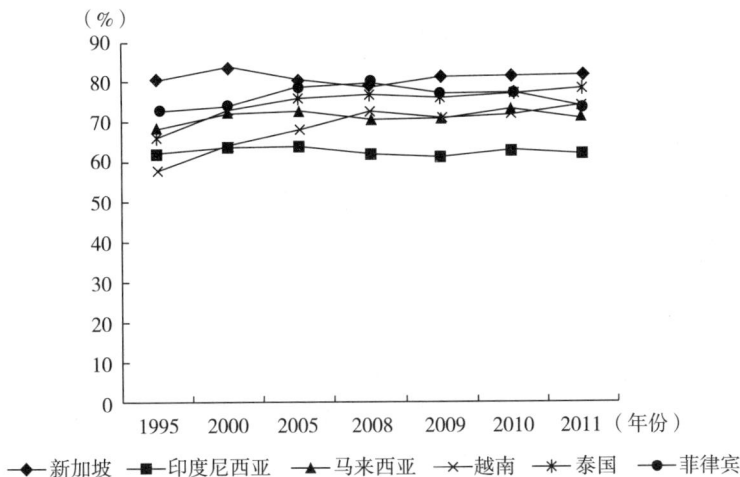

图 4-7 东盟部分国家 GVC 参与度

资料来源：根据笔者计算而得。

第二，从横向看，虽然中国从走势看略有下降，但是并不应该以"好"与"坏"去评判这种变化。首先，中国的 GVC 参与程度依然非常高，整体高于日本 GVC 参与程序，这主要得益于我国一直坚持的开放的经济政策和贸易政策。其次，中国的前向关联程度和后向关联程度都非常高，说明中国经济仍然没有摆脱加工组装的"工厂"地位，处于"大进大出"模式，与之形成鲜明对照的日本后向关联度一直在维持东亚低水平，说明其最终产品消费占比较高，已经摆脱了加工组装的下游地位，在全球价值链中获得较高利益的能力较强。所以 GVC 参与度指数的回落恰恰是中国经济进步的真实写照。

第三，从纵向看，中国、日本、韩国三国的整体指标水平一直处于东亚高位，但是三国参与程度深的原因却大不相同。中国是依靠前向关联的提升的方式来提高参与全球价值链的程度，意味着中国在成为世界制造第一国的同时，价值链上游地位逐渐显现，分工地位逐步提高。日本、韩国属于另一类，均是靠后向关联程度的提升来提高 GVC 参与度，但不能武断地判断出日本、韩国产业能力劣于中国的结论，主要原因可能是日本、韩国随着产业政策的调整以改善就业为目的重振制造业。对于中国在东亚生产网络中的地位还需要进一步考察。

（二）全球价值链地位指数比较

在目前全球价值链的大背景下，生产分割以制造业闻名的东亚尤为明显，复杂中间品贸易占据国际贸易比例越来越大，因此，GVC 地位指数更能体现一国在产品价值链中参与程度。在分析 GVC 参与度指标之后，本书将进一步分析东亚国家 GVC 地位指数①。该指标越大，表明该国为别国提供中间品的比例越大，在全球价值链中越靠近上游。越低则越靠近下游，贸易利得越少。本书继续选取 TiVA 数据库中制造业 9 个大类进行细分研究②，部分结果如表 4-3 所示。

表 4-3　2011 年部分国家（地区）制造业 GVC 地位指数

		日本	韩国	美国	中国	东盟
	总体	0.26	-0.09	0.18	-0.05	-0.07
劳动密集型	17T19	0.13	-0.03	0.02	-0.04	-0.10
	20T22	0.45	0.20	0.43	0.04	0.24
	36T37	0.14	-0.04	0.15	0.07	-0.15
资本技术密集型	15T16	0.17	-0.09	0.11	0.01	0.04
	23T26	0.25	-0.23	0.22	0.03	0.01
	27T28	0.37	-0.03	0.25	0.20	-0.01

---

①　一般理论上该指标的取值在-0.69~0.69。

②　参见谢建国（2003）的做法，将九大类分成劳动密集型产业（17T19、20T22、36T37），资本技术密集型（15T16、23T26、27T28）和知识密集型（C29、30T33、34T35）三大类。

续表

		日本	韩国	美国	中国	东盟
知识 密集型	C29	0.26	-0.06	0.09	0.05	-0.19
	30T33	0.28	-0.02	0.26	-0.21	-0.18
	34T35	0.18	-0.09	0.02	0.01	-0.19

资料来源：根据笔者计算而得。

东亚国家中日本的 GVC 地位指数排名第一位。并且在资本技术密集型产业和知识密集型产业的优势尤为明显。其他国家则互有优劣。韩国在整个资本技术密集型产业略逊于中国，如食物、饮料和烟草，化学和非金属矿制品，金属与人造金属制品行业，但在电子与光学设备行业地位远高于中国与东盟国家。东盟国家虽然 GVC 地位指数普遍偏低，但在木材、纸制品和印刷行业竞争力普遍偏高。所以东亚每个经济体都有自己的优势产业，反映出现在的东亚生产已经不再是分工明显的协作方式，各国依据自己的比较优势参与东亚生产分工，基于 GVC 指数的分析更能印证之前理论梳理的结论，即东亚才是真正的"世界工厂"，中国只是东亚出口的平台，东亚的商品更准确地说是"东亚制造"，不是"中国制造"。

二、东亚增加值分布状况

在全球价值链分工体系下，一个开放国家的产品必然包括来自国外的增加值，本小节将从东亚国家出口中包含的国外附加值总量和来源国方面进行分析。

（一）东亚国家出口中外国增加值分解

本节整理了 TiVA 数据库中关于各经济体出口中外国增加值情况，部分结果如图 4-8 所示，比较 1995 年和 2011 年计算结果，总体来看，东亚绝大多数国家的比重都呈现出不同程度的上升，整个东亚地区上涨 78%。一些国家出现下降，中国、菲律宾最为明显，分别下降 16.63% 和 29.6%。即使这样，2011 年中国出口一单位产品中来自国外的比重也在 40.1% 的高位，表明在中国庞大的出口贸易中，有 2/5 价值来自国外，虽然这一比重在东亚国家和地区并不是最高，但是综合中国庞大的经济体量和贸易额，这一事实对于重新考察全球经济失衡尤为有意义。

日本在这段时间出现了大幅跃升，2011 年与 1995 年相比上涨 150%，虽然幅度居东亚之最，但是其绝对指标在东亚仍然最低，2011 年仅为 18.03%。折射出日本在融入东亚生产网络中明显不同于其他经济体的异质性，即依靠 FDI 和资本技术密集中间品、知识密集型中间品的提供融入全球生产。

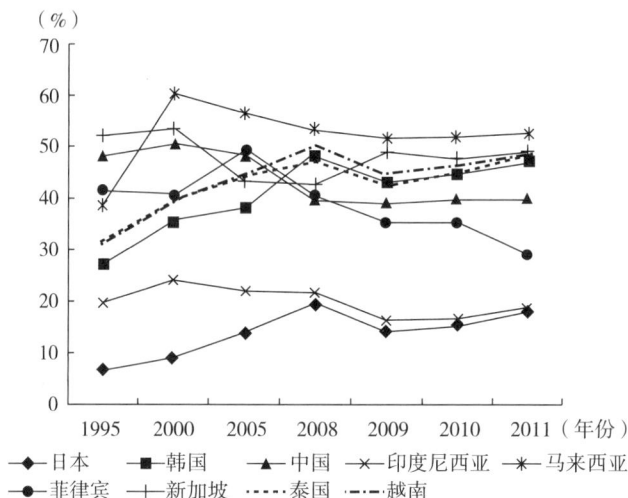

图 4-8　东亚国家出口中外国增加值占比情况

资料来源：根据笔者计算结果而得。

（二）东亚经济体出口中来自中国（不含港澳台地区）、日本增加值分解

本小节对中亚经济体出口附加值状况做进一步分解，观察中国和日本对东亚经济体出口的附加值贡献（见图 4-9）。在 7 个观察期内，除印度尼西亚和越南外，其余东亚国家和地区的出口中来自中国（不含港澳台地区）的增加值均高于日本，这种差距在中国台湾地区表现尤为明显，2011 年，中国台湾地区的出口中来自中国大陆的增加值比例为 44.8%，日本仅为 5.2%，同样有此表现的还有韩国，来自中国的增加值在其出口中占比为 31.66%，日本为 7.3%。中日两国各自的贸易数据也反映出这一趋势。1995 年日本出口中来自中国的附加值比为 5.34%，2011 年则涨至 26.38%，中

（a）韩国

（b）印度尼西亚

（c）马来西亚

（d）菲律宾

（e）新加坡

（f）中国台湾

（g）泰国

（h）越南

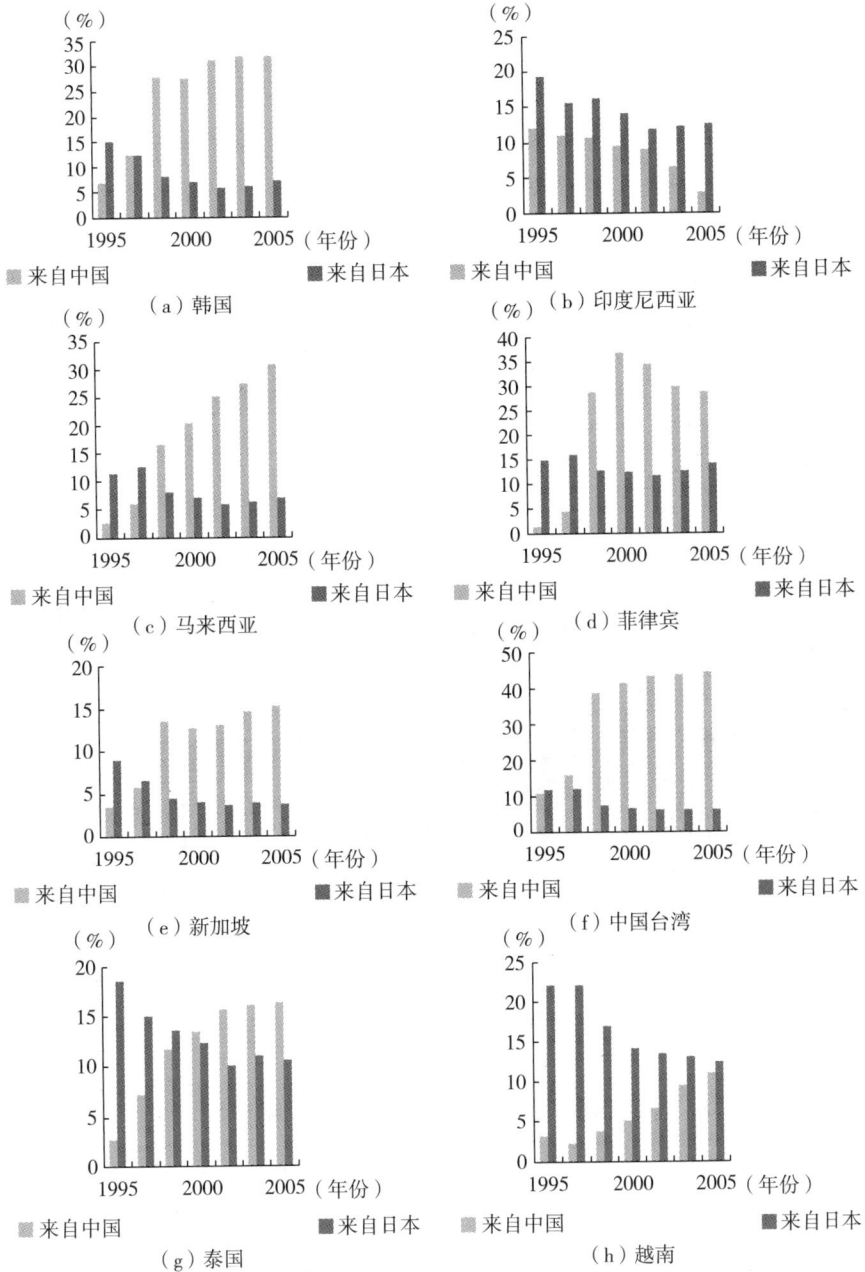

图4-9　东亚经济体出口中来自中国、日本增加值分解

注：来自中国的数据不包含中国香港、中国澳门、中国台湾地区。

国的这两个比例分别为 18.57% 和 10.27%。充分说明在制造领域，中国除了大量进口来自国外的中间产品之外，还向东亚国家和地区提供大量的中间品，预示了东亚生产结构的网状性以及中国在东亚生产网络中地位的提升。

另一方面，数据清楚表明东亚地区出口中来自中国（不含港澳台地区）和日本的增加值占比的平均水平为 33.2%（见图 4-10），同一时期，来自美国增加值占东亚出口比重为 25.47%，东亚生产网络已经形成较强的内生性，而且中国（不含港澳台地区）的贡献率明显高于日本东亚市场，这一发现对中国制造业具有重要意义。

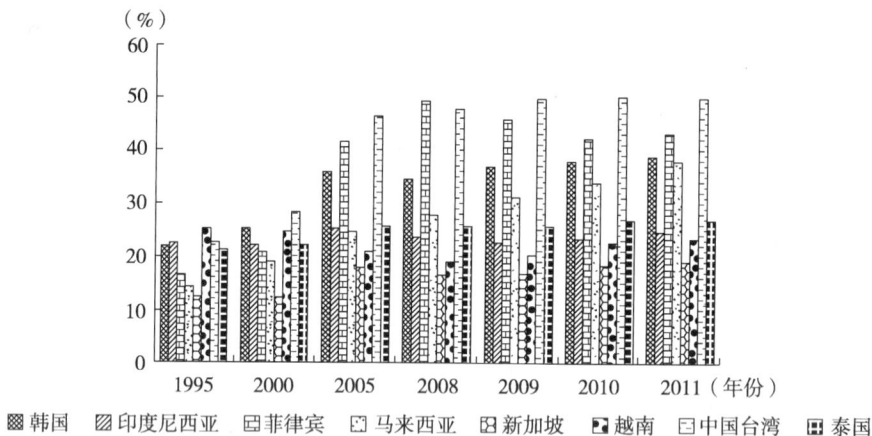

图 4-10　东亚部分国家和地区出口中来自中国、日本的占比总水平

资料来源：根据笔者计算结果而得。

（三）中日两国出口中来自东亚国家附加值分解

从全部行业总体水平看，1995 年日本、中国两国出口中来自国外的附加值分别为 5.63% 和 33.38%，2011 年分别为 14.68% 和 32.16%。另外，日本和中国出口中来自区域内的比重分别为 32.9% 和 24.6%，反映出两国对于区域生产网络的倚重。日本在观察期不足十年的时间里来自域内的比重明显上升，涨幅达 86%，而中国则出现下降，降幅达 46.6%。日本对于

东亚内部提供的中间品明显倚重，结合上文的数据，可以推断出中国在东亚中更多的是扮演着提供者的角色，从侧面反映出中国作为世界制造大国的制造能力。但就制造业进行分析，这一趋势更加明显。2011 年中国和日本制造业出口中来自国外的增加值比重分别为 40.2%、18.03%，其中来自域内的比重分别是 19.7% 和 41.99%。中国出口中来自美国的附加值为 21.96%，日本为 14.69%，中国出口中来自欧盟①的附加值为 16.52%，日本这一比重为 8.03%，结合中国的经济总量，可以推断，中国较之日本在制造业方面融入全球价值链的程度更深，日本更为倚重东亚获取中间品和零部件，这也恰恰是"雁行模式"的"后遗症"，东亚对于日本而言具有重要的经济意义。同时中国从 1995~2011 年可以发现，中国的出口附加值中来自国外的比例，不管是来自域内还是域外，都呈现出不同程度的下降趋势，印证了中国制造能力的升级和提高，在产业链中的地位明显提升，这一变化是可喜的。

但是需要注意的是，从总体上看，在东亚的出口中中国的贡献率明显超过日本，而对于中日两国的出口而言，东亚对日本的贡献要大于对中国的贡献。这一事实固然凸显中国在东亚生产网络中不断上升的地位与影响力，但是其背后反映出的逻辑是中国为东亚市场提供中间品和零部件，经过东亚市场的内部加工，又作为中间品出口到日本，这恰恰说明中国在全球价值链中分工地位的劣势。另外，随着东亚产业链垂直专业化分工的深化，东亚生产链不断延长，从中间产品到最终产品之间的路径更长，突出了东亚生产网络的集约性。

第三节　本章小结

本书在第二章分析中指出，作为东亚生产体系的一个特定发展阶段，

---

① 此处欧盟指奥地利、比利时、丹麦、芬兰、法国、德国、希腊、爱尔兰、意大利、卢森堡、荷兰、葡萄牙、西班牙、瑞典、英国共 15 国。

东亚生产网络是以跨国企业为点、以 FDI 和中间品贸易为线、以成员国家（或地区）关系为面，互补型、多边型、垂直型与水平型分工交织的复杂新型区域分工网络。中国面临着两大压力，一是作为"世界工厂"，被强行赋予"世界经济失衡"的责任，贸易摩擦不断；二是为了摆脱低端嵌入的被动地位，开始尝试构建自己的国家价值链，向海外进行投资以图缓解经济增长掣肘。这两大压力的解决都必须建立在对东亚生产网络和自身地位水平的情形认识上。本章对东亚生产网络的真实现状做出了准确的分析。在分析过程中，根据东亚生产网络 FDI—贸易关联特征，以资金层面和产品层面作为切入点。

资金层面以 FDI 为线索。本章从 FDI 在东亚生产网络的流入、流出和内部流动做出分析后发现：第一，东亚的 FDI 流动状况和世界经济大势紧密相关，FDI 流入量与流出量的变化反映出东亚经济形势的变化。第二，日本主导了东亚的 FDI 流出，中国带动东亚 FDI 流入。第三，进入 21 世纪之后，东亚 FDI 呈现出净流出状态，在东亚 FDI 流出国中，中国的占比越来越大，反映出中国开始以海外投资为契机，构建自己的国家价值链。

产品层面摆脱传统贸易数据重复计算的局限，以贸易中的增加值为切入点，更清楚地得到东亚生产网络内部中间品贸易的利益分配状况和各经济体参与状况。结果表明，从参与度指数看，东亚生产网络的确具有明显外向型特征，日本和韩国产业链地位较高，贸易利润较高，中国仍然没有摆脱加工组装的"工厂"地位，贸易附加值收益较低。从 GVC 地位指数看，日本的 GVC 地位指数最高并且在资本技术密集型产业和知识密集型产业的优势尤为明显。从参与产品价值链程度角度考察东亚生产网络之后，本书继续对东亚中间品贸易中的附加值分配状况进行考察。通过数据分析证实随着东亚产业链垂直专业化分工的深化，东亚生产网络的集约性不断增强。同时也发现中国对东亚的贡献率超过日本，表明中国在东亚生产网络地位得到极大提升，但是东亚对日本更具有经济意义。经济实力的增强与政治地位的提升相互促进。

第五章

中国融入东亚生产网络的途径

    东亚内部的分工模式经历了产业间分工—产业内分工—产品内分工的路径转换，作为该体系的后进者，中国凭借丰富的禀赋优势、优厚的区位优势和出口导向型的加工政策吸引了大量资金、技术和产业转移，深深融入东亚生产网络之中。1992~2008 年，中国对东亚经济体的进出口贸易额由 1992 年的 970.7 亿美元上升到 2008 年的 8833.9 亿美元（占其同期对世界进出口贸易额的 34.5%），年均增长达 14.8%；而同期日本和韩国对东亚经济体的进出口贸易额增速分别仅为 8.96%、11.9%①。同期中国对世界的出口由 1992 年的 788.17 亿美元猛增至 2008 年的 2428.25 万亿美元，占东亚总出口的比例从 1992 年的 14.1%增至 2008 年的 74.2%，中国成为当之无愧的东亚制造中心和出口平台。中国是通过哪些渠道融入东亚生产网络呢？明确该问题，不但有助于清楚判断中国在东亚生产网络的地位，而且有助于中国有效处理中国与东亚各经济体的双边关系。本章将以中国融入东亚生产网络的渠道作为切入点，探究中国与东亚生产网络各成员的双边互动方式和影响。

---

    ① 数据引自徐玲（2014）的研究。

第一节　引进外资

随着我国改革开放政策的持续深入和全球化进程的加快，中国吸引外商直接投资①增长迅速，截至 2015 年，中国已经吸引了世界 7.7% 的 FDI 流量，发展中国家 17.73% 的 FDI 流入量和东亚（及东南亚）国家和地区 43.4% 的 FDI 流入量，如表 5-1 所示。

表 5-1　中国 FDI 流入情况

年份	世界 FDI 流入总额（百万美元）	流入发展中国家金额（百万美元）	流入东亚国家金额（百万美元）	流入中国金额（百万美元）	中国占世界比重（%）	中国占发展中国家比重（%）	中国占东亚国家比重（%）
1980	54395.65	7395.549	3559.422	57.00	0.10	0.70	1.60
1990	204913.80	34657.33	18476.88	3487.11	1.70	10.06	18.87
2000	1358820.00	232390.30	93598.11	40714.81	3.00	17.50	43.50
2010	1388821.00	1762155.00	199417.80	114734.00	8.26	18.35	57.53
2015	625330.30	764670.40	312266.00	135610.00	7.70	17.73	43.43

资料来源：根据 UNCTAD-Statistics 数据库资料绘制，参见 http：//unctadstat.unctad.org/EN/。

特别地，"一带一路"沿线国家在中国新设企业 2164 家，同比增长超过 18%，实际投入金额 84.6 亿美元，同比增长 23.8%。说明我国 FDI 流入构成正在悄然变化②。

一、中国吸引的 FDI 主要来源

分国家（或地区）看，中国（不含港澳台地区）FDI 流入地主要来自

① 外商直接投资指外国企业和经济组织或个人（包括华侨、港澳同胞以及我国在境外注册的企业）按我国有关政策、法规，用现汇、实物、技术等在我国境内开办外商独资企业、与我国境内企业或经济组织共同举办中外合资经营企业、合作经营企业或合作开发资源的投资（包括外商直接投资收益的再投资），以及经政府有关部门批准的项目投资总额内企业从境外借入的资金。
② 资料来源：中华人民共和国商务部。

美国等发达经济体。以 2015 年为例，对中国投资前十位国家（地区）依
次为：中国香港（926.7 亿美元）、新加坡（69.7 亿美元）、中国台湾
（44.1 亿美元）、韩国（40.4 亿美元）、日本（32.1 亿美元）、美国（25.9
亿美元）、德国（15.6 亿美元）、法国（12.2 亿美元）、英国（10.8 亿美
元）和中国澳门（8.9 亿美元）。值得注意的是，上述国家和地区实际投
入外资 1186.3 亿美元，占全国实际使用外资金额的 94%，同比增长
5.4%。这表明我国 FDI 来源地具有非常明显的集中性。

分地域看，东亚地区一直是我国 FDI 主要来源地，特别是 2010 年之
后，来自东亚的 FDI 占我国 FDI 流入量的比重已经超过 70%，并且呈逐年
上升趋势（见图 5-1），充分说明中国融入东亚生产网络的主要方式之一
是吸引域内 FDI。

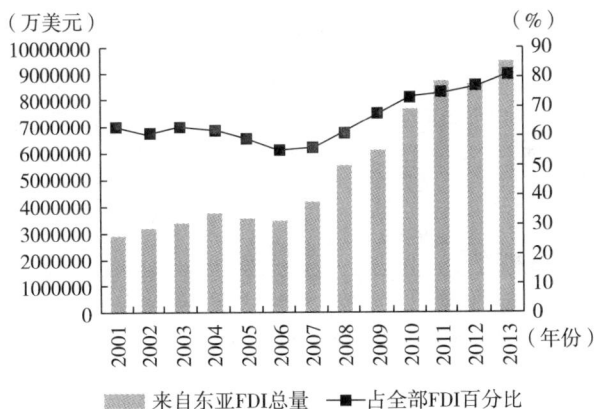

图 5-1　2001～2013 年中国来自东亚地区 FDI 情况统计

资料来源：根据历年统计资料整理并计算。

二、FDI 在中国作用

中国强劲的经济增长和良好的投资环境吸引了越来越多的跨国公司将
中国作为投资的目的地。绝大多数的文献研究和经验都证明，FDI 大量流
入对东道国的经济具有积极的促进作用。作用一在于弥补东道国资金的不

足，作用二在于通过外资带来的技术和管理经验等溢出效应，有利于东道国的技术升级、产品升级和理念升级，作用三在于为东道国经济注入新的活力。因此跨国公司的 FDI 是国家产业转移的主要推力，也是东亚生产网络的核心特征之一。

（一）FDI 直接拉动中国经济增长

在中国的持续经济增长中，外商直接投资发挥了至关重要的作用。数据显示，在 1980~2015 年，中国平均 GDP 增速为 9.81%，同期对中国直接投资（累计）为 18869.62 亿美元，年均增长 35.1%（见图 5-2），若单纯从对中国直接投资增长的弹性计算的话，对中国直接投资增长 1%，将拉动 0.28% 的 GDP 增长①。

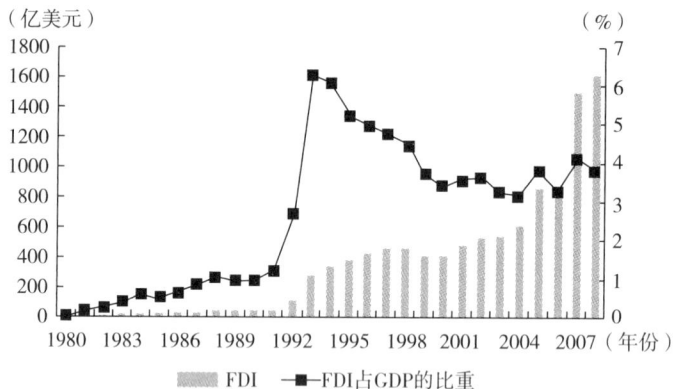

图 5-2　1980~2015 年中国 FDI 数据统计

资料来源：根据历年统计年鉴整理而得。

外资企业的增加大大提高了中国的就业率和收入水平。特别是劳动密集型等加工制造业向中国的转移，吸纳了大量农村和城市劳动人口，1980~2015 年，外企员工年均增长 36.5%，对中国直接投资增长 20.8%，说明对中国直接投资增加 1%，就能增加 1.75% 的就业机会②。

---

①　本处所引用的数据均根据 UNCTAD Statistics 数据库数据计算而得。
②　本处所引数据是根据《中国历年统计年鉴》和 UNCTAD Statistics 数据库计算而得。

(二) FDI 促进中国出口贸易的增长

跨国公司在华投资需要进口相应的设备、投入品等,同时生产的中间产品和最终消费品除了满足东道国市场需求外,还会通过出口的形式返回至母国或第三国,对于外向型特征明显的东亚生产网络来说尤为明显,对作为世界制造基地的中国更是如此。中国 FDI 流入量与对外贸易量走势基本一致,并且研究证实 FDI 与对外贸易增长呈现正相关性 (见表 5-2)。高然 (2003) 的研究证明,FDI 每增加 1 亿美元,可使中国进出口总额增加 3.18 亿美元,其中进口增加 1.45 亿美元,出口增加 1.73 亿美元。

表 5-2   2000~2015 年中国外商直接投资额和对外贸易进出口额

单位: 亿美元

年份	实际利用外资	对外贸易总额
2000	407	2743
2001	468	2098
2002	480	3256
2003	535.1	8512
2004	606.3	11548
2005	603.2	14221
2006	694.7	17607
2007	747.7	21738
2008	924	25616
2009	900.3	22072
2010	1057.4	29728
2011	1160.1	36421
2012	1117.2	38668
2013	1175.9	41600
2014	1195.6	264334
2015	6384.8	245741

资料来源: 根据历年《中国统计年鉴》整理。

（三）FDI 促进了中国产业集聚地的形成

随着进入中国的外资增加，促进了产业集聚地的形成。世界银行认为产业集聚的出现是东亚崛起以及复兴的重要原因。改革开放指出，中国香港以出口为导向的劳动密集型企业率先进入华南地区，随后日资、美资等纷纷进入，形成服装、钟表、自行车等劳动密集型产业的集聚地。在进入20 世纪 90 年代后，欧美国家的通信信息、半导体企业，日本的家电和机械企业，中国台湾地区的与计算机制造相关的企业加速进入中国大陆，培育了一批生产电视、电冰箱、计算机等高附加值的技术密集型产业。到现在为止，这些产业依然是中国最具有出口竞争力的领域。

第二节　发展加工贸易

随着世界工厂不断东移，国际分工越来越细，加工贸易在国际贸易中的地位越来越重要。中国凭借"人口红利"和资源禀赋优势承担了来自包括东亚在内的世界制造业转移，通过进口来自产业链上游企业的零部件进行加工并出口，最终成为世界工厂。加工贸易也成为我国融入东亚生产网络的另一重要渠道。

一、我国加工贸易发展历程

中国经济增长的"瓶颈"是资源匮乏和内需不足，发展加工贸易无疑是突破这样两种增长"瓶颈"的最好选择。中国的加工贸易始于20 世纪70 年代末。40 多年来，我国加工贸易从无到有、从小到大，经历了从承接东亚上游产业的来料加工阶段到进料加工阶段再到 20 世纪 90 年代之后向技术和资本密集型转化的升级阶段，在我国对外贸易中的地位日益显著，占中国对外贸易规模的比重一度达到 53% 左右（见表 5-3）。

表 5-3　中国加工贸易发展情况及其在对外贸易中所占比重统计

单位：亿元

年份	加工贸易出口 （亿元）	占比 （%）	加工贸易进口 （亿元）	占比 （%）
2002	1799	55.25	1222	41.40
2003	2418	55.16	1629	39.46
2004	3280	55.27	2217	39.49
2005	4165	54.66	2740	41.51
2006	5104	52.67	3215	40.62
2007	6177	50.71	3684	38.54
2008	6752	47.27	3784	33.40
2009	5870	48.85	3223	32.05
2010	7403	46.92	4174	29.93
2011	8354	44.00	4698	26.95
2012	8628	42.11	4812	26.47
2013	8605	38.94	4970	25.48
2014	54320	37.75	32211	26.75
2015	49553	35.08	27772	26.58

资料来源：根据历年统计年鉴整理。

2015 年中国加工贸易额为 49553 亿元，占我国进出口总额的 20.1%。加工贸易极大地促进了出口贸易的增长以及劳动效率的提高，但是近年来随着生产要素成本的不断上涨，我国一些加工贸易企业开始向海外尤其是东南亚地区等"价值洼地"转移。根据商务部的数据，目前中国加工贸易直接吸纳 4000 万人就业，2013 年以来，中国产业向境外转移导致出口能力减少 950 亿美元左右。2016 年第一季度，中国加工贸易出口下降 15.9%，已经连续 13 个月负增长。一方面，寻找价值洼地的"候鸟"特征是由加工贸易产业的行业特性决定的，也是我国产业和贸易转型升级的必然要求和结果；另一方面，也必须看到，加工贸易企业的移出给我国带来就业压力，中国近年来对外贸易的低迷状态也与此趋势密切相关。

二、中国在东亚生产网络中的加工贸易情况

为了进一步分析中国在东亚生产网络中的加工贸易状况，参照
Francoise Lemoine 等（2002）所提出来的分类方法将中国贸易数据分为三
大类：初级产品（BEC 编码为 111、21、31 的产品）、中间投入品和最终
产品；其中，中间投入品又可以分为半制成品（BEC 编码为 121、22、322
的产品）和零部件（BEC 编码为 42、53 的产品）。最终产品分为资本品
（BEC 编码为 41、521 的产品）和消费品（BEC 编码为 112、122、51、
522、61、62、63 的产品）。通过这种分类可以更方便地观察中国在东亚生
产网络内部的进出口结构，具体情况如图 5-3 和图 5-4 所示。

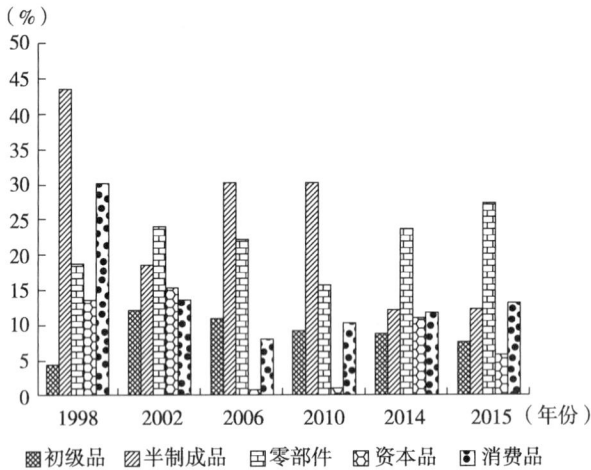

图 5-3　1998~2015 年中国从东亚经济体进口占总进口比重情况汇总

资料来源：根据中国历年统计年鉴和 UN Comtrade 数据库整理并计算①。

如图 5-3 所示，中国从东亚经济体的进口商品以中间品和最终品为
主。其中，零部件的进口占比逐年增加，2015 年零部件占比为 27.35%，

---

① UN comtrade 数据库，参见 https：//comtrade. un. org/data/。

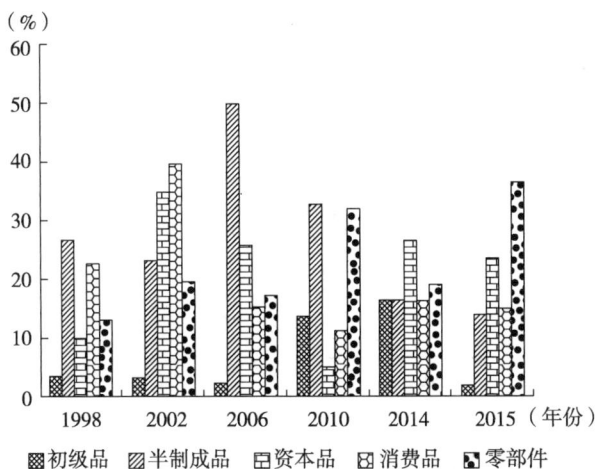

图 5-4　1998~2015 年中国从东亚经济体出口占总出口比重情况汇总

资料来源：根据中国历年统计年鉴和 UN Comtrade 数据库整理并计算①。

包括半制成品在内的中间品进口占总进口量的比重达到 40%，该比例一度达到 60% 的峰值。同期初级品占比为 7.5%，最终品占比为 18.6%。

中国与东亚经济体的出口贸易同样以中间产品为主（见图 5-4），其中零部件比重 2015 年达到 36.5%，包含半制成品的中间品总比重超过 50%。由图 5-4 可知，在观察期内，消费品的进口比重在逐步下降，资本的进口比重在逐步上升，但是总体情况看，最终品的进口比例仍然低于中间品进口比例。2015 年最终品进口比例为 38%。对比中国最终品的出口比例，1998 年，资本品在我国出口中占比为 13.34%，此后略有波动，但总体看呈现上升态势，2003 年达到峰值 22.2%。消费品出口的比重则缓中有降，观察期内平均占比为 11.78%（见图 5-5）。零部件的出口逐年上升，从 1998 年的 13% 上升到 2015 年的 36.5%，涨幅将近 3 倍。但是我国也从东亚经济体大量进口零部件，其中运输设备和零部件项逆差最为严重，两相对比，说明我国对东亚经济体贸易中的进出口结构正在逐步优化，正在转向技术密集型和资本技术密集型。

① UN comtrade 数据库，参见 https：//comtrade.un.org/data/。

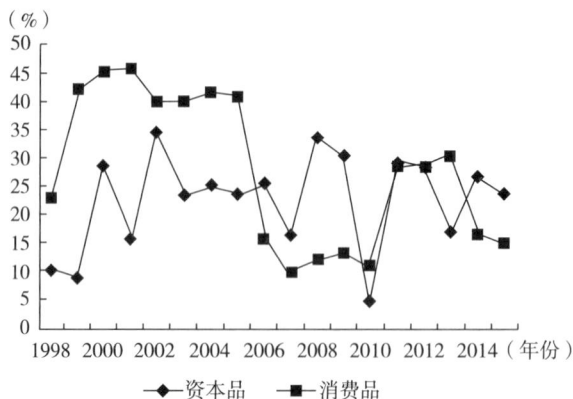

图 5-5　1998~2015 年中国资本品与消费品进口比重

资料来源：UN Comtrade 数据库，参见 https：//comtrade. un. org/data/。

　　总体来看，中国同东亚国家尤其是东盟国家的总体贸易状况以逆差为主，而且在考察期内，中间品贸易特别是零部件贸易主要呈现逆差，最终品贸易以顺差为主，中间品贸易是我国融入东亚生产网络的主要方式，至今仍然没有完全摆脱：我国从东南亚国家进口零部件，经过加工组装出口至区域内或区域外国家的模式。另外，中国与东亚经济体的贸易以中间品为主也从侧面印证了东亚生产网络的制造属性和"低端属性"的判断。更进一步地，需要意识到，最终品贸易的顺差限制了中国最终消费市场功能的发展，同时加大了东亚内部发生贸易摩擦的可能性，也不利于人民币的区域化和周边化。

第三节　中国对东亚生产网络直接投资①

　　东亚生产网络而言，不但对外呈现极强的外部 FDI—贸易关联，就区

———————

　　①　为了扩大观察，本节的样本实际涵盖了"21 世纪海上丝绸之路"沿线地区，包含"东亚"（包括中国香港、印度尼西亚、韩国、文莱、日本、柬埔寨、菲律宾、马来西亚、越南、新加坡、泰国、缅甸和老挝 13 个国家或地区）、南亚 4 国（印度、巴基斯坦、斯里兰卡和孟加拉国）和大洋洲 5 国（澳大利亚、新西兰、巴布亚新几内亚、萨摩亚和斐济）。

域内来看，相互之间的投资量也越来越大。2003~2015 年，中国的海外投资中流向亚洲的占比平均为 62.5%，其中 94.1%流向东亚。东亚经济体尤其是东盟国家政治稳定，与中国贸易便利化水平较高，劳动力和资源优势突出，十分有利于中国的"边际产业转移"和中国国内产业结构调整。短期内，东亚经济体作为中国海外投资的目的地并不会发生改变（见图 5-6）。目前，中国是东盟仅次于美国的外资来源国，2003~2015 年中国对东盟的投资额年均增长 60.4%，2015 年同比增长 87%，占同年对亚洲投资的 13.5%（详见表 4-1）。

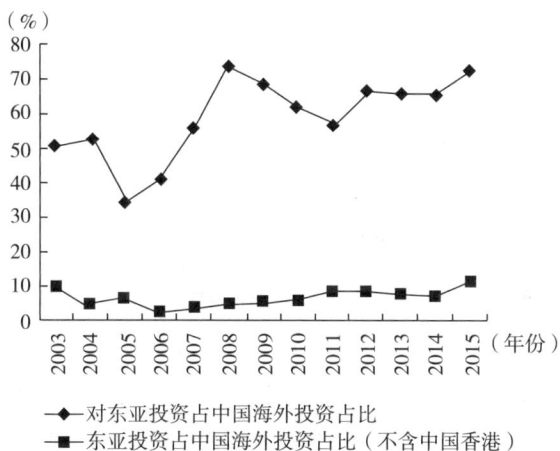

图 5-6 2003~2015 年中国对东亚投资

资料来源：历年《中国对外投资公报》整理计算。

目前，我国对东亚经济体的投资目的主要有四大类。一是为了获得关键技术和产品，即技术获取型，如对日本、韩国的投资。二是为了绕开某些贸易壁垒，便于进入外国市场，即跳板型，如在中国香港的投资。三是为了获得中国的紧缺资源，即资源获取型，如我国对缅甸、老挝、柬埔寨等国的投资，中国对老挝的投资从 2003 年的 80 万美元涨至 2015 年的 51721 万美元，主要集中在纺织、农业等对劳动力成本依赖度较高的行业，制造业是中国对东盟投资分布最为广泛的行业。四是为了发挥我国某些特殊产品的优势，更快地进入某一市场，即市场导向型，如我国在基础设施等高端领域加大了对东亚经济体的投资。但是东道国的哪些区位因素是中国在东亚的投资中最为看重的呢？特别是 2013 年中国提出"一带一路"倡议以来，中国与沿线国家的产能合作猛增。作为"一带一路"的"双翼"之一，"21 世纪海上丝绸之路"是中国加强对外贸易投资合作的重点，也是中国参与全球海洋经济治理的突破点。本节把视角从东亚拓展至"21 世纪海上丝绸之路"沿线地区①，如何对"一路"沿线国家进行投资选择和区位布局，是中国外贸优化升级的需要，也是推进"一带一路"建设的需要。

目前，针对中国与"一路"沿线国家直接投资的定性研究局限于投资安全保障机制和区位战略选择等国家战略层面（王永忠等，2015；方旖旎，2016；王凡一，2016；高峰，2016；等等），对于企业层面的风险防范和区位选择影响因素等方面关注非常少且主要集中于欧洲和东南亚地区，对于大洋洲和南亚地区研究并不多。定量研究主要包括投资环境评估和投资区位选择（如李宇、郑吉，2016；洪俊杰，2016；孟庆强，2016；等），但是鲜有文献专门研究中国在"一带一路"沿线国家直接投资与贸易之间的关系。而且，在涉及贸易关系因素时，大多利用双边进出口额或贸易依存度作为代理变量。问题在于，即使中国与"一带一路"沿线国家的贸易额多数是增长的，也并不意味着中国对该地区直接投资的变化与双边贸易相关，因为贸易额的变化很可能是由经济波动引起的，相比之下，贸易密集度能更精确地衡量两国贸易关系的强弱，更有利于解释 FDI 的变化。

本节将以贸易密集度作为贸易关系的代理变量，同时引入"双边投资协定"作为虚拟变量，结合引力模型对中国在"一路"沿线的贸易与投资联动发展进行探讨，并对"一路"沿线国家的投资潜力进行估算，提出改

---

① 结合我国对外贸易与直接投资的实际情况，也考虑到数据的易得性，本节选取的样本国家为 21 个，分别是东亚 12 国（东盟加日本、韩国）、南亚 4 国（印度、巴基斯坦、斯里兰卡和孟加拉国）和大洋洲 5 国（澳大利亚、新西兰、巴布亚新几内亚、萨摩亚和斐济）。

善投资效率的对策。

一、贸易与投资概况

对外贸易方面，2014 年至今，即使在国际市场不景气、全球贸易下滑的情况下，中国进出口贸易总额和出口总额依然稳居世界第一，特别是对"一带一路"沿线国家出口增长迅速，其中增长最快的国家（地区）主要分布在海上丝绸之路沿线。2016 年，我国对巴基斯坦、孟加拉国、印度等国的出口分别出现了 11%、9% 和 6.5% 的大幅度增长。

投资方面，2016 年中国非金融类对外直接投资首次突破 1 万亿元人民币大关，较同期增长 44.1%。其中对"一带一路"沿线投资成为亮点，尤其是"一路"沿线。截至 2016 年底，中国在"一带一路"沿线国家建立初具规模的合作区有 56 家，累计投资 185.5 亿美元，其中"一路"沿线国家占比超过 60%。

由此可见，中国与"一路"沿线国家的贸易畅通与投资效率的提升在"一带一路"倡议中具有举足轻重的作用，挖掘中国在"一路"沿线国家投资与贸易的关系尤为重要。中国在"一带一路"沿线投资呈现以下特点：

（一）投资数量增长迅猛

自 2013 年提出"一带一路"倡议以来，中国在沿线国家的直接投资和经济合作明显增加，其中增长最为迅速的地区为东北亚（平均增速为10.6%）、东南亚（平均增速为 9.1%）、中亚（平均增速为 7.8%）和南亚（平均增速为 6.9%）。2016 年中国对外投资飙升 44%，达到 1830 亿美元，首次成为全球第二大对外投资国。从流量上看，东亚、南亚和大洋洲占2015 年中国对外直接投资流量 15% 以上（见图 5-7）；从存量上看，在2003~2015 年，中国的境外投资中流向亚洲的占比平均为 62.5%，其中94.1% 流向东亚（东盟十国、日本、中国香港和韩国）。由于东亚国家政治稳定，与中国贸易便利化水平较高，劳动力和资源优势突出，有利于中国的"边际产业转移"和中国国内产业结构调整。

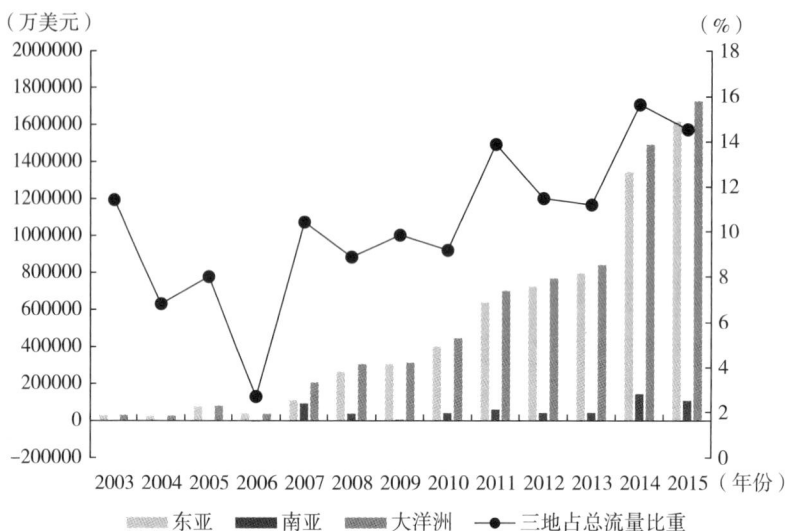

图 5-7 2003~2015 年中国在东亚、南亚和大洋洲的投资流量状况

资料来源：笔者根据历年中国对外直接投资报告数据整理而得。

(二) 中国与"一路"沿线贸易关系日趋密切

贸易密集度（Trade Intensity）是衡量两国贸易关系紧密程度的重要指标，最早由 Brown（1947）提出，后经小岛清（1985）进一步完善，其中，$TI_{ij} = \dfrac{X_{ij}/X_i}{M_j/(M_w-M_i)}$。式中，X 为出口，M 为进口。$X_{ij}$ 为 i 国向 j 国的出口，M_i、M_j 和 M_w 分别为 i 国、j 国和世界总进口量。

如果贸易密集度大于1，表明两国贸易关系比较紧密，i 国对于 j 国比较依赖；如果贸易密度小于1，则表明 j 国对于 i 国来说，贸易关系还比较弱。贸易密集度较之贸易量更能体现双边贸易依赖关系。本书计算了 1998~2015 年中国与"一路"沿线经济体总体贸易密集度水平。总体来看，中国与"一路"沿线贸易关系日趋紧密（均值大于1），2003 年平均贸易密集度水平为 1.77，之后逐年上涨至 2014 年 2.25 的高水平，分地区看，中国与东

亚的 TII 指数水平最高。且中国与东亚和大洋洲国家的投资和贸易密集度
同时呈现增长趋势，但是在南亚地区，投资呈上涨态势的同时，贸易关系
的密切程度出现趋冷态势。

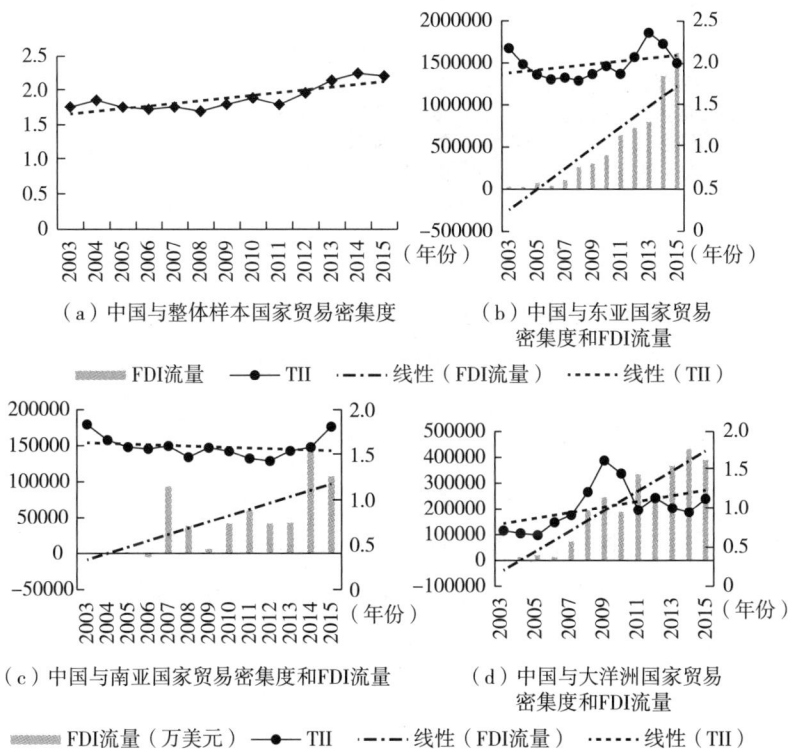

（a）中国与整体样本国家贸易密集度　　（b）中国与东亚国家贸易
　　　　　　　　　　　　　　　　　　　　　　密集度和FDI流量

　　　FDI流量　——TII　－－－线性（FDI流量）　┄┄┄线性（TII）

（c）中国与南亚国家贸易密集度和FDI流量　　（d）中国与大洋洲国家贸易
　　　　　　　　　　　　　　　　　　　　　　　密集度和FDI流量

　　　FDI流量（万美元）　——TII　－－－线性（FDI流量）　┄┄┄线性（TII）

图 5-8　2003~2015 年中国与样本国家的整体贸易密集度指数

资料来源：笔者自制。

（三）投资主体多元化，国企仍是主力军

对外直接投资实际上是企业国际化的过程，中国企业、产品、服务、
资金、技术和人才等优质要素通过对外直接投资走向国际市场，使国内市
场向国际市场延伸，进而实现中国企业的国际化。"一带一路"倡议成为
中国企业国际化进入新阶段的标志，现阶段中国企业在"一带一路"沿线
的投资中，国企、央企是投资的主力军和"领头羊"（见图5-9）。

（年份）

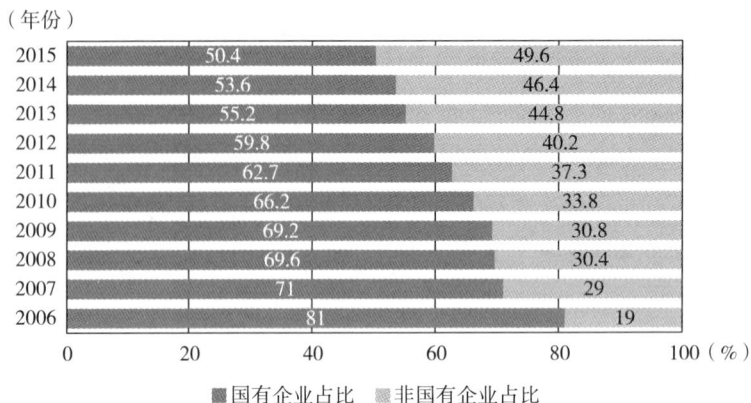

年份	国有企业占比	非国有企业占比
2015	50.4	49.6
2014	53.6	46.4
2013	55.2	44.8
2012	59.8	40.2
2011	62.7	37.3
2010	66.2	33.8
2009	69.2	30.8
2008	69.6	30.4
2007	71	29
2006	81	19

■ 国有企业占比　　■ 非国有企业占比

图 5-9　2006~2015 年中国国有企业和非国有企业 OFDI 存量占比

资料来源：笔者根据历年中国对外直接投资报告数据整理而得。

（四）投资行业主要集中在中国传统优势产业

"一带一路"相关国家要素禀赋存在较大差异，与中国经济互补程度不同，中国对沿线国家直接投资的产业领域也呈现异质性。采矿业是中国对"一带一路"相关经济体直接投资规模最大、最为重要的产业（占比为13%）；制造业也具有重要地位，其投资规模仅次于采矿业（占比为7%）；作为基础设施投资的主体，信息、电力、水利和建筑类投资也是中国对"一带一路"相关国家直接投资较为重要的行业（占比为11.2%）。就投资目的而言，市场因素是中国企业在"一带一路"沿线投资的最主要动因，比如我国对缅甸、老挝、柬埔寨等国的投资，中国对老挝的投资从2003年的80万美元涨至2015年的51721万美元，主要集中在纺织、农业等对劳动密集型行业，制造业是中国对东盟投资分布最为广泛的行业。①

（五）投资风险加剧

由于"一带一路"沿线国家多为发展中国家，发展差异巨大，国情复杂多样，在为中国企业提供广阔空间的同时，也加大了中国企业在海外投

———————

① 此处数据均为2015年数据，资料来源于《2015年中国对外直接投资统计公报》。

资、运营过程中的潜在风险和障碍。自 2016 年 1 月至 2017 年 3 月，针对中国企业或可能对中国企业产生影响的贸易救济调查达 215 起，包括反倾销、反补贴、"双反"、反规避、保障措施。据德勤的调查结果，风险管控和资金获取是企业"走出去"的主要障碍。

二、理论分析与模型构建

（一）影响中国对海外直接投资因素

目前理论界达成的共识基本是，对外直接投资主要受市场规模、双边距离、双边贸易规模等经济因素，以及政治制度、文化相近等非经济因素影响（Taylor，2002；Cheung 和 Qian，2008；Buckley，2008；Kolstad 和 Wiig，2009；蒋冠宏等，2012；等等）。本节将根据对外投资理论，利用中国 OFDI 投资数据，通过引力模型进行实证分析。拟选取如下变量：

第一，东道国市场容量。东道国市场容量是市场寻求型 FDI 的核心要素（Buckley 等，2006）。一般认为，东道国较大的市场容量有助于跨国公司降低生产成本，扩大市场占有率，与 FDI 呈正相关关系。在已有的研究中，一般采用各国 GDP 或人均 GDP 表征东道国市场容量。本书采用各国 GDP 指标来描述东道国市场容量。

第二，劳动力成本。按照经典的国际直接投资理论，劳动力成本，可以降低企业的生产成本，提高利润水平，是跨国投资的核心要素。低成本一直是中国制造业的竞争优势。但是近年来随着中国生产成本特别是劳动力成本的不断上升，大量劳动密集型企业出走海外，特别是向劳动力成本低于中国的东南亚地区转移。目前对于劳动力成本并没有公认的衡量标准，且数据不完整。本书以人均国民收入（GNI）作为劳动力成本的代理变量。

第三，距离因素。按照邓宁的国际直接投资区位理论，所以，对外直接投资更倾向于在临近地区进行。随着投资国与东道国的距离的接近，运输成本和交易成本都会随之减少。对于距离因素的代理变量，主要有绝对距离和相对距离两类指标。虽然蒋殿春和张庆昌（2011）提出，以双边距离和国际油价的乘积计算而得的相对距离作为距离因素的代理变量，但是统计中普遍认为绝对距离的显著性高于相对距离指标。绝对地理距离指标，主要有两国首都之间的直线距离、两国主要港口城市的航海距离或两国重要经济中心的直线距离三种方法测量。考虑到东亚经济体大多数沿海，本节采用第二种方式，以两国主要港口城市的航海距离作为距离因素的代理变量。

第四，双边贸易水平。大部分理论认为，双边贸易反映出两国的经济合作关系。对于企业而言，当出口到一定程度时才会考虑进行直接投资。对外直接投资对双边贸易具有贸易替代效应和贸易创造效应，净影响并不确定。贸易密集度（Trade Intensity）是衡量两国贸易关系紧密程度及互补程度的重要指标，它最早由 Brown（1947）提出，后经小岛清（1985）进一步完善，可分为出口贸易密集度（Export Trade Intensity，ETI）和进口贸易密集度

（Import Trade Intensity，ITI）。其中，$ETI_{ij}=\dfrac{X_{ij}/X_i}{M_j/M_w}$；$ITI_{ij}=\dfrac{M_{ij}/M_i}{X_j/X_w}$。

式中，X 为出口，M 为进口。X_{ij} 为 i 国向 j 国的出口，X_w 为世界总出口，M_{ij} 为 i 国从 j 国进口，M_w 为世界总进口量。

如果贸易密集度大于1，表明两国贸易关系比较紧密，i 国对于 j 国比较依赖；如果贸易密度小于1，则表明 j 国对于 i 国来讲，贸易关系还比较弱。因此，贸易密集度更能体现双边贸易依赖关系。本节计算了 2003～2015 年中国与样本国家的总体贸易密集度水平，并以此结果作为双边贸易水平的代理变量。总体来看，中国与样本国家贸易关系日趋紧密（均值大于1），2003 年平均贸易密集度水平为 1.77，之后逐年上涨至 2014 年 2.25 的高水平，分地区看，中国与东南亚的 TII 指数水平最高。且中国对东亚和大洋洲国家的投资和贸易密集度同时呈现增长趋势，但是在南亚地区，投资呈上涨态势的同时，贸易关系的密切程度出现趋冷态势。2003～2015 年中国与样本国家的整体贸易密集度指数如图 5-10 所示。

第五，制度因素。一般认为东道国恶劣的制度环境对 FDI 具有负面影

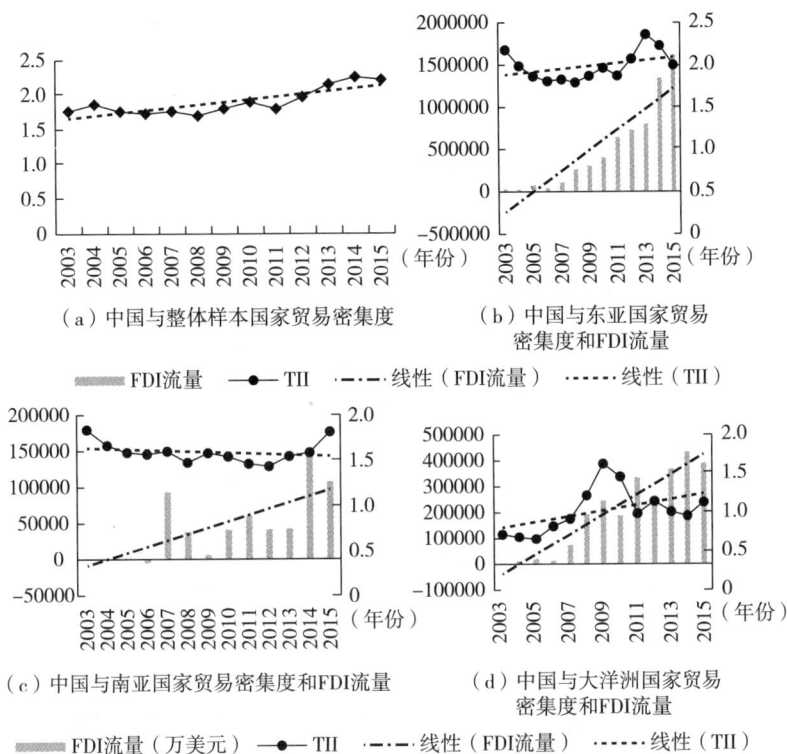

（a）中国与整体样本国家贸易密集度

（b）中国与东亚国家贸易
密集度和FDI流量

░░FDI流量　—●—TII　—·—线性（FDI流量）　······线性（TII）

（c）中国与南亚国家贸易密集度和FDI流量

（d）中国与大洋洲国家贸易
密集度和FDI流量

░░FDI流量（万美元）　—●—TII　—·—线性（FDI流量）　······线性（TII）

图5-10　2003~2015年中国与样本国家的整体贸易密集度指数

资料来源：笔者自制。

响（Buckley等，2006；Deng，2003；蒋冠宏和蒋殿春，2012；等等），大量案例研究也表明跨国公司具有强烈的东道国风险规避意识（Buckley等，2007；Cheung和Qian，2008）。本书根据研究需要借鉴蒋冠宏等（2012）的做法，采用世界治理指标（Worldwide Governance Indicator，WGI）中政治稳定性、法制和腐败控制三个指标的简单加权构建综合政治指标作为制度因素的代理变量进行检验。

第六，基础设施水平。根据国际直接投资理论，基础设施是东道国区位优势的重要构成要素，是跨国企业生产经营的重要物质基础（李东阳等，2015；肖坚等，2016）。基础设施包括交通运输、水电供应、信息通信等工程设施和商业服务等生活设施，世界银行根据海关绩效、基础设施质量、货运及时性等若干贸易指标对 160 个国家进行综合评价，推出物流绩效指数（LPI），本书采取该指标作为基础设施水平的代理变量验证东道国基础设施水平在中国对外直接投资的区位选择中的影响力。

第七，自然资源。随着中国经济增长，自然资源紧缺成为制约中国经济持续增长的重要因素，由此导致中国以获取稳定资源供应为目的海外直接投资越来越多（Morck，2008；Buckley 等，2007；）。本书以油气、矿物和农产品出口占东道国总出口的比重构建自然资源指标作为代理变量考察东道国自然资源对中国海外直接投资区位选择的影响。具体指标汇总如表5-4 所示。

表 5-4　主要对外直接投资动机及指标说明

动机	指标	指标说明	预期符号
经济因素	市场容量	市场寻求型动机的核心要素	+
	双边贸易水平	反映两国经济合作水平	+
	劳动力成本	低劳动力成本可以提高企业利润水平	−
	自然资源	东道国丰富的自然资源将有利于吸引海外投资	+
非经济因素	制度因素	东道国恶劣的制度环境对 FDI 具有负面影响	+
	基础设施水平	良好的基础设施水平是吸引 FDI 的重要物质基础	+
	双边距离	对外直接投资更倾向于在临近地区进行	−

资料来源：笔者自制。

（二）模型设计和数据来源

引力模型来自牛顿万有引力概念，引力的大小与其质量成正比，与空间距离成反比。Tinbergen（1962）将其引入经济学，用于研究两国之间的贸易问题。Anderson（1979）在此基础上，进一步引入对外直接投资流量，用来解释两国之间贸易与对外直接投资的关系，即 $Q_{ij} = \beta_0 (Y_i)^{\beta_1} (Y_j)^{\beta_2} (N_i)^{\beta_3} (N_j)^{\beta_4} (R_{ij})^{\beta_5} (A_{ji})^{\beta_6} \varepsilon_{ij}$。对数化后，$\log Q_{ij} = \beta_0 + \beta_1 \log Y_i + \beta_2 \log Y_j +$

$\beta_3 \log N_i + \beta_4 \log N_j + \beta_5 \log R_{ij} + \beta_6 \log A_{ij} + \varepsilon_{ij}$。

式中，Y_i 和 Y_j 代表两国的经济总量，N_i 和 N_j 代表两国人口，R_{ij} 和 A_{ij} 分别代表投资的阻碍因素和推动因素。

本书在原始引力投资模型（Anderson，1979）基础上，参考 Wei（1995），Di Mauro（2000）和蒋冠宏等（2012）的做法，构建投资引力模型为：$\ln ofdi_{ijt} = \beta_0 + \beta_1 \ln cgdp_{it} + \beta_2 \ln hgdp_{jt} + \beta_3 \ln dis_{ij} + \sum n\theta_n C_{jt}^n + \gamma_s D_s + \varepsilon_{ijt}$。

式中，$ofdi$ 为中国 t 期在东道国的 FDI 流量，$cgdp_{it}$ 为 t 期中国的 GDP，$hgdp_{jt}$ 为东道国在 t 期的 GDP，dis_{ij} 为双边距离，c_{jt}^n 为观察变量，包括双边贸易水平（tii）、劳动力成本（lc）、制度因素（gov）、基础设施水平（inf）和自然资源因素（nar），D_s 表示虚拟变量，其中 d_1 为双边投资协定变量，如存在取 1，否为 0；d_2 为距离变量，如与中国接壤取 1，否为 0。ε_{ijt} 为残差项。

为了保证序列的平稳，对所有数据进行单位根检验之后，将模型进一步修改为：

$$\ln ofdi_{ijt} = \beta_0 + \beta_1 \ln cgdp_{it} + \beta_2 \ln hgdp_{jt} + \beta_3 \ln dis_{ij} + \beta_4 \ln lc_{jt} + \beta_5 \ln tii_{ijt} + \sum n\theta_n C_{jt}^n + \gamma_s D_s + \varepsilon_{ijt}$$。

式中，观察变量 C_{jt}^n 包括制度因素（gov）、基础设施水平（inf）和自然资源因素（nar）。

本书选取 2003～2015 年中国与"一路"经济体的相关数据，其中，ofdi 数据源于历年《中国对外投资公报》；双边 GDP、汇率、劳动力成本、基础设施和制度因素来自世界银行的世界发展指数数据库[①]，tii 和 nar 均为笔者根据联合国 UN comtrade 数据库数据计算而得；dis 指标来自 www.timeanddate.com；D_n 数据均来自中国商务部。要注意的是：

第一，由于目前对于劳动力成本并没有公认的衡量标准，且数据不完整，本书以人均国民收入（GNI）作为劳动力成本的代理变量。

第二，考虑到本书着重考察国家（或地区）主要为沿海国家，所以采

---

① 网址为 http://data.worldbank.org.cn/data-catalog/world-development-indicators。

用两国最近港口城市的航海距离作为距离变量。

第三，以油气、矿物和农产品出口占东道国总出口的比重构建自然资源指标。

第四，采取东道国公路、铁路和航空货运总公里数指标作为基础设施水平的代理变量。

第五，借鉴蒋冠宏等（2012）的方法，本书采用世界治理指标（Worldwide Governance Indicator，WGI）中政治稳定性、法制和腐败控制三个指标的简单加权构建综合政治指标，作为制度因素的代理变量。

（三）实证结果分析

在进行正式模型检验之前，本节首先对面板数据进行单位根检验证实对数化后的面板数据是平稳的。接着对面板数据系列的相关系数进行检验以考察面板数据是否存在多重共线性情况，具体结果如表5-5所示。

在进行模型检验之前，本书首先对面板数据进行单位根检验，证实对数化后的面板数据是平稳。F检验结果表明混合回归估计优于固定效应估计（P＝0.06）。接着对面板数据系列的相关系数进行检验以考察面板数据是否存在多重共线性情况，具体结果如表5-5所示。

表5-5　相关系数

	lnofdi	lndis	lncgdp	lnhgdp	lnlc	lntii	inf	nar	gov
lnofdi	1								
lndis	0.03	1							
lncgdp	0.46	0	1						
lnhgdp	0.22	0.24	0.13	1					
lnlc	0.17	0.23	0.24	0.11	1				
lntii	0.04	−0.36	0.14	−0.32	−0.22	1			
inf	0.24	0.16	0.04	0.67	0.08	−0.28	1		
nar	0.07	0.06	0.03	0.18	0.39	−0.05	0.17	1	
gov	0.07	0.12	0.05	−0.15	0.39	−0.11	−0.06	−0.22	1

资料来源：笔者自制。

模型中各变量之间的相关系数均小于 0.7，且绝大多数均小于 0.5。且进一步计算各变量的方差膨胀因子均小于 5，可以推断变量之间的多重共线性并不严重。

本书所选样本是中国与"一路"沿线贸易来往的经济体，中国与其中某一经济体的往来仅与双方商品需求有关，并不会因与其的来往而影响与他经济体的来往，变量的自相关问题并不严重。

对于本书所设定模型的一般形式，Hausman 检验（P = 0.7>0.05）不具备显著性，考虑放弃固定效应。由于模型的考察时限较短，而样本个体数量远大于考察时限，若采用短面板模型回归，可能得到解释变量与被解释变量的一致性估计。LM 检验（P = 1.0000）表明混合回归优于随机效应。更重要的是，本书认为，与固定效应和随机效应相比，混合回归估计可以更直观、准确地识别模型中的边际效应。因此，本书采用混合回归模型进行估计，并通过逐次加入解释变量的方法考察其解释能力的大小。估计结果如表 5-6 所示。

1. 全样本考察结果

从检验结果，总体拟合优度较好，绝大部分解释变量显著性较高；随着解释变量的逐步增加，解释变量系数没有发生大幅度波动且符号没有发生变化，整体显著性变化不大，表明模型是可信的。选取可决系数较高的模型（5）进行分析：

第一，中国 GDP 总量（cgdp）是中国 OFDI 区位选择的最重要因素，同时，东道国 GDP 水平（hgdp）和良好的社会环境（gov）也是中国直接投资所考虑的重要区位因素，东道国 GDP 增长代表市场能力扩张，良好的社会环境和服务水平有助于提高对中国资金的吸引力，这些结论与前述理论和经验事实相符。

第二，双边距离指标（dis）系数为负且不显著，这与理论预期并不一致，但是与 Cheng 和 Ma（2008）的研究结论类似。表明距离远近在中国对沿线国家的直接投资中并不是考虑的主要因素。可以从两方面来解释：一

表 5-6 全样本和分区域考察结果

模型	c	lnhgdp	lncgdp	lndis	lntii	lnlc	gov	inf	nar	d_1	d_2	R^2
(1)	-108.67* (13.14)	0.22** (0.11)	4.46* (0.38)	-2.27** (0.88)	-0.21 (0.32)	-0.06 (0.16)						0.47
(2)	-113.98* (13.02)	0.25* (0.09)	4.48* (0.36)	-1.68* (0.93)	-0.25 (0.3)	-0.26 (0.17)	0.19* (0.61)					0.51
(3)	-128.21* (13.23)	0.49* (0.10)	4.85* (0.39)	-1.77* (0.83)	-0.45 (0.35)	-0.48* (0.17)	0.019* (0.006)	-4.75* (1.51)				0.51
(4)	-119.56* (13.91)	0.42* (0.1)	4.59* (0.44)	-1.85** (0.94)	0.35 (0.38)	-0.31*** (0.19)	0.02* (0.006)	-3.68** (1.58)	-0.01*** (0.009)			0.52
(5)	-122.81* (12.17)	0.48* (0.11)	4.97* (0.38)	-3.03* (1.06)	-0.69*** (0.33)	-0.68* (0.18)	-0.024 (0.35)	-4.27* (1.65)	0.12 (0.01)	3.45* (0.35)	-0.25 (0.41)	0.72
(6) eas	-141.46* (3.94)	0.32* (0.25)	4.22* (0.46)	4.64 (3.5)	0.54*** (0.44)	-0.56* (0.18)	0.022 (0.06)	0.01*** (0.04)	-0.02 (0.007)	—	0.67 (1.11)	0.69
(7) sou	194.73*** (138.83)	9.6* (2.91)	5.43*** (2.88)	-16.74** (7.27)	-0.89*** (0.71)	4.54*** (3.62)	0.11*** (0.04)	8.4 (9.02)	0.65* (0.17)	5.29* (2.37)	5.1 (4.25)	0.79
(8) oce	-78.71* (11.01)	3.48* (0.42)	0.49** (0.19)	-3.7 (0.96)	-4.35* (0.86)	1.83* (0.57)	0.9* (0.08)	1.72*** (0.89)	2.7* (0.021)	10.0*** (1.49)	0.29 (0.88)	0.58

注：(1) *、**、*** 分别表示在 1%、5%、10% 水平上显著；括号内为标准差；(2) eas 代表东亚，sou 代表南亚，oce 代表大洋洲。

方面，该地区尤其是东亚和东南亚存在独特的"华人社会"，贸易往来程度深且历史悠久（王静文，2006），使中国对东亚各经济体各方面了解都比较透彻，并不存在传统理论中"地理距离的拉开与投资风险的降低"之间的替代效应。另一方面，该地区以东盟为核心的"轮轴—辐条"结构为主，各经济之间的经济合作几乎都是在成熟的框架范围内以规则为导向进行，双边距离的远近对直接投资并不产生障碍。另外，由于历史原因及现实因素，对中国海外直接投资的区位布局产生直接影响，因此双边距离指标为负具有合理性。本节还会对该结果的合理性分区域进行探讨。

第三，双边贸易水平（tii）为负且显著，表明中国在该地区的直接投资与出口之间具有极强的替代性。根据测算，中国出口密集度每增加 1%，中国对该地区直接投资会降低 0.69%。可以推断，由于中国在部分国家较难通过贸易形式进入当地市场，只能以直接投资的形式占领市场。但是在验证的 5 组结果中，只有该组出现此种情况，本书还会对该问题进行分区域验证。

第四，劳动力成本（lc）为负且显著，证明中国在该地区的投资还是倾向于选择"价值洼地"，这与中国 OFDI 主要集中在制造业的事实相吻合。自然资源（nar）系数虽然为正但并不显著，表明中国在该区域的自然资源寻求型动机并不强烈。主要原因在于，在全球价值链背景下，贸易自由化和便利化程度越来越高，中国的海外直接投资以国际化的视野进行全球布局，而不再局限于地域概念，"一带一路"只是一个开放的平台和契机，包括但绝对不限于沿线国家。

第五，制度水平（gov）系数为负且显著，表示东道国制度水平与中国在东亚地区的直接投资负相关，这一结论与理论预期并不一致，但是与Kolstad 和 Wiiq（2009）的研究吻合。一个可能的解释是，中国海外直接投资的主体以国有企业为主，近年来大量的国有企业以开展"产能合作"的方式在基础设施、成套设备等领域开展的大规模投资，除了市场寻求、利润导向的动机外，还有大量"非市场动机"，特别是"一带一路"倡议提出以来，其对外投资决策可能会服从整体战略布局、政治外交需要等多因素需要而弱化对单纯政治稳定性的要求。Yeng 和 Liu（2008）的研究也证明中国企业的"特殊性"使其在制度环境较差的国家更具有比较优势。另外，也与本书仅以制度稳定性指标作为制度水平的代理变量且代理变量比较单一有关。

第六，虚拟变量（d_1）系数为正且显著，表明"一带一路"倡议对中国在东亚地区的直接投资具有正向作用，"海上丝绸之路"沿线国家将迎来中国投资的高峰，这一结论符合经验事实；另一方面，双边投资协定对中国的直接投资拉动作用最大，这为以后中国在东亚地区的经济政策合作指明了方向。

2. 分区域考察结果

为了进一步观察不同地区的选择差异，本章分区域（东亚、南亚、大洋洲）对样本国家进行了二次检验，具体结果如表5-6所示。

（1）东亚地区。中国在东亚地区的投资区位布局与东道国市场容量和基础设施正相关，与劳动力成本负相关且显著，且市场寻求型动机明显。投资与双边贸易之间存在显著的互补关系，这与整体全样本的结果不同。自然资源系数并不显著，说明中国对东亚投资的资源寻求动机并不强烈。值得注意的是，中国对东亚的投资与双方距离无关，并不存在优先考虑接壤国家的现象。可以从两方面来解释：一方面，东亚是沿线投资的重点，东亚地区存在独特的"华人社会"，贸易往来程度深且历史悠久（王静文，2006），使中国对东亚各经济体各方面了解都比较透彻，并不存在传统理论中"地理距离的拉开与投资风险的降低"之间的替代效应；另一方面，东亚地区以东盟为核心的"轮轴—辐条"结构为主，经济体之间的经济合作基本上都是以规则为导向进行，双边距离的远近对直接投资并不产生障碍。

中国在东亚的投资与东道国的制度环境并无显著关联。一个可能的解释是东亚国家基本都属于政治比较稳定的国家，投资决策并不需要过多考虑政治变化；另外，中国海外直接投资的主体以国有企业为主，大量的国有企业在东亚以"产能合作"方式在基础设施、成套设备等领域开展大规模投资,除了市场寻求、利润导向动机外,还有大量"非市场动机",特别是"一带一路"倡议提出以来,对外投资决策可能会服从整体战略布局、政治外交等多因素需要,从而弱化政治稳定性的要求。Yeng 和 Liu(2008)的研究也证明了中国企业的"特殊性",使其在制度环境较差的国家更具有比较优势。

(2)南亚地区。东道国市场因素占重要地位,1倍的市场容量扩容可以引致近10倍的投资增量。同时倾向于考虑距离较近的国家,主要原因在于南亚地区与中国差异巨大,距离的拉近可以降低风险,这一点与传统理论是一致的。对风险的规避需求同样可以解释制度因素(gov)系数为正且显著。另外,结果显示,自然资源代理变量的系数为正且显著,表明中国在南亚的投资具有明显的资源寻求动机。需要注意的是,中国与南亚之间的贸易与投资存在显著负相关,表明两者之间存在较强的替代性,表明中国主要以投资取代对外贸易来开拓南亚市场。一份高质量的投资协议对中国的投资拉动超过5倍,所以签署高质量的双边投资协定对于顺利实现资金融通、保证中国直接投资的效益和安全具有显著作用。另外,尽管基础设施变量的系数为正,中国在南亚地区的投资与当地的基础设施状况并没有显著的相关性。主要原因在于,中国在当地的投资大量为基础设施,如电力、港口建设等方面,基础设施的不足恰恰是中国企业的商机。

另外,中国在当地投资主要考虑的因素是劳动力成本。中国倾向于选择南亚劳动力成本较高的国家,这可以从两方面来解释:一是代理变量的选择,从理论上看,以可获得性更强的人均国民收入作为劳动力成本的代理变量是合理的,并且也是通用的做法,但是劳动力报酬是国民收入的组成部分之一,以中国为例,2013年劳动力报酬占人均国民收入的51.3%,因此劳动力报酬低于人均国民收入。二是劳动力成本是随着劳动力素质、受教育程度和社会保障程度的提高而提高的,南亚地区以发展中国家为主,劳动力成本较中国低,从一定程度上看,劳动力成本的提高意味着劳动力素质的提高,对于中国的投资者而言,意味着东道国劳动力素质更符合生产标准和要求，因此对中国的投资具有正向的促进作用。也预示着中国的海外直接投资以利润最大化为目标且日趋理性，并不是单纯地追求绝对的"工资洼地"。

三、投资潜力估算

构建投资潜力指数：$K_t = OFDI_t / OFDI'_t$。

式中，$OFDI_t$ 为 t 期海外直接投资实际值，$OFDI'_t$ 为 t 期海外直接投资估计值。

进一步地，参考盛斌和廖明忠（2004），陈伟和郭晴（2016）的分类标准，设定Ⅰ类（$K_t > 1.2$）：投资过度型；Ⅱ类（$0.8 < K_t < 1.2$）：投资适度型；Ⅲ类（$K_t < 0.8$）：投资不足型。以 2015 年为例，将东亚地区分为三大类（见表5-7）。

表5-7　投资潜力估算结果

Ⅰ类	泰国、文莱、韩国、新加坡、萨摩亚、澳大利亚
Ⅱ类	缅甸、印度尼西亚、马来西亚、巴基斯坦、新西兰、斐济
Ⅲ类	菲律宾、柬埔寨、老挝、越南、孟加拉国、巴布亚新几内亚、日本、印度、斯里兰卡

从结果上看，中国对东盟大多数国家处于投资适度或不足型，投资潜力巨大，可以作为未来中国海外投资的重点区域。但在第Ⅲ类国家里，日本、菲律宾、越南和印度的投资不足状况可能与双边错综复杂的政治关系相关，这警醒中国企业，在对Ⅲ类地区进行投资时，应对复杂的政治风险和不稳定的政治局势予以充分考虑，同时也有理由推断，一旦双边关系改善，东道国社会稳定性增强或者是对华资友善程度提高，必将带动新一轮的中国投资热潮。

本节结论对于中国在"海上丝绸之路"国家的投资布局具有重要启示：

第一，双边贸易状况与投资关系因地而异。在东亚，贸易畅通有利于提高中国的投资效率，在大洋洲和南亚，则是因为贸易不畅才使中国企业不得不以投资方式进入当地市场。由此可见，贸易或投资只是相机抉择的市场进入方式。在市场导向下，中国与各国的利益本质上是一致的，应该努力推进 RCEP 谈判尽快达成，建成水平更高、范围更广的自由贸易区，实现双边互惠双赢。

第二，中国在"21 世纪海上丝绸之路"沿线大多处于投资适度或不足型，投资潜力巨大。马来西亚、巴基斯坦和新西兰可以作为东亚、南亚和大洋洲区域布局的支点，投资不足的国家可以作为未来投资的重点考察区域，但政治上的不确定性是主要潜在风险，应予以充分考虑。

第三，中国对"海上丝绸之路"沿线的大部分投资是充分考虑了当地的市场潜力和政治风险之后做出的理性抉择。但仍存在部分"非市场导向"投资，未来应加强对外投资的风险管理，提高整体资金利用效率。同时积极致力于双边争议问题的磋商，求同存异，以互惠互利为目的提高中国企业对当地经济的带动作用和示范效应，提高东道国对华资的友好程度。

第四，双边投资协定有利于保证投资的安全和效益。中国应加快同相关国家的双边投资协定谈判，继续推进沿线人民币国际化和货币互换协议，为对外投资的安全和效益保驾护航。

第四节　本章小结

中国作为东亚生产网络的后来者，凭借丰富的禀赋优势，优厚的区位优势和出口导向型的加工政策吸引了大量资金、技术和产业转移，成为东亚生产网络的制造中心和出口平台。中国是通过哪些渠道融入东亚生产网络呢？明确该问题，不但有助于清楚判断中国在东亚生产网络的地位，而且有助于有效处理中国与东亚各经济体的双边关系。本章认为引进外资、发展加工贸易和对外投资是中国融入东亚生产网络的三个主要渠道。

本章对中国 FDI 来源地数据进行分析之后发现，东亚地区是中国 FDI 的头号来源地区，特别是"一带一路"倡议提出以来，中国迎来了沿线国家对华投资的高峰。接下来本章按照 BEC 分类方法对中国贸易数据进行分解，证明中间品贸易是我国融入东亚生产网络的另一条主要渠道，这一发现也从侧面印证了东亚生产网络的制造属性。

本章的重点在于分析中国融入东亚生产网络的第三大类主要渠道，即中国对东亚经济体的直接投资。本章认为中国对东亚地区的投资目的可以分为技术获取型、资源获取型、市场获取型和跳板型四大类，在此基础上，对中国海外投资地的区位因素进行细分。本章采用投资引力模型进行实证分析后发现，中国在东亚地区的投资决策与东道国市场扩张能力、基础设施水平、社会服务水平和双边贸易水平高度正相关，倾向于选择"海上丝绸之路"沿线国家和与中国签署双边投资协定的国家，考虑到中国海外直接投资以国有企业为主，中国海外投资愿意承担更大的政治风险。一般研究中，海外直接投资特别是劳动密集型产业投资倾向于选择自然资源丰富、劳动力成本较低且与投资国距离接近的东道国，但是在中国对东亚地区的区位选择中并不适用，中国更倾向于选择东亚地区劳动力成本较高的经济体进行投资，并且自然资源和距离并不是考虑的主要区位因素。目前，中国对东盟大多数国家处于投资适度或不足型，投资潜力巨大，可以作为未来中国海外投资的重点区域。

第六章

中国在东亚生产网络中的地位考察

中间品贸易是东亚生产网络内的主要贸易形式。中国与东亚经济体的贸易往来中，中间品占主要比例，并且基本呈现逆差状态，尤其是零部件类。中国在东亚生产网络中前向关联度的提高说明中国已经在摆脱"低端嵌入"的道路上稳步前进，中国对于东亚生产网络的附加值贡献已经超过日本，尽管日本在东亚生产网络中的参与程度是众经济体中最高的。中国已经成为东亚区域价值链中的生产中心和出口平台，但是该地位仍具有很强的被动属性；近年来中国对东亚地区的直接投资逐渐加大，表明中国在东亚地区经济影响力的主动性增强。那么中国在东亚生产网络中究竟处于什么位置，在东亚生产网络中利益获取与地位是否匹配，本章将围绕这一主题展开分析。根据前文分析可知，东亚生产网络实质是以产品生产链为基础、以（外商直接投资）和中间品贸易为线、以跨国企业为点、以参与国家（或地区）为面的多层次交织的区域性价值链。本章将围绕东亚生产网络的实质，由表及里，从中间品贸易、产品价值链参与程度、参与体价值获取程度和参与国家（或地区）影响力四个方面对中国在东亚生产网络中的地位展开考察。

第一节 基于中间品贸易的考察

随着制造业产业链的不断深化和延长，其可分割的特性日益明显，由此导致目前东亚生产网络以中间品零部件贸易为主。我国在与东亚经济体的贸易往来中，中间品贸易占比最大。在中间品贸易①中，零部件贸易又占较大优势。接下来就以零部件数据为例分析中国在东亚生产网络中的真实分工地位。

一、零部件贸易占我国与东亚贸易的绝对比重

根据表 6-1 所示，就出口而言，中国零部件出口的流向地区平均比重最高的是中国香港，其次依次是日本、韩国，如果就东盟国家总体来看，我国在与东亚经济体的贸易中，流向东盟的部分在 1999~2015 年平均比重为 11.1%。2008 年前后，受全球经济危机的打击，中国向东盟的零部件出口出现下降，在世界经济复苏乏力的情况下，2010 年至今中国对东盟的出口出现大幅度增长，主要归功于中国—东盟自贸区的成立带来的贸易量的井喷。

表 6-1　中国零部件出口流向比重统计（东亚地区）

年份	中国香港	日本	韩国	印度尼西亚	马来西亚	菲律宾	新加坡	越南	泰国	东盟
1999	0.221	0.158	0.045	0.01	0.016	0.021	0.054	0.002	0.017	0.12
2003	0.034	0.229	0.105	0.003	0.061	0.038	0.03	—	0.023	0.156
2007	0.255	0.088	0.059	0.009	0.028	0.009	0.037	0.005	0.011	0.10
2010	0.23	0.073	0.057	0.01	0.019	0.007	0.029	0.008	0.012	0.085
2012	0.27	0.069	0.06	0.012	0.019	0.005	0.024	0.015	0.017	0.09

---

① 本节对于中国贸易数据的分解仍采用 BEC 分类标准，与第五章一致。

年份	中国香港	日本	韩国	印度尼西亚	马来西亚	菲律宾	新加坡	越南	泰国	东盟
2015	0.265	0.066	0.067	0.010	0.02	0.008	0.03	0.027	0.018	0.114
平均	0.213	0.114	0.066	0.009	0.027	0.014	0.034	0.011	0.016	0.111

资料来源：根据 UN Comtrade 数据库数据并经笔者计算而得。

根据表 6-2，就进口来看，1999~2015 年我国从日本和韩国的零部件进口平均水平相差不大，同样将东盟国家看作整体的话，我国从东盟的零部件进口量是最大的，考察期内平均水平达 15.1%。

表 6-2　中国零部件进口来源比重统计（东亚地区）

年份	中国香港	日本	韩国	印度尼西亚	马来西亚	菲律宾	新加坡	越南	泰国	东盟
1999	0.051	0.032	0.055	0.106	0.005	0.007	0.017	0.01	0.01	0.157
2003	0.268	0.12	0.045	0.010	0.035	0.011	0.04	0.004	0.016	0.117
2007	0.014	0.171	0.144	0.004	0.058	0.062	0.023	—	0.023	0.171
2010	0.008	0.167	0.157	0.003	0.08	0.024	0.023	0.003	0.023	0.156
2012	0.004	0.140	0.168	0.003	0.077	0.023	0.02	0.01	0.017	0.152
2015	0.003	0.106	0.188	0.001	0.069	0.022	0.017	0.017	0.023	0.151
平均	0.058	0.123	0.127	0.021	0.054	0.024	0.023	0.009	0.0187	0.151

资料来源：根据 UN Comtrade 数据库数据并经笔者计算而得。

根据表 6-3，从贸易净额的角度看，我国与东亚经济体的零部件贸易主要呈现逆差状态。逆差的主要来源国依次为韩国、日本、菲律宾、马来西亚。尽管 2015 年我国零部件贸易与东亚经济体均呈现顺差的净出口状态，是否能够成为常态还需要观察，但是从平均水平看，对日本、韩国、东盟的零部件贸易的逆差状态说明我国没有完全摆脱加工等价值链低端环节。

表 6-3　中国与东亚经济体零部件贸易净出口统计

单位：百万美元

年份	1999	2003	2007	2010	2012	2015	平均
中国香港	4993.341	-18786.8	49865.64	63399.83	96849.85	110512.8	51139.11
日本	3565.341	-8505.92	-29674.7	-39312.2	-33964	27435.94	-13409.3
韩国	1014.652	-3123.44	-28080.5	-40166	-49598.6	28087.39	-15311.1
印度尼西亚	221.6865	-675.982	571.7133	1726.16	3020.354	4371.613	1539.257
马来西亚	363.3981	-2479.3	-10424.2	-23430	-26114.1	8070.232	-9002.34
菲律宾	483.7394	-798.88	-15572.3	-6688.64	-7529.1	3345.419	-4459.95
新加坡	1213.454	-2772.52	1499.881	0.177833	-293.501	12339.92	1997.903
越南	44.25	-310.35	1008.144	1462.929	1075.85	11511.45	2465.378
泰国	380.8782	-1092.27	-3957.44	-5028.75	-1204.38	7685.92	-536.007
东盟	2708.075	-8133.42	-26844.4	-31917.1	-30947.9	47544.05	-7931.78

资料来源：根据 UN Comtrade 数据库数据并经笔者计算而得。

需要注意的是：

第一，中国与东亚经济体的贸易往来中，中间品尤其是零部件贸易占绝对优势，这一点符合东亚生产网络的整体运行特征，同时也印证了零部件贸易是我国融入东亚生产网络的主要渠道。

第二，从国别纵向看，我国向日本出口和进口的零部件呈现下降的趋势，而与韩国的双向比重在逐年增加。主要原因在于中日关系在近年来由于历史问题趋冷且伴随日本在华撤资行为影响了出口。向韩国出口逐年增加的原因在于韩国对华投资的增加和中韩自贸区的成立。

第三，我国零部件出口最大的目的地是香港特别行政区，但是从香港特别行政区的进口比重平均仅为 5.8%，双向贸易呈现极度不对称性。同时，香港特别行政区也是我国 FDI 最大来源地和 OFDI（对外直接投资）的第一目的地。货物和资金的双向流动情况充分说明香港特别行政区作为我国资金和商品中转中心的重要地位。

二、中国与东盟国家贸易关系日益密切

贸易密集度（Trade Intensity）是衡量两国贸易关系紧密程度及互补程度的重要指标，本节计算了 1998~2015 年中国与东亚主要经济体的出口密集度和进口密集度[①]（见表6-4）。根据数据，中国对中国香港、日本和韩国的出口密集度从 1998 年的 6.36、3.24、2.05 降至 2015 年的 4.35、1.58、1.69。需要注意的是中国对越南出口密集度从 1998 年的 346.59 下降至 2015 年的 18.18。如果扣除越南，中国与东盟的平均贸易密集度从 1998 年的 1.15 增长至 2015 年的 1.81，稳中有升。

表6-4   中国对东亚主要经济体的出口密集度和进口密集度

		1998 年	2003 年	2008 年	2012 年	2015 年
中国香港	ETI	6.357025	5.805136	5.586642	5.312453	4.350121
	ITI	1.495907	0.893952	0.497413	0.369366	0.246239
日本	ETI	3.238837	2.750284	1.75299	1.555706	1.581044
	ITI	2.862074	2.888652	2.748051	2.265384	2.253849
韩国	ETI	2.053751	1.994832	1.955051	1.533989	1.691792
	ITI	4.458612	4.091765	3.788928	3.133244	3.260822
马来西亚	ETI	0.84697	1.322294	1.586491	1.69242	1.82563
	ITI	1.434025	2.456252	2.303566	2.607904	2.618141
菲律宾	ETI	1.46958	1.289518	1.739737	2.327611	2.769189
	ITI	0.685085	3.200899	5.666794	3.84344	3.191901
印度尼西亚[②]	ETI	1.311753	2.444301	1.53119	1.625949	1.625949
	ITI	1.979245	1.730767	1.490482	1.709721	1.709721
泰国	ETI	0.90992	0.896205	1.007644	1.14552	1.380179
	ITI	1.769931	2.020726	2.079677	1.708607	1.737185

---

① 印度尼西亚由于 2015 年部分数据空缺，故只计算其 1998~2014 年相关指数。

② 印度尼西亚 2015 年数据由 2014 年数据代替。

续表

		1998 年	2003 年	2008 年	2012 年	2015 年
越南	ETI	346. 5859	140. 8683	61. 43557	30. 23311	18. 17547
	ITI	0. 912292	1. 329399	0. 986362	1. 441618	1. 526484
新加坡	ETI	1. 188037	1. 154757	1. 162824	0. 975583	1. 303289
	ITI	1. 514028	1. 205272	0. 850492	0. 710703	0. 782472

资料来源：根据 UNCTAD Stat 数据库数据（http：//unctadstat. unctad. org/EN/）计算而得。

　　同样的方法计算了东亚部分经济体对中国的出口密集度和进口密集度，结果如表6-5所示。可以发现，东亚各个经济体与中国的贸易关系同样呈现分化趋势。一方面，部分经济体对中国的进出口依赖呈同向变动。中国香港对中国内地的出口和进口密集度从 1998 年的 1.53、6.21 降至 2015 年的 0.25、4.34，而东盟主要国家对中国的进口和出口密集度则双双上涨，如马来西亚和菲律宾。它们的出口密集度 1998 年分别为 1.47 和 0.70，2015 年为 2.63 和 3.2。另一方面，部分经济体对中国的进出口依赖程度呈反向变动。其中，日本出口密集度没有明显变化，但是进口密集度在逐年下降，从 1998 年的 3.17 降至 2015 年的 1.58。这与我们上节对零部件等总体贸易数据的分析得到的结论是一致的。泰国对中国的出口密集度没有明显变化，但是进口密集度则出现较大幅度上涨，从 1998 的年 0.89 到 2015 年的 1.38，印度尼西亚状况与泰国类似。同样需要注意的是越南，越南对中国的出口密集度从 1998 年的 0.93 涨至 2015 年的 1.53，进口密集度则从 1998 年的 339 降至 2015 年的 18.12，降幅剧烈。

表6-5　东亚部分经济体对中国的出口密集度和进口密集度

		1998 年	2003 年	2008 年	2012 年	2015 年
中国香港	ETI	1. 52934	0. 916277	0. 507232	0. 371913	0. 247066
	ITI	6. 218051	5. 663694	5. 478496	5. 276073	4. 335545
日本	ETI	2. 926042	2. 960792	2. 802298	2. 281004	2. 261427
	ITI	3. 168031	2. 683273	1. 719056	1. 545053	1. 575746

续表

		1998 年	2003 年	2008 年	2012 年	2015 年
韩国	ETI	4.558262	4.193951	3.863722	3.154849	3.271785
	ITI	2.008853	1.946227	1.917205	1.523484	1.686123
马来西亚	ETI	1.466075	2.517593	2.349038	2.625886	2.626943
	ITI	0.828454	1.290077	1.55578	1.68083	1.819513
菲律宾	ETI	0.700396	3.280837	5.778656	3.869942	3.202632
	ITI	1.437453	1.258099	1.706059	2.311671	2.75991
印度尼西亚①	ETI	2.023481	1.77399	1.519904	1.72151	1.349989
	ITI	1.283076	2.384745	1.501549	1.614814	1.777784
新加坡	ETI	1.547867	1.235372	0.867281	0.715603	0.785102
	ITI	1.162064	1.126621	1.140314	0.968902	1.298923
泰国	ETI	1.80949	2.07119	2.12073	1.720389	1.743025
	ITI	0.890027	0.874369	0.988138	1.137675	1.375554
越南	ETI	0.932682	1.362599	1.005833	1.451559	1.531616
	ITI	339.009	137.436	60.24631	30.02607	18.11457

资料来源：根据 UNCTAD Stat 数据库数据（http://unctadstat.unctad.org/EN/）计算而得。

总体来看，中国与东亚经济体的贸易往来都非常紧密（均值大于1）：

第一，中国与香港地区、日本和韩国的密切程度相对下降。主要原因在于随着全球化进程的加快，中国产品市场分散化，中国的贸易伙伴多元化，对某个单一市场的依赖程度在下降；中国对日本的进口密集度并没有明显变化，对韩国的进口密集度尽管出现下降但在考察样本中仍处于较高水平，说明中国对于核心零部件仍从韩国、日本进口，依赖程度较大。从侧面印证了中国在东亚生产网络中处于较低技术水平的分工环节。

第二，中国同东盟国家贸易密集度总体呈现上升态势，需要注意的是变化最为明显的是东盟经济体对中国市场的依赖程度（出口密集度），结合中国对东盟国家的进口密集度状况，可以推论，随着中国生产制造能力

① 印度尼西亚 2015 年数据由 2014 年数据代替。

的加强，中国已经成为东盟地区重要的商品供给者和市场提供者。特别是在 2008 年之后随着东盟—中国自贸区的成立，中国与东盟的贸易密集度增长最为明显，说明自由贸易协定对东亚生产网络尤其是中国与东盟贸易往来的加强具有重要意义，这一结论与尹翔硕和郎永峰（2011）的研究结论是一致的，并且印证了前文"东亚地区里中国对东盟各国的制造业生产贡献度最高"的结论。

三、中国在东亚生产网络中仍处于加工平台的位置

通过分析东亚经济体内部的贸易结构状况和贸易密集度状况，可以看出东亚内部的贸易结构以中间品尤其是零部件贸易为主，并且随着全球价值链的不断分解和东亚生产网络内部力量变化，东亚内部贸易关系也出现了变化，具体表现就是中国与东盟国家的贸易往来和密切程度得到加强，中国已经成为东盟国家重要的商品供给者和市场提供者；与传统贸易伙伴中国香港、日本和韩国的密切程度下降。

本节在前文提出"东亚生产网络呈现的'东亚—中国—美国'的模式中中国仍处于出口平台位置"的结论，贸易数据是否支持这一结论？接下来将对该问题进行验证。

按照前文分析，中国在东亚生产网络内从日本、韩国和东盟进口中间品（半成品和零部件），向美国出口最终品（资本品和消费品）。由图 6-1 可知，中国对美国的出口与从日本、韩国和东盟的进口大致呈同方向变动，两者可能具备一定的内在联系。2008 年中国对美国的出口和从东亚内部的进口都出现下降，说明东亚生产网络具有非常强的外向性，外界市场环境的变化会第一时间传导并影响至内部的生产结构和贸易结构。2008 年之后中国对美国的出口出现复苏，但中间品进口方面出现分化，从东盟和韩国的进口出现增长，东盟的增长幅度最大，但是从日本的进口出现下降，主要是因为东亚内部的贸易替代关系。从增长幅度看，中国对美国的出口上涨幅度与从东亚内部的进口涨幅相比要大得多，且差距有加大的趋势，说明中国制造能力的提升，中间品的来源渠道以自己生产取代了部分进口。

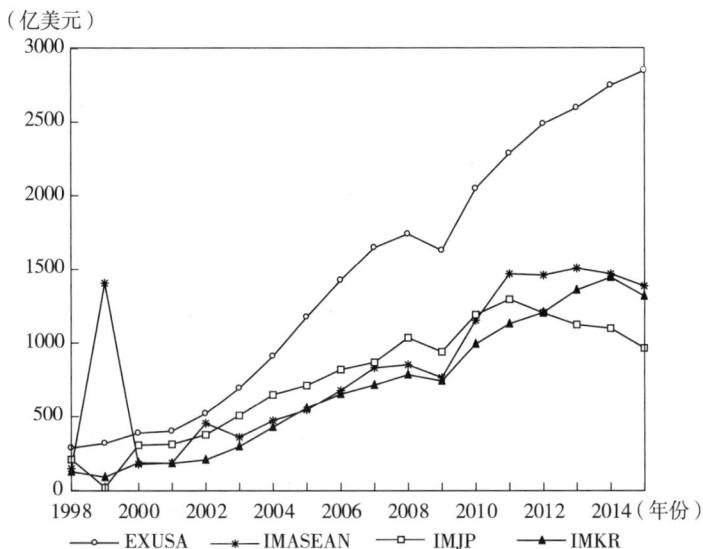

图 6-1 中国从日本、韩国、东盟进口数据与对美国出口数据走势

资料来源：笔者自绘。

本节依然采用上文 BEC 的分类方法，数据来自 UN comtrade 数据库，考察期为 1998~2015 年，构建回归方程：

$$EX_{usat} = \beta_0 + \beta_1 \times IM_{jpt} + \beta_2 \times IM_{krt} + \beta_3 \times IM_{aseant} + \varepsilon_t$$

EX_{usat} 为中国向美国出口的最终品量，IM_{jpt} 为中国从日本进口的中间品数量，IM_{krt} 为中国从韩国进口的中间品量，IM_{aseant} 为中国从东盟进口的中间品量。对四个变量进行平稳性检验，结果显示四个序列都存在单位根，并不是平稳序列。经过取对数变化后，通过平稳性检验，回归方程修正为：

$$lnEX_{usat} = \beta_0 + \beta_1 \times lnIM_{jpt} + \beta_2 \times lnIM_{krt} + \beta_3 \times lnIM_{aseant} + \varepsilon_t$$

回归结果如下：

$$lnEX_{usat} = 1.61 + 0.0368 \times lnIM_{jpt} + 0.7384 \times lnIM_{krt} + 0.1895 \times lnIM_{aseant}$$

$$(2.8340)^{**} \quad (0.7149) \quad\quad (0.7384)^{*} \quad\quad\quad (4.0334)^{*}$$

$$R^2 = 0.9971 \quad F-statistic = 1578.3^{*} \quad D-W = 1.221$$

结果表明，中国从东盟和韩国的进口与中国向美国的出口具有显著的正相关关系，其中中国与韩国的关系最为显著，中国从韩国的进口对中国向美国出口的拉动作用最大，与理论预期相符；但是中国从日本的进口与中国向美国的出口并不存在显著的正相关关系，这一点与理论预期不符，但是这一结果也可以从之前的数据分析找到解释。根据检验结果和之前的数据分析结果，我们可以认为关于三角模式的构成已经发生了变化，由"东盟—中国—美国"模式更准确地说是"东盟、韩国—中国—美国"的模式。总体上，中国仍处于东亚生产网络的平台，尽管其作为东亚市场提供者的作用日益突出，但这绝不简单意味着日本在东亚生产网络中的全面衰退，由前文观察，日本在东亚生产网络中更多充当资金提供者和最终消费市场提供者，可以推断日本在东亚生产网络中的定位与其他经济体出现明显的不同。

第二节　基于垂直专业化程度的考察

目前对于全球价值链下中国在东亚生产网络参与程度的考察主要有四种方法：

第一种是利用传统数据，从区域内贸易结构、出口市场结构、出口占世界市场的比重等角度进行量化描述，这种方法在该领域研究中最为常见。第二种是从公司层面，通过衡量跨国公司在东亚的零部件采购及与母公司的内部贸易流量数据间接反映出中国与东亚生产网络的生产关系。第三种是利用附加值角度对参与其中的各经济体的前后向关联程度、参与程度、地位指数等进行分析，如刘重力（2014）和岑丽君（2015）分析了中国在全球价值链的真实地位，熊琪（2016）分析了东盟在全球生产网络中的地位等，但是鲜有学者利用此方法分析中国在东亚生产网络的发展情况，本书前面章节弥补了此项遗憾。该方法的缺陷在于受数据因素制约，考察不够全面和系统。第四种则是利用投入产出表从投入—产出的角度进行分析，利用垂直专业化指标进行分析，如刘碧云等（2010），郑丹青等（2014），葛明等（2015）。垂直专业化指标是衡量全球价值链发展程度及参与者程度的常见指标。本节拟用此项指标从投入—产出的角度判断中国融入东亚生产网络的程度，以便与前文的分析结论相印证。

一、垂直专业化指标

Hummels D.、Ishii J. 和 Yi K.-M.（2001）（以下简称 HIY）针对全球生产链和全球贸易链快速发展的状况，提出在产品生产过程中各个国家之间的联系日益增多，表现为使用进口投入品生产用于出口的产品或半成品，即以进口品作为生产出口品的中间投入。这样一件商品在两个或两个以上生产阶段的序列中生产，加工过程的序列中至少经过两个国际经济体来提供此产品生产的增加值，至少一个国家在其生产阶段中使用进口投入品，其部分产品输出到其他国家。例如，日本生产钢出口到墨西哥，在墨西哥这些钢被压制为钢材，再出口到美国，在美国制成设备，大部分设备再出口。

HIY 据此提出垂直专业化（VS）概念，用以描述这种产品在不同程序与不同空间之间的分割状况。因此通过该指标不但能够从产业层面通过对产品在不同生产环节之间的投入程度确定在全球价值链中的嵌入程度，而且能够从国家层面清楚地分析出一国在全球价值链中的相对位置。由此可见，垂直专业化概念与附加值概念都是从净值的角度对产品在全球范围内分割与流转的现实做出的量化度量，在这方面两者没有本质的区别。垂直专业化指数可以考察一国出口中进口中间品进而推导出自身创造的价值增值，因此也可以用来测算垂直专业化地位。

本书在第二章中已经给出了垂直专业化指标的简单推导过程和计算方法，在此不再赘述。

二、中国在东亚生产网络中垂直专业化程度测算

1. 数据来源说明

截至 2014 年，中国公布了 1992 年、1995 年、1997 年、1999 年、2002

年、2007 年、2012 年的投入产出表。《中国投入产出表》中，1992～1995
年公布了 33 个产业部门的流量、直接消耗系数和完全消耗系数；1997 年
之后公布的是 42 个产业部门的流量、直接消耗系数和完全消耗系数矩阵数
据，其他年份数据缺失，空缺的年份采用平新乔等（2006）的方法以相近
年份的数据代替。出口和进口的相关贸易数据采用 UN comtrade 数据库的
数据。

2. 行业说明

作为制造业大国，我国主要是在制造业领域切入全球价值链，本节对
于垂直专业化程度的测算将以工业部门为例。需要说明的是，UN comtrade
数据库采用《国际贸易标准分类》（SITC rev. 3）进行统计，与我国的国民
经济分类标准并不一一对应（GB/T4754—2011），为了统一，本节将参照
盛斌（2002）[①] 的方法按照我国 20 个工业行业对 SITC rev. 3 进行重新分类
整理，整理结果请详见附表 3。

三、测算结果分析

1. 整体情况

本节采用上述数据和方法，计算了 1997～2012 年中国整体工业部门与
东亚部分国家的垂直专业化贸易比重，部分计算结果如表 6-6 所示。

表 6-6　中国与东亚部分国家的垂直专业化贸易比重

单位：%

年份	日本	韩国	印度尼西亚	马来西亚	菲律宾	新加坡	泰国	越南	东亚
1997	2.881	1.725	0.201	0.171	0.022	0.35	0.151	0.028	5.534
1998	2.791	1.77	0.224	0.191	0.04	0.419	0.185	0.031	5.651

---

① 盛斌. 中国对外贸易政策的政治经济分析[M].上海：上海人民出版社, 2002.

年份	日本	韩国	印度尼西亚	马来西亚	菲律宾	新加坡	泰国	越南	东亚
1999	2.856	1.725	0.222	0.223	0.058	0.361	0.187	0.022	5.654
2000	2.756	1.823	0.232	0.281	0.082	0.371	0.221	0.03	5.796
2001	2.646	1.773	0.228	0.282	0.089	0.368	0.227	0.037	5.65
2002	3.075	2.395	0.28	0.428	0.178	0.571	0.322	0.044	7.293
2003	3.333	2.527	0.284	0.554	0.343	0.584	0.499	0.047	8.171
2004	3.296	2.555	0.28	0.599	0.385	0.597	0.609	0.046	8.367
2005	2.986	2.572	0.282	0.513	0.495	0.658	0.698	0.055	8.259
2006	2.91	2.299	0.286	0.49	0.507	0.471	0.763	0.045	7.771
2007	2.889	2.324	0.23	0.484	0.497	0.409	0.956	0.042	7.831
2008	2.715	2.24	0.211	0.466	0.45	0.537	0.635	0.044	7.298
2009	2.642	2.338	0.299	0.402	0.466	0.442	0.897	0.051	7.537
2010	2.655	2.709	0.274	0.375	0.474	0.455	0.701	0.041	7.684
2011	2`	2.642	0.245	0.472	0.366	0.498	0.775	0.04	7.192
2012	2.642	2.871	0.245	0.498	0.289	0.522	0.674	0.045	7.786

资料来源：笔者自行计算。

1997~2012 年，中国与东亚的垂直专业化程度提高了 40.69%，预示中国参与东亚生产网络的程度加深，东亚生产网络的内部聚集性逐步提高。其中，2002~2006 年上升幅度较快，2004 年达到峰值 8.367%，但在 2007 年之后上升幅度缓慢，甚至略有下降。主要原因在于 1997 年亚洲金融危机之后，日本、韩国以及欧美资本纷纷逃离东盟转战中国，带动了新一轮的产业转移热潮，中国以"世界工厂"的面貌迅速崛起，带动了对中间品的需求。2007 年之后，受世界经济衰退的影响，整体需求下降导致东亚各国生产乏力，中国制造业遭受巨大打击，对国外中间品需求自然出现下降，另一个原因可能是替代效应的出现：随着中国工业制造能力的提升，部分中间品以国内生产替代了来自东亚的进口或者是以来自区域外的进口替代了来自东亚的进口。

从国别来看，中国与东亚各国的垂直专业化程度都呈现提高的趋势，来自韩国的垂直专业化比重从 1997 年的 1.725% 升至 2012 年的 2.871%，涨幅 66.43%，反映出中韩中间品贸易发展迅速，两国经济依存度加强，与东盟同样呈现出此种趋势。但是与日本的垂直专业化程度出现下降，这与日本致力于向产业链两端（研发和终端消费）攀升的战略有关，本节在前面增加值部分的分析中也发现了类似的现象。

2. 行业情况

应用同样的数据和方法，本节还计算了我国 20 个工业行业 1997~2012 年在东亚生产网络的嵌入程度，主要结果见表 6-7。

表 6-7　1997~2012 年中国各行业在东亚生产网络的嵌入程度　　　单位：%

年份	1997	2000	2005	2008	2011	2012	均值
H1	0.0695	0.0858	0.1224	0.0856	0.0849	0.0863	0.099481
H2	0.0481	0.076	0.0921	0.1488	0.1606	0.1658	0.105725
H3	0.124	0.1611	0.2011	0.2031	0.1642	0.1737	0.165169
H4	0.0897	0.1087	0.2004	0.1322	0.1894	0.1945	0.152938
H5	0.0947	0.1212	0.1156	0.085	0.1322	0.1332	0.115831
H6	0.1168	0.1363	0.179	0.179	0.2124	0.2828	0.187225
H7	0.1175	0.1404	0.238	0.2481	0.1908	0.229	0.20275
H8	0.1298	0.1786	0.204	0.172	0.2202	0.2356	0.179738
H9	0.0978	0.1681	0.195	0.279	0.2663	0.2797	0.198975
H10	0.1532	0.1953	0.2741	0.201	0.2711	0.2797	0.232219
H11	0.1346	0.1847	0.296	0.229	0.2733	0.2703	0.234294
H12	0.1126	0.1858	0.2143	0.1367	0.1698	0.1894	0.159588
H13	0.1647	0.1962	0.2656	0.208	0.2387	0.2437	0.208088

续表

年份	1997	2000	2005	2008	2011	2012	均值
H14	0.1733	0.1984	0.194	0.247	0.2565	0.2683	0.221675
H15	0.2421	0.2076	0.295	0.26	0.2933	0.3081	0.277725
H16	0.1578	0.2096	0.269	0.239	0.2601	0.2614	0.23325
H17	0.2638	0.2985	0.2744	0.2745	0.3245	0.3356	0.284294
H18	0.2742	0.3361	0.4721	0.4827	0.4874	0.4927	0.423606
H19	0.2399	0.2791	0.3822	0.4745	0.4187	0.4721	0.366019
H20	0.1727	0.1125	0.158	0.177	0.1395	0.1421	0.147169

注：H1~H20 的分类见脚注①。
资料来源：笔者自行计算。

为了便于直观理解枯燥的数据，参考谢建国（2003）和唐玲（2008）的分类方法，将我国 20 个工业行业分成劳动密集型、资源密集型、资本密集型和资本及技术密集型四大类①，可以发现：

第一，劳动密集型产业在 1997~2007 年快速融入东亚生产网络，但在 2007 年之后 VSS（垂直专业化指标）比重出现明显下滑（见图 6-2），主要还是在于世界需求的下降影响了中国劳动密集型行业的出口，行业的萎缩导致对中间品需求的下降，还有一个原因是随着中国制造业成本的上升，中国加大了对劳动密集型产业的海外转移，这一点在前文的分析中已经发现。而留在国内的剩余劳动密集型产业由于加工程度浅，导致国内生产只是简单利用进口中间品，增加值较低，导致国际竞争力不强。

第二，资源密集型行业总体看平均 VSS 值在四大行业里是最低的，只有 13%（见图 6-3）。垂直专业化指数的提高有助于提高该行业的国际竞争力（张小蒂、孙景蔚，2006）。资源密集型行业垂直专业化程度低的事实反映出我国仅对相关进口中间品进行粗加工，产业链短，增加值低的事

① 以附表 1 序号列为准，劳动密集型行业为 H5、H6、H7、H8、H9；资源密集型行业为 H1、H2、H3、H4；资本密集型行业为 H11、H12、H13、H14；资本及技术密集型行业为 H10、H15、H16、H17、H18、H19、H20。

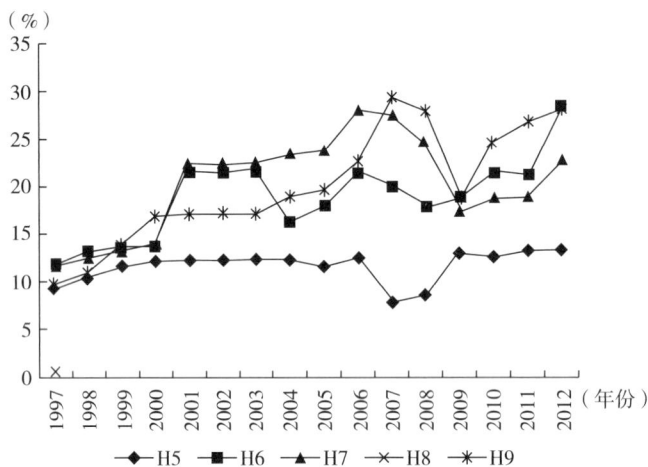

图 6-2　中国劳动密集型行业垂直专业化指标

资料来源：笔者自行计算。

实。但在 2008 年之后该指标略有上升，非金属矿采选业上升最为明显。这与前文的实证结果相吻合，东道国丰富的资源对中国直接投资具有吸引力。事实上，我国近年来不断加大对于资源行业的资本输出，开始主动利用相应资源发展深加工行业，主动建立产品价值链，提升产品的附加值。

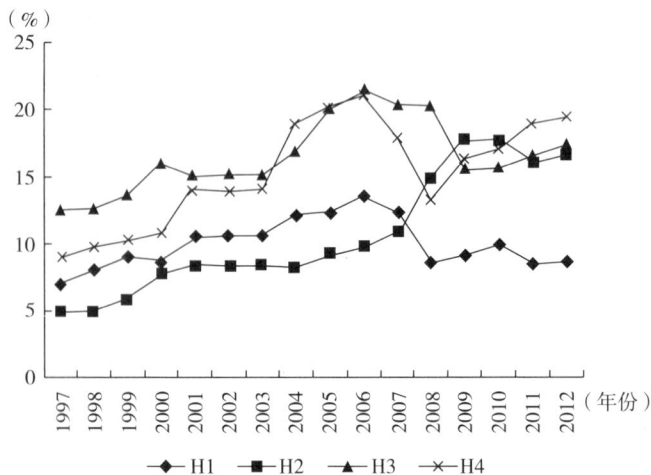

图 6-3　中国资源密集型行业垂直专业化指标

资料来源：笔者自行计算。

第三，资本密集型行业整体 VSS 程度较高，尤以化学和金属制品工业最高（见图6-4），说明该领域深深地融入东亚生产网络一体化之中，凭借良好的技术优势和禀赋优势承接来自国外的产业转移，获得了快速的发展机会。

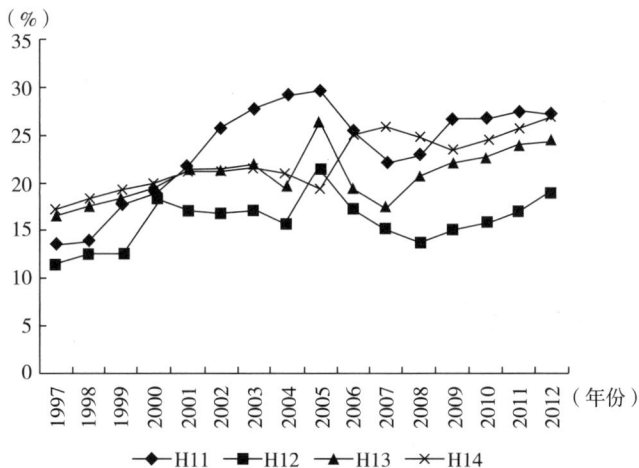

图6-4 中国资本密集型行业垂直专业化指标

资料来源：笔者自行计算。

第四，资本及技术密集型行业的垂直专业化指数在四大类行业最高（见图6-5），平均达到28%，其中又以通信设备制造、机械制造、电器设备制造和交通运输设备制造的垂直专业化程度最深（见图6-6）。2008年以来，石油加工产业的垂直专业化程度涨幅明显。根据张小蒂、孙景蔚（2006）的测算，资本及技术密集型①行业的国际竞争力在我国各行业中也是最高的，两相印证表明，垂直专业化分工的深化有助于提高我国相关产品的国际竞争力。中国应该着重考虑该类行业的国际化生产延长产品价值链，以该类产业的相关产品为中心主动构建自己的产品价值链，充分发挥

---

① 张小蒂等（2006）以行业的角度进行测算，与本节资本及技术密集型行业涵盖的细分行业一致。

该类产品的比较优势，获取更大的附加值利益。

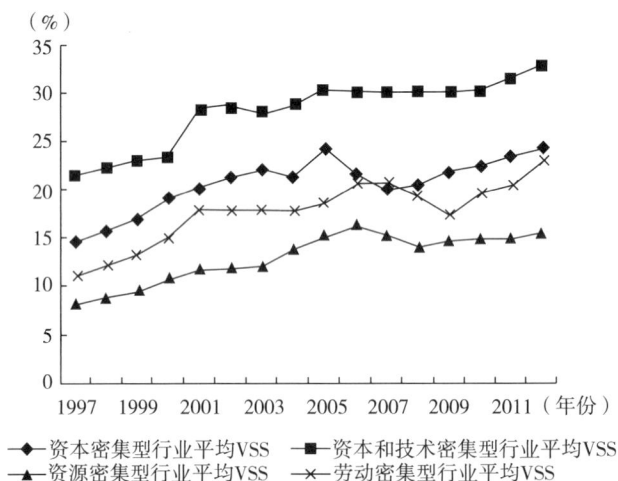

图 6-5　中国各类行业平均垂直专业化指标

资料来源：笔者自行计算。

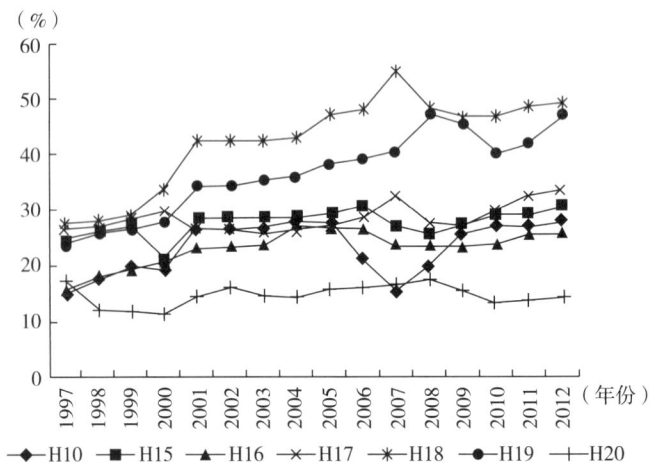

图 6-6　中国资本及技术密集型行业垂直专业化指标

资料来源：笔者自行计算。

基于此，可以认定，在东亚生产网络中，中国资本及技术密集型行业的垂直专业化程度最高，国际竞争力最强，主要包括通信设备制造、机械制造、电器设备制造和交通运输设备制造等产业。劳动密集型行业近年呈现垂直专业化水平不断下降的趋势。

第三节 基于附加值贸易的考察

自 20 世纪 90 年代初期以来，亚洲地区的垂直贸易网络和供应链扩张比其他地区更为显著，以中国为例，到 2007 年为止，中国出口价值的一半以上来自其他国家的贡献（Koopman et al.，2008）。出口到中国的零部件占据了东亚经济体总出口的一半以上，进一步提升了东亚生产网络的价值链关联度（Athukorala，2010）。中国已经成为东亚生产网络中头号生产大国和贸易大国，是否意味着中国也是头号贸易利得获取大国？亚洲国家尤其是东亚经济体无论是从 GVC 参与度还是地位指数都能得到"东亚生产网络开放度高"的结论，然而，开放度高并不意味着收益大。围绕贸易利益获取问题，本节将从贸易附加值的角度对中国在东亚生产网络中利益获取情况进行分析。

一、中国出口中的国内附加值状况

本节利用 WTO-OECD TiVA 数据整理了所有国家出口的国内附加值情况，并根据 UNCTAD Stat 数据库整理相关国家出口状况计算了出口的国内附加值及其占出口的比重，部分计算结果如表 6-8 所示。

表 6-8 部分国家出口的国内附加值情况

	1995 年		2000 年		2005 年		2008 年		2011 年	
	(a)	(b)	(a)	(b)	(a)	(b)	(a)	(b)	(a)	(b)
印度尼西亚	506.20	87.43	543.03	82.63	798.89	83.44	1289.32	85.38	1959.73	88.03
日本	4556.89	94.37	4765.87	92.6	5817.26	88.88	7239.19	84.23	7625	85.32

续表

	1995 年		2000 年		2005 年		2008 年		2011 年	
	(a)	(b)	(a)	(b)	(a)	(b)	(a)	(b)	(a)	(b)
美国	6826.37	88.54	8963.2	87.42	10447.73	86.95	14430	84.38	16228	84.97
中国香港	406.8	78.31	455.77	84.34	601.67	82.42	791.16	78.02	1002.2	79.59
菲律宾	179.84	69.94	210.57	66.95	255.34	62	439.1	68.07	547.66	76.42
中国	955.95	66.62	1705.84	62.72	4982.45	62.57	10264.9	68.23	16228	67.84
越南	53.23	78.69	120.03	73.06	245.61	69.25	423.51	64.58	605.10	63.74
泰国	510.94	75.71	495.04	68.08	736.38	63.16	1192.05	60.75	1529.22	61.01
马来西亚	463.98	69.5	602.51	52.27	871.68	54.05	1327.77	58.77	1572.49	59.38
韩国	1170.90	77.67	1442.23	70.23	2217.92	66.98	2870.63	58.24	3632.08	58.3
新加坡	498.41	57.6	549.683	54.67	784.08	60.2	1088.25	62.53	1606.15	58.19
中国台湾	854.48	69.2	1098.02	67.72	1356.3	62.52	1558.61	55.78	16227.99	56.42
东盟	1900	72.15	2154.71	63.6	3138.61	63.94	4941.22	66.12	6627.39	67.11

注：（a）栏为附着在出口中的国内增加值，单位：亿美元；

（b）栏为出口中的国内增加值占该国出口的比重，单位：%。

资料来源：UNCTAD Stat，WTO-OECD TiVA 并经笔者计算整理。

随着中国出口量的增加，附着在出口中的国内增加值也在上涨，从 1995 年的 955.9542 亿美元增长至 2011 年的 16228 亿美元，增长将近 15 倍。从出口中的国内增加值占出口的比重来看也呈上升趋势，1995 年该比例为 66.62%，2011 年该比例为 67.84%，涨幅 1.8%。但是与庞大的出口规模和同样庞大的附着在出口中国内附加值相比，增长显然是缓慢的。说明我国仍然处于加工中心的地位，贸易收益靠量而不是靠质。如果从横向水平比较，中国的国内附加值比例在所有观察个体中属于中等水平，但是如果把东盟作为一个整体，中国国内附加值占比勉强跟东盟国家持平，甚至个别年份略低，明显低于东亚和东南亚国家的整体平均水平，2011 年东亚和东南亚国家的整体平均水平为 69.36%，中国为 67.84%，再一次印证了中国的出口加工地位的结论。

需要注意的是：

第一，在世界经济体中美国的贸易总量和国内增加值占比是相匹配的。1995~2011年美国一直是世界头号出口大国（贸易和服务总量），国内增加值占比1995年为88.54%，2011年为84.97%，基本维持稳定。美国的出口价值中八成以上是国内创造的，尽管近年来美国制造业回流使美国制造业出现复苏迹象，但这并不是造成这一高水平的主要原因，真正的根源在于美国以附加值较高的服务业为主的商品出口结构，这为中国提高出口附加值提供了启示。

第二，在东亚经济体中，国内附加值占比最高的国家是日本。日本和美国类似，其贸易量与国内附加值比例基本是匹配的。观察期内日本的平均水平为88.78%，远高于东亚的72.27%的平均水平。说明日本经过"雁行模式"的产业调整，借助产业的海外转移基本完成了国内产业结构调整，将低附加值产业转移出去再以进口的形式"引进来"，保留高附加值产业的同时发展新兴产业再以出口的形式"走出去"。这为我们理性看待目前中国大量制造业走出海外提供了一种新的视野和经验。

第三，还有一个国家需要注意——印度尼西亚。印度尼西亚的附加值占比在东亚经济体中仅次于日本。但是与日本贸易大国和国内附加值出口大国的地位相比，印度尼西亚又有明显不同。印度尼西亚的出口总额在所观察的12个经济体中处于下游水平，2011年其出口总额（货物和服务）为2216.9亿美元，在12个经济体中位于第10位，其出口中附着的国内附加值居第6位，但是其国内附加值占出口比率在所有经济体中居第一，为88.03%。结合印度尼西亚GVC参与度指标在东亚经济体中不高的事实，我们可以认定，印度尼西亚的该指标居高不下并不在于其像美国、日本一样，发展高附加值产业，而在于其参与全球化程度低，出口产品以国内生产的初级产品为主，所以其偏高的国内附加值占比恰恰说明印度尼西亚整体产业水平偏低，融入东亚生产网络的程度低。印度尼西亚的例子也说明不能一味追求高附加值，高附加值并不意味着高水平的产业链，实现产业链的升级才是最终目的。

二、中国各行业 GVC 参与度指数情况

鉴于制造业在中国经济中的重要地位，本节将比较中国与东亚其余经济体的制造业 GVC 参与度指数，进一步衡量中国参与东亚生产网络的情况。部分结果见表6-9。

表6-9　东亚部分经济体 GVC 参与度指数　　　　　单位：%

年份	国家	日本		韩国		中国		东盟	
		Total	制造业	Total	制造业	Total	制造业	Total	制造业
1995	F	54.77	53.23	43.57	41.43	31.56	27.18	40.66	34.94
	B	5.63	7.08	22.33	27.35	33.38	48.12	27.85	37.12
	T	60.4	60.31	65.9	68.78	64.94	75.3	68.51	72.06
2000	F	54.73	53.24	40.05	37.49	29.25	24.98	36.88	29.83
	B	7.4	9.19	29.77	35.26	37.28	50.63	36.4	47.1
	T	62.13	62.43	69.82	72.75	66.53	75.61	73.28	76.93
2005	F	54.11	52.58	42.04	38.52	31.95	28.23	38.19	31.35
	B	11.12	13.87	33.02	38.09	37.43	48.04	36.06	45.35
	T	65.23	66.45	75.06	76.61	69.38	76.27	74.25	76.7
2008	F	52.71	50.44	37.31	32.84	36.77	34.17	40.45	32.11
	B	15.77	19.33	41.76	48.04	31.77	39.61	33.88	44.52
	T	68.48	69.77	79.07	80.88	68.54	73.78	74.33	76.63
2009	F	56.96	55.58	40.12	36.31	35.36	32.55	41.14	33.58
	B	11.2	14.13	37.53	43.07	30.82	39.13	32.53	42.02
	T	68.16	69.71	77.65	79.38	66.18	71.68	73.67	75.6
2010	F	55.91	54.53	39.64	35.64	35.46	32.62	41.45	34.15
	B	12.73	15.63	39.24	44.29	32	40.17	33.1	42.72
	T	68.64	70.16	78.36	79.93	67.46	72.79	74.55	76.87
2011	F	55.03	53.1	37.39	33.75	36.04	32.59	42.02	33.26
	B	14.68	18.03	41.7	46.95	32.16	40.12	32.89	43.57
	T	69.71	71.13	79.09	80.7	68.2	72.71	74.91	76.83

注：Total 代表全部行业，F 代表前向参与度，B 代表后向参与度，T 代表总体参与度。

资料来源：根据 WTO-OECD TiVA 数据库相关数据计算得出。

作为制造业大国，中国在制造业方面已经深度融入东亚生产网络，并且前后参与度均呈现增长态势，说明我国的产业链在不断延长与深化，前向参与度从1995年的27.18%增至2011年的32.59%，后项参与度从1995年的48.12%降至2011年的40.12%，说明在生产可以无限分割的背景下，我国生产趋于专业化，开始向产业链上游攀升，国内生产能力得到了提高，预示着我国附加值获得能力的提高。但从总体水平看，我国融入全球价值链的程度在东亚主要经济体中是比较低的，日本、韩国、中国和东盟在2011年的整体GVC参与度指数分别为69.71%、79.09%、68.2%和74.91%，主要原因在于我国在服务业方面指标较低，进一步拉低了整体水平，所以服务业可以作为我国未来产业升级的重点。

三、中国 GVC 地位指数

尽管深度融入全球价值链体系，中国在全球价值链中的地位究竟如何？本小节进一步计算了中国GVC整体地位指数，部分结果见表6-10。

表 6-10　东亚部分经济体整体 GVC 地位指数

年份	1995	2000	2005	2008	2009	2010	2011
日本	0.381998	0.365121	0.327056	0.276935	0.344661	0.324283	0.301473
韩国	0.1601	0.076236	0.065609	−0.03189	0.018657	−0.00086	−0.03089
中国	−0.01374	−0.06027	−0.04069	0.037243	0.034116	0.025874	0.028936
东盟	0.095488	0.003513	0.015534	0.047908	0.062943	0.060846	0.066446

资料来源：根据 WTO-OECD TiVA 数据库相关数据计算得出。

在东亚主要经济体中，受限于服务业的国际化水平，中国的GVC地位指数明显低于日本，近年来有超越韩国的趋势，但是低于东盟整体水平。这是否意味着中国在东亚生产网络中比东盟的地位要低，获取附加值能力差呢？为了进一步明确该问题，接下来以个体为单位比较东亚各经济体制造业的GVC地位指数（见图6-7）。

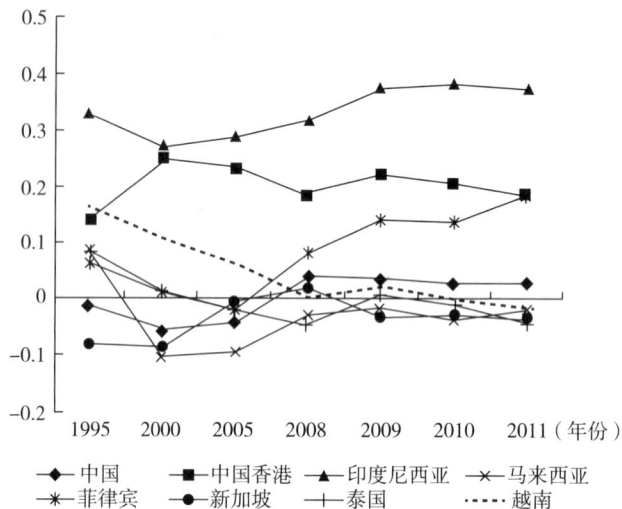

图 6-7　东亚部分经济体制造业 GVC 地位指数

资料来源：根据 WTO-OECD TiVA 数据库相关数据计算得出。

　　结果是令人诧异的，在所有经济体中，经济水平较高的经济体 GVC 地位指数并不突出，反而是经济水平并不突出的经济体 GVC 地位指数较高，印度尼西亚的 GVC 地位指数在所有经济体中是最高的，菲律宾近年来 GVC 地位指数也上涨迅速，中国香港、中国在所有经济体中只是居于中等。

　　这一发现暴露出 GVC 地位指数测算和附加值方法应用的局限性：GVC 地位指数的测算依赖附着在出口中的国内增加值和国外增加值的差值，所以理论上 GVC 地位指数的提高有两种方式——提高国内增值部分或是降低国外增值部分。贸易附加值方法使用隐含着一个默认的前提——参与体是在开放条件下参与全球价值链生产，这样人们才能以此为基础探讨如何提高国内附加值，如何提高全球链地位以及两者之间的相互促进关系。但如果一个国家开放程度并不高，贸易网络不发达，必然拉低出口品中国外增加值部分，一国工业能力低下，以资源性产品为主要出口产品的话会提高其出口产品的国内增值，这些情况也会导致 GVC 地位指数的上升，印度尼西亚和菲律宾 GVC 地位指数的高位水平就受这些因素影响。但这些原因显然不是本节关注的范围，中国已经深度嵌入全球价值链是世界性共识，本节要讨论的不是如何提高在全球价值链中的地位，而是如何在持续融入全球价值链趋势不可逆的前提下提高在全球价值链中的地位以及如何构建属于自己的国家价值链。为了进一步说明问题，接下来将对中国制造业各细分行业附加值状况进行分解，部分结果见表 6-11。

表 6-11　中国制造业细分行业的附加值分解

		1995 年	2000 年	2005 年	2008 年	2009 年	2010 年	2011 年
15T16	B	38.9	35.27	25.24	22.71	21.52	24.52	25.41
	F	18.35	19.11	23.93	27.1	26.9	25.92	25.93
	T	43.27	38.18	30.93	25.34	24.04	26.42	26.48
	P	-0.16011	-0.12723	-0.01052	0.03515	0.043321	0.01118	0.004138
17T19	B	19.87	20.4	21.9	22.33	21.47	21.04	21.24
	F	50.24	51.16	37.32	37.29	38.26	38.93	42.03
	T	45.44	43.6	54.21	52.57	51.3	50.88	48.13
	P	-0.17832	-0.13774	-0.07146	-0.02431	-0.02094	-0.04349	-0.04231
20T22	B	49.55	49.89	43.55	39.81	36.87	38.87	41.4
	F	40.31	40.04	44.9	47.11	49.55	48.31	46.07
	T	34.39	38.56	33.24	28.69	29.53	30.82	32.52
	P	-0.03247	-0.05131	0.116001	0.105528	0.090129	0.082515	0.042052
23T26	B	61.68	57.28	62.26	66.99	64.63	63.63	61.84
	F	40.05	39	34.81	29.56	28.55	29.55	30.42
	T	30.31	31.5	34.75	38.63	39.68	39.24	37.48
	P	-0.06378	-0.06797	0.00936	0.050896	0.088599	0.065766	0.032493
27T28	B	72.64	75.28	67.02	55.07	54.33	54.46	53.81
	F	14.45	13.36	17.71	23.75	23.91	24.33	24.3
	T	46.88	42.62	38.7	31.96	28.9	29	29.97
	P	0.184873	0.126724	0.197048	0.260528	0.239788	0.223785	0.199875

续表

		1995 年	2000 年	2005 年	2008 年	2009 年	2010 年	2011 年
29	B	23.37	25.64	28.07	30.82	31.92	31.44	30.72
	F	28.06	25.93	25.89	19.52	19.76	21.46	22.32
	T	22.18	20.87	23.87	30.15	30.07	30.12	31.79
	P	−0.07208	−0.05547	−0.00045	0.067664	0.083036	0.072132	0.052718
30T33	B	72.64	75.28	67.02	55.07	54.33	54.46	53.81
	F	14.45	13.36	17.71	23.75	23.91	24.33	24.3
	T	87.09	88.64	84.73	78.82	78.24	78.79	78.11
	P	−0.41107	−0.43582	−0.34989	−0.22561	−0.21954	−0.217	−0.21302
34T35	B	46.88	42.62	38.7	31.96	28.9	29	29.97
	F	23.37	25.64	28.07	30.82	31.92	31.44	30.72
	T	70.25	68.26	66.77	62.78	60.82	60.44	60.69
	P	−0.17443	−0.12676	−0.07974	−0.00868	0.023159	0.018738	0.005754
36T37	B	28.06	25.93	25.89	19.52	19.76	21.46	22.32
	F	22.18	20.87	23.87	30.15	30.07	30.12	31.79
	T	50.24	46.8	49.76	49.67	49.83	51.58	54.11
	P	−0.047	−0.04101	−0.01618	0.085204	0.082583	0.068872	0.074569
Total	B	48.12	50.63	48.04	39.61	39.13	40.17	40.12
	F	27.18	24.98	28.23	34.17	32.55	32.62	32.59
	T	75.3	75.61	76.27	73.78	71.68	72.79	72.71
	P	−0.15242	−0.18667	−0.14366	−0.03975	−0.04845	−0.05537	−0.05524

注：Total 代表全部行业，B 代表后向参与度，F 代表前向参与度，T 代表总体参与度，P 代表地位指数。

资料来源：根据 WTO-OECD TiVA 数据库相关数据计算得出。

尽管我国在全球价值链中的地位偏低，但是相对而言，我国在基本金属制造（27T28）、其他机械与设备产品（29）、交通设备（34T35）和其他制造、回收利用等行业（36T37）具有明显优势，分工地位最具竞争力，这一结果与前文通过垂直专业化水平对中国各行业的分析得到的结果是基本一致的，这些行业应该作为中国具有比较优势的产业重点关注。

第四节 基于社会网络分析方法的考察

根据上文的分析结果，中国已经深度参与东亚生产网络，并且在中间品贸易中获得的附加值在不断提高，但是中国在东亚生产网络中的绝对位置水平即附加值获取能力要低于日本，甚至不高于东盟。造成这一现象的原因除了中国部分行业国际化水平不高，产业生产为粗放型之外，还有一个重要原因就是附加值 GVC 地位指数的算法局限。简单根据 GVC 地位指数测算结果得到"中国在东亚生产网络中地位低"的结论过于武断。

为了更全面地衡量中国在东亚生产网络中的地位，弥补附加值测算方法的局限，本节将从中国在东亚生产网络影响力的角度对该问题进行再一次考察。影响力也是衡量一国在复杂关系网地位的重要指标，东亚生产网络除了产品层次的生产链接之外，国家层面也呈现出复杂交织的网状关系。在这个网状关系中，行动者不一定是能动者，本节强调中国地位，主要目的是考察中国的能动性和行动力而不是单纯的被动结果，更符合社会学中强调的"能动者"概念，本节将采用社会学领域的社会网络分析（Social Network Analysis，SNA）方法，对东亚生产网络各"行动点"进行分析。

一、附加值贸易网络指数

为了更直观地反映中国在东亚生产网络中的地位，鉴于中间品贸易在东亚生产网络内部的突出地位，本节继续采用附加值数据。在借鉴 Benno Ferrarini（2013）产品内贸易指数和廖泽芳（2015）的附加值计算方法的基础上，本节提出了附加值贸易影响力指数（VTII）：

首先计算出口附加值来源国占比，即 j 国 S 行业出口附加值中来自 i 国的占比：

$$t = \frac{c_{ij}^s}{\sum_j c_{ij}^s}$$

接着计算出口附加值的国际市场份额，即 j 国 S 行业总出口附加值的全球份额（p）：

$$p = \frac{p_j^s}{\sum_j p_j^s}$$

最后得到 i 国对 j 国在 S 行业的附加值影响力指数为：

$$VTII_{ij}^s = \frac{c_{ij}^s}{\sum_j c_{ij}^s} \frac{p_j^s}{\sum_j p_j^s}, \quad \forall j \neq i$$

$VTII^s$ 越大，i 国在 S 行业在与 j 国（或世界）的附加值贸易中具有越高的主导权，在价值链中的影响力越大，地位越突出。

本节利用 WTO-OECD TiVA 数据库（2015 年）数据，计算了所有国家的总体 VTII 指数和制造业的 VTII 指数，部分结果见表 6-12。德国、美国、日本和中国与其他国家之间的 VTII 指数位居前列，表明这些国家在全球价值链中相互依存。

以中日双边附加值贸易为例，1995 年中国对日本的 VTII 指数为 0.247%，日本对中国的 VTII 指数为 0.603%，说明中国的出口附加值中来自日本的比重远大于中国对日本出口附加值的贡献，中国对日本更加依赖，反映出日本作为核心零部件提供者，中国只是作为最终产品生产者的事实。但是在 2011 年中日附加值贸易状况出现转折，中国对日本的贡献度（1.172%）开始超过日本对中国的贡献程度（1.06%），表明中国对日本的依赖程度正在降低。但是中国与美国的双边附加值贸易则呈现不同情况。1995 年中国对美国的 VTII 指数为 0.437%，美国对中国的 VTII 指数为 0.494%，相差无几，表明中国与美国之间的附加值贸易几乎是平衡的，但是在 2011 年，中国对美国的 VTII 指数为 0.729%，美国对中国的 VTII 指数为 2.167%，中国对美国的附加值贸易处于明显失衡状态，这为分析中美贸易失衡提供了新的角度。继续观察美国与日本之间附加值贸易，1995 年双边 VTII 指数平均为 2.115%，2011 年降至 0.68%，美日之间从附加值贸易角度看相互依赖性正在逐步衰减。

从全球角度看，主要贸易国家的 2011 年 VTII 指数较 1995 年均有不同程度提高，一方面是由于全球贸易附加值的提高，另一方面说明各国之间相互依赖程度加深。美国作为全球最大的消费市场，对中国、日本、德国等主要贸易国家均保持较高的 VTII 指数，意味美国处于全球价值链的核心和主导地位，在附加值的利益分配中更占优势。而中国近年来对日本、德国等部分主要贸易国家 VTII 指数的提高，突出说明中国在全球价值链中影响力的提高。

表 6-12　部分国家 VTII 指数　　　　　　单位：%

国家代码 i	国家代码 j	1995 年 VTII$_{ij}$	2011 年 VTII$_{ij}$	国家代码 i	国家代码 j	1995 年 VTII$_{ij}$	2011 年 VTII$_{ij}$
CHN	JPN	0.247	1.172	JPN	CHN	0.603	1.06
CHN	USA	0.437	0.729	USA	CHN	0.494	2.167
JPN	USA	1.779	0.632	USA	JPN	2.431	0.728
CHN	DEU	0.127	0.572	DEU	CHN	0.132	0.405
DEU	USA	0.684	0.467	USA	DEU	0.84	0.613

资料来源：根据 WTO-OECD TiVA 数据库相关数据整理并计算得出。

二、全球附加值贸易网络整体分析

为了进一步形象地反映这些数据，本小节使用 UCINET6.0 对 1995～2011 年全球附加值贸易状况进行分析，为了节省篇幅，仅以 1995 年和 2011 年部分指标对照。

1. 密度分析

密度（Density）用来衡量某网络中各节点（N）之间的密切程度。整体网络密度等于"实际存在的关系总数（M）"除以"可能存在的关系总数"，即

$$Density = M / [N(N-1)]$$

该数值越大，表明网络之间联系越紧密。1995 年全球附加值贸易网络的整体密度为 0.921，2011 年增至 0.9418，表明世界各国的贸易关系日趋紧密。

2. 中心性分析

中心性（Centrality）是社会网络分析的核心，同时也是网络权利的量化指标。其中，度数中心度（Degree）衡量的是个体自身的交易和交往能力，该指数越高，个体的自身交易能力越强。在有向网络中，该指标可以细分为点出度（Indegree）和点入度（Outdegree），出度意味着输出，入度意味着获取。但是度数中心度没有考虑个体能否控制他人的能力。为了进一步衡量个体在网络中的地位，进一步提出"中间中心度"（Betweenness），研究一个行动者在多大程度上居于其他行动者之间，因而是一种"控制能力"指数。该指数越高，对他人的控制能力越强。

本节分别计算了各年份的上述指标，部分结果如表 6-13 所示。

表6-13　部分国家中心性分析结果

	Degree		Outdegree		Indegree		Betweenness	
	1995 年	2011 年	1995 年	2011 年	1995 年	2011 年	1995 年	2011 年
美国	14.94	12.81	12.063	8.844	14.146	11.924	8.454	6.089
德国	9.831	7.692	8.978	6.915	8.865	6.128	6.871	5.104
日本	8.665	4.416	7.906	4.265	6.685	4.417	6.846	4.713
韩国	2.9	2.853	2.396	2.920	2.538	2.745	6.846	4.782
中国	2.663	9.036	2.327	9.175	2.207	8.454	6.179	6.089

资料来源：根据 WTO-OECD TiVA 数据库相关数据整理并计算得出。

从整体水平看，1995 年与 2011 年比较，主要贸易国家的绝对指标都出现不同程度的下降，但是世界整体水平上升，意味着特别是随着发展中国家的崛起更多的国家参与到全球附加值贸易的网络中来，整个网络权利出现一定程度的分散。

美国依然是世界最大的消费市场，出度远小于入度。中国在这期间，各方面指标出现大幅度提升，表明随着中国经济的崛起，中国在全球生产网络中的地位大幅度提高。

3. 核心—边缘结构分析

世界体系理论认为，世界由三个位置（Positions）构成：核心（Core）地区、半边缘（Semiperiphery）地区和边缘（Periphery）地区，随着全球化进程的加快，各国家或地区的实力变化明显，核心—边缘结构也在不断变化。为了考察各国家的相对位置变化，本节借鉴 Van der Leij 和 Gpyal（2006）和陈银飞（2011）的方法构建"核心—边缘结构"全关联模型，用社会网络分析方法对全球1995~2011年附加值贸易网络的"位置"结构逐年进行量化分析。模型均通过与理想矩阵的相关性检验，为了进一步区分，本节计算了各参与国或地区的核心度（Coreness），如果核心度大于0.1，列为核心国家或地区；核心度在0.01~0.1列为半边缘国家或地区；低于0.01列为边缘国家或地区，并按核心度大小排列，部分结果如表6-14所示。

表6-14 1995年和2011年核心国家统计（按核心度排列）

年份	国家或地区
1995	美国、日本、德国、英国、法国、意大利、加拿大、墨西哥、韩国、中国、中国台湾
2011	美国、中国、德国、日本、韩国、加拿大、中国台湾、英国、墨西哥、澳大利亚、法国

资料来源：笔者自行计算总结。

从数量上看，核心国家数目没有变化，但半边缘国家数量增加，边缘国家数目减少，表明各国之间贸易联系日趋紧密，越来越多的国家加入全球贸易网络，全球化已经成为不可逆转的潮流；从质量上看，核心国家核心度发生明显变化：美国—加拿大—墨西哥一直是世界的核心区域，综合上文的分析，美国是核心中的核心，是附加值消费市场，其点出度一直远低于点入度，墨西哥主要承担产品制造并出口的重担；亚洲国家尽管受到1997年金融危机和2008年次贷危机的打击，但是东亚生产网络一直蓬勃发展，以日本、中国、韩国和中国台湾地区为代表的东亚生产网络在世界核心区域的地位稳步上升；德国是欧洲的核心，欧洲国家在世界核心区域地位的下降主要是受2008年经济危机打击经济复苏乏力，意大利甚至跌出了世界核心区域。

4. 可视化图形分析

为了更好地了解国际贸易结构的变革，本节利用Netdraw软件将上述分析结果进行可视化处理，部分结果如图6-8和图6-9所示。

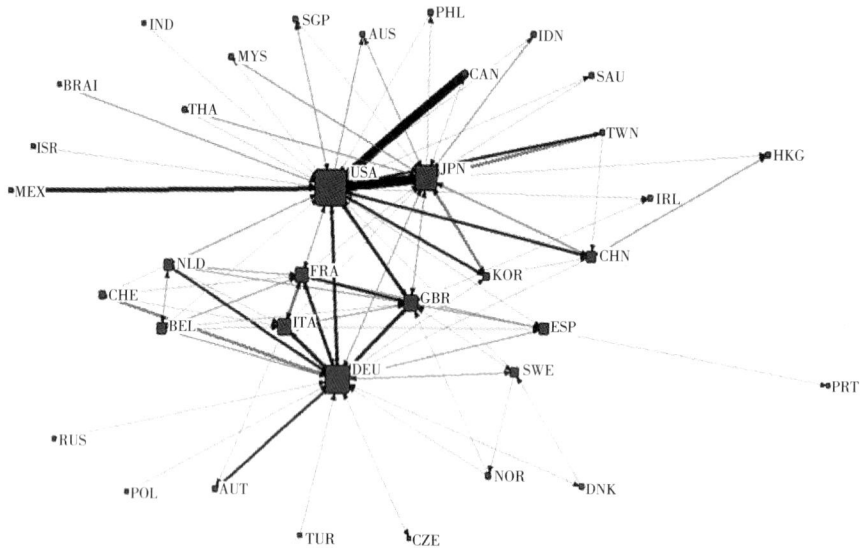

图6-8　1995年全球附加值贸易网络分析

资料来源：笔者自行计算并绘制。

为了便于区分，节点大小代表各国或地区中心度即各国或地区自身贸易能力的强弱，线条粗细代表附加值贸易联系紧密程度即影响力大小，箭头指向代表点出或点入。美国一直处于突出的核心地位，北美自由贸易区中，墨西哥作为商品生产者和组装者的地位在考察期内没有变化；美国同加拿大之间的贸易联系略有下降，与此同时，美国同中国保持相当密切的附加值贸易依存关系；中国迅速崛起，2011 年已经是世界附加值贸易的核心和亚洲生产网络的中心，在向世界各国输出的同时，点入度不断提高，反映出中国最终消费能力的提高。日本和韩国是亚洲区域的次中心。德国是欧洲区域的中心，但是与 1995 年比较，2011 年欧洲各经济体之间的贸易联系密切程度下降，反映出欧洲经济的萧条。

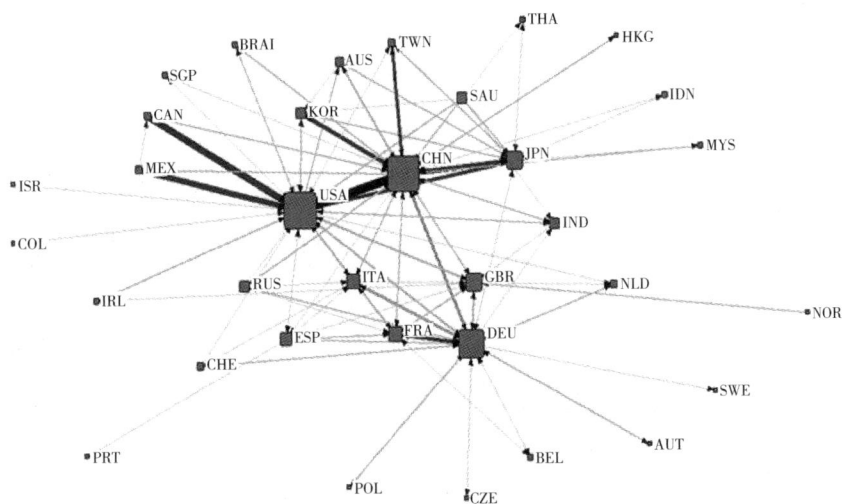

图 6-9　2011 年全球附加值贸易网络分析

资料来源：笔者自行计算并绘制。

三、东亚附加值贸易网络区域分析

采用相同的方法，本节以东亚① VTNI 指标为基础，构建东亚核心—边缘模型，继续分析东亚生产网络结构变化。仍以 1995 年和 2011 年结果做

---

① 受 OECD-WTO TiVA 数据库样本限制，本处东亚经济体包括中国台湾（TWN）、菲律宾（PHL）、中国香港（HKG）、越南（VNM）、新加坡（SGP）、韩国（KOR）、日本（JPN）、马来西亚（MYS）、柬埔寨（KHM）、印度尼西亚（IDN）、泰国（THA）、文莱（BRN）和中国（CHN）。

对照，部分结果如表 6-15 所示。

表 6-15　东亚经济体中心性分析　　　　　　单位：%

国家或地区	Degree		Outdegree		Indegree		Coreness	
	1995 年	2011 年	1995 年	2011 年	1995 年	2011 年	1995 年	2011 年
中国	1.303	4.273	1.078	4.208	1.164	2.856	0.363	0.628
日本	3.250	2.591	3.107	2.101	2.307	2.442	0.579	0.522
韩国	1.319	1.873	1.091	1.710	1.076	1.333	0.370	0.392
中国台湾	1.265	1.366	0.9	1.167	1.050	0.843	0.331	0.265
马来西亚	0.707	0.906	0.555	0.824	0.668	0.676	0.226	0.167
印度尼西亚	0.559	0.785	0.550	0.673	0.464	0.687	0.212	0.150
泰国	0.768	0.781	0.503	0.651	0.749	0.678	0.238	0.152
新加坡	0.773	0.720	0.688	0.720	0.641	0.393	0.225	0.113
中国香港	0.677	0.417	0.417	0.383	0.655	0.382	0.210	0.111
越南	0.128	0.393	0.074	0.242	0.111	0.371	0.094	0.078
菲律宾	0.312	0.282	0.173	0.230	0.312	0.236	0.136	0.061
文莱	0.051	0.054	0.040	0.047	0.025	0.013	0.080	0.020
柬埔寨	0.022	0.034	0.012	0.010	0.019	0.034	0.075	0.018

资料来源：根据 WTO-OECD TiVA 数据库相关数据整理并计算得出。

横向比较，中国、韩国、中国台湾、马来西亚、印度尼西亚、越南和柬埔寨的中心度指标均呈现增长态势，增长幅度最大的当属中国，中国的中心度指标从 1995 年的 1.303% 到 2011 年的 4.273%，归功于中国制造业带动下的经济崛起，在东亚生产网络的影响力得到极大提高。随着东盟一体化程度的不断深入，积极融入全球价值链，从两次经济危机的打击中迅速恢复，影响力得到了提高，成为未来继中国之后的新的附加值输出国。日本、新加坡、中国香港、菲律宾的中心度指数呈现下降趋势，但是原因各不相同。日本自"广场协议"之后经济进入衰退进程，且遭受 1997 年亚洲金融危机和 2011 年次贷危机的双重打击，至今复苏无望，直接拉低了日本在全球和东亚生产网络中的地位和影响力。中国香港作为亚洲金融中心在 1997 年亚洲金融危机中遭受重创，尽管近年来出现复苏，但是在以制造业为基本特征的东亚生产网络中并不具备扩大影响力的比较优势，直接导致其中心度指标从 0.677 下滑至 0.417，下降幅度将近 40%。新加坡的状况与中国香港类似。菲律宾中心度指标的下滑主要原因在于内外政局的动荡和来自东盟内部的竞争。泰国和文莱的中间度指数基本没有变化。

纵向比较来看，中国的中心度指标 2011 年为 4.273%，已经超过日本 2.591% 的水平。尽管不能武断地据此断言中国已经超过日本成为东亚生产附加值贸易网络的核心，但是可以肯定中国凭借其在强大的制造能力和广阔的国内市场基础上形成的贸易能力已经直接对日本的核心地位形成强有力的挑战，中国在东亚生产网络中的影响力与日本不相上下。但是需要注意的是，与中国出口大国的地位一致，在附加值贸易中，中国凭借制造能力和输出能力牢牢占据东亚生产网络的核心区域，节点地位不断提高，影响力不断扩大。但是从入度和出度的角度看，中国出度小于入度，处于附加值净输出地位，意味着中国尚未摆脱对于外部市场的依赖，处于被动地位。但是日本同美国一样，处于附加值净输入地位，意味着日本在东亚的地位更多的是凭借其国内的消费市场和内部强大的消费能力，在经济依存关系中处于主动地位。所以中国和日本的经济质量究竟哪个国家更高还有待商榷，经济地位的提高并不一定意味着经济质量的提高。

结合 UCINET 的分析结果（见图 6-10 和图 6-11），从整体看，东亚区域内呈现明显的网状结构，节点大小反映出东亚主要经济体自身贸易能力相差并不悬殊，但是在东亚生产网络中的影响力变化却非常明显。

1995 年东亚生产网络中贸易关系最紧密的经济体是日本—中国台湾—韩国，日本和韩国处于核心地位，中国台湾、中国和中国香港处于次区域的核心地位。日本同东盟国家建立起稳定且坚实的贸易依存联系，泰国是东南亚地区的核心，贸易网络最为广泛。

2011 年情况发生了明显的变化，贸易依存性最强的区域为中国—日本，次区域为中国—中国台湾—韩国，中国的贸易网络最广，控制力和影响力最强，中国已经走上依靠附加值拉动经济增长的质量之路。此时处于

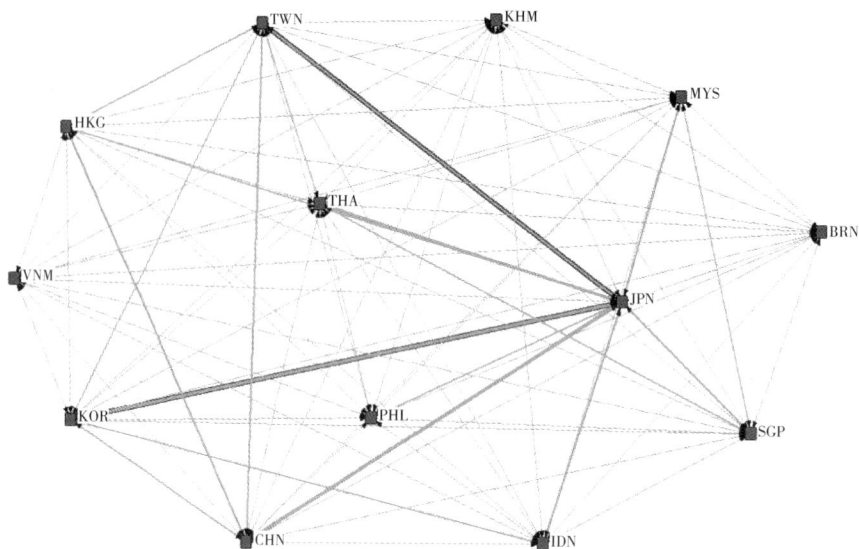

图 6-10　1995 年东亚附加值贸易网络分析

资料来源：笔者自行计算并绘制。

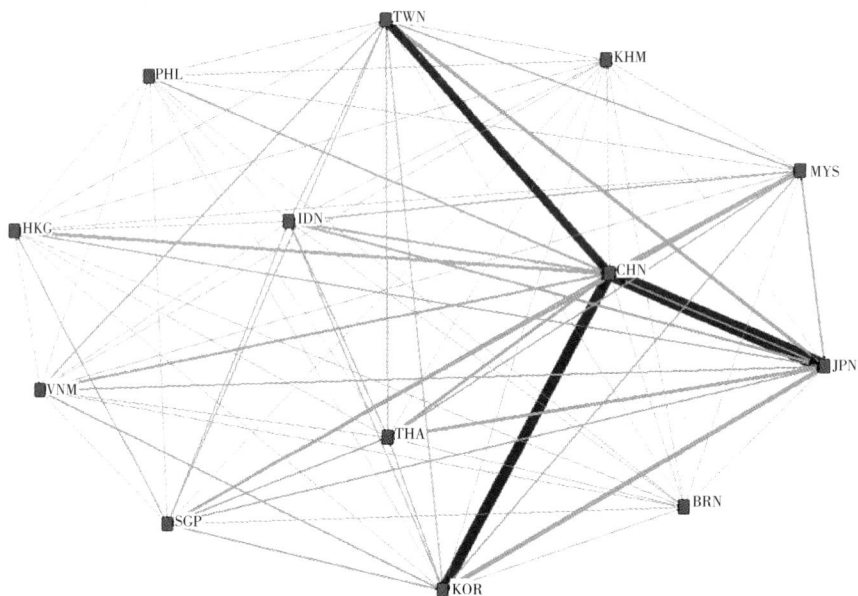

图 6-11　2011 年东亚附加值贸易网络分析

资料来源：笔者自行计算并绘制。

核心区的国家为中国、日本和韩国。尽管东盟国家的贸易联系与 1995 年相比更为广泛且影响力更高，但是并没有一个国家具有明显的比较优势形成该区域的核心，泰国、马来西亚和印度尼西亚的影响力相差无几，它们的核心度指数非常接近（见表 6-15）。中国取代日本，与东盟区域建立起稳定的贸易依存关系。尽管近年来越南经济快速增长，显现出巨大的增长潜力，但是在附加值网络中越南仅处于第三梯队，与其同一梯队的国家还有柬埔寨、文莱。说明越南等国靠产品组装等低附加值产业支撑国民经济的增长，属于数量型的粗放增长，与现在中国依靠附加值提高拉动经济增长的质量型增长并不构成本质竞争关系，所以应该理性看待目前中国制造业的海外转移。

第五节　中美贸易争端对东亚生产网络的影响

中国"世界工厂"的地位已经发生转变。依据前文的分析，中国在东亚各经济体是对美国出口附加值最高的国家。尽管近年来，中国的劳动力优势正在逐渐丧失，一些以成本为导向的低端制造业开始从中国转移，但是中国完备的工业体系和庞大的市场容量使中国在中高端制造业的优势日益凸显，特别是在东亚生产体系里中国作为东亚生产网络的生产中心和价值中心，其地位不但没有动摇反而日益巩固。近年来通过资金的双向融通，尤其是共建"一带一路"背景下大量中国企业走进东亚，东亚已经初步结成了以中国为中心的利益共同体。中美经济的结构性矛盾导致了中美贸易争端的长期性、持久性，这不但会给双方带来难以估量的经济损失，也会对东亚各成员和整个东亚生产网络带来冲击，区别只在于深浅而已。

一、短期看，中美贸易摩擦会给东亚各经济体的发展带来刺激作用

第一，中美贸易摩擦的升级很可能会掀起"东亚投资潮"。为了躲避

关税大棒，出口型加工企业加快了向东亚特别是东南亚地区的转移。一方面，部分企业加速撤离中国。根据东盟的调查，在中国运营的430多家美国企业，有1/3已经决定或已经完成迁出，东盟是首选目的地。另一方面，中国的企业"走出去"步伐也在加快。以越南为例，2018年1~8月，越南吸引的对外直接投资总额同比增长9.2%，创历史最高纪录。中美贸易摩擦的"创造效应"已经开始显现。

第二，中美贸易摩擦所带来的供应链调整是东亚价值链整体提质的契机。东亚生产网络的内生性意味着其中一个环节受影响大家都受影响。中美贸易摩擦打乱了东亚内部的贸易循环格局。供应链的重新定位和调整可能会为东盟地区带来更多的贸易流动，引发外国投资者将区域业务转移到东盟的兴趣。对中国而言，贸易摩擦会加速部分生产从中国转移到东盟低成本国家的进程。中美贸易争端所触发的国际贸易格局的新发展为东盟带来了新的机遇，也为中国企业在东盟的投资布局提供了新动力，打开了新局面。

二、长期看，东亚生产网络必受负面冲击

从贸易争端过程看，美国挑起的对华贸易争端已经向多边扩展，这使得中国不得不采取必要的反制措施，全球供应链的中断、重组难以避免，这必将拖累全球经济的复苏。一直以来，强劲的外资和稳定的出口是东亚生产网络活力的源泉。中美贸易争端升级，特别是全球保护主义盛行，将从资本外流、借贷成本增加、损害投资及缩减出口等渠道拖累东亚所有经济体。第一，外部需求不振，会导致进出口双向锐减，这会对依赖东亚区域生产网络链条的东亚各经济体的经济增长带来严重冲击。如果贸易争端持续升温，东盟将成为受全球供应链中断影响最大的地区。比如，新加坡与地区和国际供应链有着紧密联系，如果美国或中国进口商品减少10%，将使新加坡出口下跌1~2个百分点。第二，中美互征关税所导致的贸易转移效应会打击相关产品的全球市场价格，这对那些依赖大宗商品出口的东亚经济体而言，意味着不确定性的上升。第三，中国经济正在由投资、重

工业驱动向消费驱动转变，新的增长方式尽管不会马上对传统的主要服务于加工贸易的东亚区域生产网络产生挤压效应，但这一区域生产网络必然面临国家间产业布局、价值链分工和国际贸易格局的调整压力，进而影响东亚国家和地区间的经济增长。

随着中国在高质量发展之路上稳步前进，其在中高端制造业的比较优势越来越明显，同时中国还拥有庞大的高素质劳动力资源，更为重要的是，随着中国人均收入水平的不断提高，中国已经成为世界上最具潜力的庞大消费市场。产品价值链"去中国化"是完全不可能的，美国的算盘必将落空。当然，东亚生产网络的发展关键在于各成员的立场和态度。鉴于复杂的历史和现实原因，对东亚域内所有经济体而言，中国和美国都是必不可少的，因此东亚各经济体在中美之间多奉行"摇摆政策"，尽量"两头通吃"。但是中美贸易争端的长期性让夹在其中的东亚成员左右为难，既交好中国又不得罪美国的传统"两头占"策略越来越难。随着美国肆意挥霍其国际信誉的行为日渐增多，各国（地区）都对美国的出尔反尔和霸凌行径保持高度警惕。压力亦是动力，内部优势的集聚，外部政治风险的提高，的确有助于东亚经济体内部成员重新思考与中美关系的再定位。

总之，由于目前中国正处在向制造业价值链的上游攀升并转向以消费主导的经济增长模式的转型时期，因此东亚的"得"并不意味着中国的"失"。事实上，美国对东亚各经济的方方面面政策已经成为其遏制中国的"牌"。随便哪一张都会给东亚生产网络的整体向前带来动荡，如果这些"牌"以组合拳的形式出现，必将加剧中国与东亚关系的跌宕起伏。中国必须尽快完成从"被动者"向"能动者"的角色转换。我们必须扩大开放，扩大对东亚的开放，加强同东亚的全面战略合作，构建更"高级"的新型东亚生产网络，为东亚的和平、稳定、繁荣构建"压舱石"。

第六节　本章小结

东亚生产网络实质是以产品生产链为基础、以 FDI 和中间品贸易为线、以跨国企业为点、以参与国家（或地区）为面的多层次交织的区域性价值链。本章围绕东亚生产网络实质，从中间品贸易、产品价值链参与程度、参与体价值获取程度和参与国家（或地区）影响力四个方面对中国在东亚生产网络中的地位展开考察。

本章首先以零部件贸易为突破口，从东亚中间品贸易视角分析中国在东亚生产网络中地位。通过计算贸易密集度发现我国同东盟和韩国的贸易关系日益密切，但是同日本的贸易往来呈冷淡化局面，中日两国间的"政冷"最终反映到经济层面。以日本为前车之鉴，有理由推断随着"萨德"事件的升级，中国和韩国之间的贸易紧密状态未来将会出现波折。通过对中国、日本、韩国、东盟和美国四方的贸易数据进行回归，发现：东亚的"三角模式"在生产网络状态下进一步演变，以"东盟、韩国—中国—美国"的状态呈现出来，中国仍处于东亚生产网络的出口平台，但是其作为东亚市场提供者的作用日益突出。

接着本章从产品层面对中国在东亚产品价值链的参与程度进行考察。通过垂直专业化指数的计算结果，发现中国在东亚产品价值链的垂直专业化程度提高了将近40%，与东盟和韩国提高最快，与日本的垂直专业化程度出现下降，这与双方中间品贸易的状况密切相关。特别地，对垂直专业化指标进行行业分解之后发现，中国资本、资本及技术密集型行业的垂直专业化程度最高，国际竞争力最强，主要包括通信设备制造、机械制造、电器设备制造和交通运输设备制造等产业。劳动密集型行业近年呈现垂直专业化水平不断下降。

在明确中国在东亚生产网络中的生产地位之后，本章继续对中国在东亚生产网络的利益获取状况进行考察。通过附加值贸易数据分解发现，中国确实存在贸易地位与利益获得不匹配状况，从制造业看，尽管中国在东亚生产网络的参与度已跃居东亚首位，但是地位指数并不高，一方面是由于中国自身尚未完全摆脱低端属性，另一方面也受附加值测算方法的局限性所致。但从行业角度看，中国在基本金属制造、其他机械与设备产品、交通设备和其他制造、回收利用等行业的分工地位最具竞争力，这一结果与前文结论相印证，这些行业可以在国家产业政策中重点关注。

行动者不一定是能动者，中国在东亚生产网络中地位的提升是否意味着影响力的扩大呢？本章采用社会网络分析方法对中国在东亚生产网络影响力进行了考察，弥补附加值测算方法的局限，使本章考察更全面。首先定义并计算了附加值贸易影响力指数，这也成为本节东亚社会网络分析的基础和起点。接下来本章从全球网络整体网络和东亚区域网络两个角度对中国影响力变化展开研究。在整体网络研究中，发现随着越来越多的国家加入全球贸易网络，全球化成为不可逆的趋势，由此导致传统贸易伙伴关系重新排列，中美贸易关系得到强化，中日贸易依赖下降。中国的影响力大幅度提高，在世界经济中的影响力已经超过日本和欧洲。美国在世界经济中的影响力最强，是世界贸易网络的核心。在局域网研究中，中国已经占据东亚生产网络的核心区域，但是尚未摆脱对外部市场依赖的被动性。尽管日本的影响力被中国超过，但是日本却处于附加值净输入地位，在经济依存关系中占据主动。

本章最后分析了中美贸易摩擦对东亚的影响。中美贸易摩擦是影响未来世界经济发展的大事件。尽管短期对东亚其余经济体来讲是一个机会，但是从长期发展看，是负面的冲击。作为介于中美之间的"第三地带"，东亚即使希望也不可能独善其身"两头占"，这已经并将在更多领域表现出来。因此，中国和东亚必须一起努力，构建更"高级"的新型东亚生产网络，为东亚的和平、稳定、繁荣构建"压舱石"。

第七章

中国在东亚生产网络中的
地位影响因素分析

前文已经对中国在东亚生产网络中的地位从中间品贸易、产品价值链参与程度、参与体价值获取程度和参与国家（或地区）影响力四个方面进行了考察和分析，指出在东亚生产网络中，中国的参与程度在东亚经济体中居于前列，尽管尚未完全摆脱分工地位的"低端属性"和"被动属性"，但是在资本及技术密集型等行业的竞争力与日本、韩国不相上下，在东亚贸易中的影响力和行动力已经超越东亚其余经济体，并取代日本成为东亚生产网络的核心。经济实力的增强与经济地位的提升是相互促进的。研究证明，中国在东亚生产网络的地位改善，意味着主动行动能力的增强，这有助于提高产品的竞争优势，获得更多的附加值利益。中国在东亚生产网络中的地位受哪些因素影响呢？本章拟就该问题进行考察。

目前对于中国与全球或区域生产网络的研究主要围绕以下两方面展开：第一，中国在全球（或区域）生产网络中的地位及检验，如丁一兵（2013）、喻春娇（2012）、鹿朋（2007）等从总体或者分行业对该问题的研究。第二，中国与全球生产网络的相互影响，如陈建、杜薇（2007），丁宋涛、刘厚俊（2013），秦长城（2014）等。遗憾的是，上述研究尽管从理论框架和技术比较成熟，但是采用传统贸易的数据分析，有可能出现"眼见不实"的情况。近年也有学者基于附加值角度采用 WTO - OECD TiVA 数据对中国在全球（区域）生产网络中的地位重新分析，但是 WTO - OECD TiVA 数据库（2015 年）的数据目前只提供了 1995 年、2000 年、2005 年、2008 年、2009 年、2010 年、2011 年的数据，并不连贯，考察期较短。也有学者采用投入—产出技术从垂直专业化的角度利用 WIOD 数据库测度中国的全球地位和行业地位，遗憾的是，WIOD 数据库虽然时间跨度为 2000~2014 年，但是只包括世界 43 个国家（地区），亚洲只有中国、印度尼西亚、日本、韩国和中国台湾地区。综合各种因素，本节将采用技术可操作性较强且应用较普遍的垂直专业化的测度方法表征中国在东亚生产网络中的地位，并对影响中国在东亚生产网络参与程度的因素进行分析与检验。

第一节 研究假设

1. 在华外资企业的中间品进口量与中国地位

现有研究证明，以跨国公司为载体的 FDI 是一国融入全球生产网络的重要因素（李宏艳，2011；杨丹辉，2004；Balassa，1986；Kyoji Fukao，2003；等）。通过前文的 VSS 指数计算也可以发现，中国的出口中来自东亚各国的进口中间品略有上涨，进而提高了中国在东亚生产网络中的融入程度。现实中，中国的中间品进口主要是通过在华外企完成的。通过跨国公司的公司内零部件贸易和大量的外包活动（OEM），跨国公司快速地融入全球生产网络特别是东亚生产网络之中。跨国公司按照比较优势的原则，将部分零部件从东亚采购，在中国进行再加工和组装，以保证其对产品品质和成本的控制要求。因此，可以推断在华外企的跨国产业间贸易是促成中国东亚生产网络地位提高的因素之一。但是鉴于在华外企的中间品进口数据难以获得，所以本处参考喻春娇（2010）的做法，用中国的中间

品进口数据代替在华外企的中间品贸易数据，原因在于外资企业的中间品
贸易已经占据我国全部加工贸易的81.86%（喻春娇，2010），因此这一做
法具有合理性，并不会影响最终的结论。本书采取 BEC 分类方法①，将中
国与东亚国家的贸易数据重新整理计算，部分结果如表7-1所示。

表7-1　1997~2010年中国与东亚主要经济体中间品进口额

单位：十亿美元

	1997 年	2000 年	2005 年	2009 年	2010 年
日本	1698900000	30100000000	69100000000	90200000000	115000000000
韩国	941300000	18600000000	55500000000	81500000000	98700000000
印度尼西亚	154200000	2930000000	4590000000	7510000000	8050000000
马来西亚	186000000	4170000000	16500000000	25200000000	38300000000
菲律宾	47400000	1250000000	9760000000	7410000000	9980000000
新加坡	263900000	3010000000	10200000000	10000000000	15100000000
泰国	113600000	3170000000	8180000000	12400000000	17400000000
越南	48900000	74126825	298000000	1090000000	2340000000

资料来源：根据 UN comtrade 数据库数据整理并计算。

假设1：在华外资企业进口中间品越多，中国融入东亚生产网络程度
越高。

2. 内部市场潜力与中国地位

一般认为内部市场扩张与垂直专业化程度提高有正向关系。原因在
于：内部市场的扩张可以吸引更多的资金进入该领域形成规模经济，降低
生产成本，进而制造更丰富的产品进入垂直专业化体系。内部市场不但包

---

　　① BEC（Classification by Broad Economic Categories）即大类经济类别分类，按照国际贸易商
品的最终用途，把《国际贸易分类标准》SITC 的基本编号重新组合排列编制，分成七大类，本处
对照 SNA 体系，整理成中间品、消费品、资本品，其中中间品包括 21、111、121、31、322、42、
53、22。

括现有市场容量还包括扩张速度即增长潜力。一般对于市场容量的测度主要有两种方法,利用双边绝对 GDP 量 (喻春娇,2010;等等) 和双边 GDP 增速 (李东阳,2015;等等),本处旨在考察双边市场潜力对于垂直专业化的影响程度,因此采用第二种方法,利用双边 GDP 增速差值 (绝对值形式) 衡量内部市场的扩张能力,经验表明市场扩张速度越快,越有助于跨国公司在更广阔的空间从事生产经营活动,进而带动区域内生产网络的发展。

假设 2:内部市场扩张速度越快,中国融入东亚生产网络越高。

3. 区域影响力与中国地位

本处将以区位优势代替区域影响力。按照国际生产折衷理论,区位优势不但包括不可移动的要素禀赋所产生的优势,如资源丰富、地理位置便利等,而且包括一国的政治条件和经济制度。本处所指的区位优势主要从经济视角考虑,忽略制度因素,制度因素将在后文市场自由程度考虑。一般而言,一国的经济发展水平与区位优势密切相关。我国与东亚生产网络的关联是在已经证实的"FDI—贸易关联"的前提下,依靠跨国公司的所有权和内部化优势以及充分利用东道国的区位优势的结果,独特的区位优势是中国对外资的主要吸引力之一,也是我国参与东亚生产网络的重要因素。预期我国相对区位优势越大,越有利于我国参与东亚生产网络。对于区位优势的衡量主要有两种方法:一种是以工资水平差异来衡量 (刘钧霆,2015),另一种是 Balassa 和 Bauwens (1998) 提出的相对 GDP 衡量方法,即

$$LAC_{ijt} = 1 + [w \times ln(w) + (1-w) * ln(1-w)]/ln2$$

其中,$w = GDP_{it}/(GDP_{it} + GDP_{jt})$,i 指中国,j 指东亚各经济体,t 指年份。

本节采用后一种方法。

假设 3:区位优势越大,中国融入东亚生产网络的程度越高。

4. 市场经济环境 (制度因素) 与中国地位

FDI 对东亚生产网络的垂直专业化具有重要影响。中外学者的研究已

经证实制度因素对 FDI 和贸易流量具有显著的正相关作用（Fathi A. Ali、Norbert Fiess 和 Ronald MacDonald，2010；Delios 和 Henisz，2003），有学者认为制度因素比经济因素对 FDI 的影响更大（鲁明泓，1999；潘震，2006；周建等，2010）。对于制度因素的衡量目前没有统一的标准，主要做法有三种：一是以全球治理指标（World Governance Indicator）中的一项或几项代替（李东阳、鲍洋，2015；Maryanne Grieg-Gran，2002；等）。二是以某一项或几项宏观指标代替，如 Fathi A. Ali，Norbert Fiess 和 Ronald MacDonald（2010）以产权保护水平指代制度因素，或是 Agnes Benassy-Quere，Maylis Coupet 和 Thierry Mayer（2007）以清廉指数指代制度因素。三是以经济自由度指数来表述市场经济环境的制度因素，如韩东（2015）、尹晓慧（2011）等。经验表明，经济自由度越高的国家往往拥有持续的外资流入和贸易的繁荣。本处将采用第三种方法，以综合性和认可度较高的全球经济自由度指数①来表征市场经济环境的制度因素，同时参考李东阳（2015）的做法，以东亚国家与中国的经济自由度的比值来衡量东亚区域内经济自由的相对水平。

假设 4：经济自由程度的提高有助于提高中国在东亚生产网络的参与水平。

5. 外部市场需求与中国地位

东亚生产网络具有明显的外向型特征，中国经济对于出口的依赖并没有减弱。东亚内部的贸易转移效应一直存在。如图 7-1 所示，1997 年至今，美国从中国进口占其东亚进口比重上升的同时，东亚其余国家在美国的进口量占比逐年下降，主要原因在于美国把从东亚其余国家的进口转向中国，推测国际市场需求的变化可能会对中国在东亚生产网络中的地位产生影响。因此，本处以美国从东亚其余国家（除中国外）进口占其从东亚总进口的比例来描述外部市场需求变化。该比例提高预示挤掉了部分中国

---

① 全球经济自由度指数由《华尔街日报》和美国传统基金会发布，涵盖 155 个国家和地区，分为货币自由度、贸易自由度、劳工政策等 10 个大类 50 个指标。

的总出口，外部市场需求量下降。

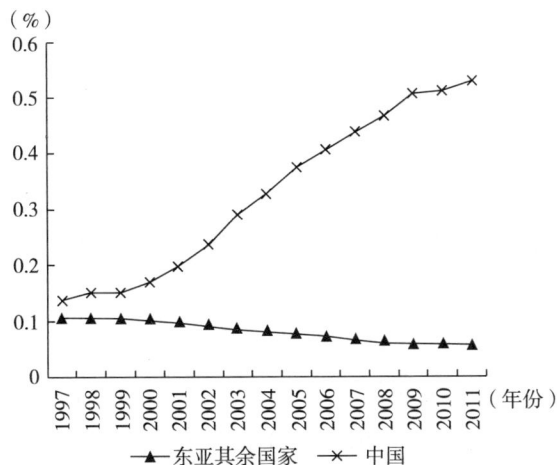

图7-1 1997～2012年美国在东亚地区进口变化情况

资料来源：根据UN Comtrade数据库数据整理并计算。

假设5：外部市场需求的提高会提高中国在东亚生产网络的地位。

表7-2 变量符号、名称及数据来源说明

	变量符号	变量名称	数据来源
国家宏观层面	Reginal，REG	区域影响力	WB-WDI
	Environment，ENV	市场环境（制度因素）	Heritage Foundation
市场层面	External，EXT	外部市场需求	UN Comtrade
	Market，MAR	市场容量	UN Data
产品层面	Import，IMP	中间产品进口量	UN Comtrade

另外，FDI也是影响垂直专业化分工的重要因素，但是许多文献都对此进行了检验，如深尾、一户和伊都（2003），刘钧霆（2015）等的研究均证明东亚地区的外国直接投资对东亚的产业内贸易的促进作用，在此本书不再对这一因素做出考察。

第二节　模型检验

一、模型设定及方法选择

由于本书首先构建以下计量模型：

$$VSS_{it} = \beta_0 + \beta_1 REG_{it} + \beta_2 ENV_{it} + \beta_3 EXT_{it} + \beta_4 MAR_{it} + \beta_5 IMP_{it} + \mu_{it}$$

其中，t 为时间，i 为国家，μ 为误差项。

本处拟采用面板数据模型估计，因为数据来源不统一导致起止时间不一致，为了达到时间的连续性，样本期为 2002~2011 年，模型中的 VSS 指数来自前文的计算。模型采用 Eviews 6.0 软件对所有数据进行回归操作。

二、实证检验

1. 数据系列平稳性检验

为了检验面板数据的平稳性，首先进行单位根检验，结果如表 7-3 所示。

表 7-3　单位根检验结果

	VSS	REG	ENV	EXT	MAR	IMP
LLC	-4.0305**	-2.70323**	-6.71434**	-1.35369***	-5.02597*	0.2041
IPS	-1.36879**	2.17843	-3.74588**	1.39309	-2.65899*	-0.6395
ADF	27.5826**	9.65788	44.2134*	13.1144	34.1186*	24.6206***
PP	24.4305**	3.61250	56.1219*	30.5156*	33.9082*	21.6505

注：*、**、***表示在 1%、5%、10%的显著水平上拒绝原假设。

由基于 LLC、IPS、ADF 和 PP 四种方法的单位根检验结果得知，面板数据的部分序列值是不平稳的，不能直接进行回归分析，考虑到所用面板数据大多是比值，所以采用对数形式再次进行单位根检验，结果如表 7-4 所示。

表 7-4　对数形式单位根检验结果

	ln vss	ln reg	ln env	ln ext	ln mar	ln imp
LLC	-6. 22116*	-6. 11249*	-6. 36113*	-4. 72019*	-6. 41618*	-4. 30596*
IPS	-2. 11435**	-2. 34768*	-3. 92593*	-1. 79962**	-3. 30592*	-2. 41753*
ADF	34. 7050*	34. 1185*	45. 68*	28. 7390**	39. 3947*	39. 3372*
PP	35. 3964*	48. 1813*	56. 1404*	41. 9553*	39. 0720*	39. 6626*

我们可以判定经过对数变化后的所有面板序列为平稳序列，可以用于回归分析，将回归方程变为：

$$\ln vss_{it} = \beta_0 + \beta_1 \ln reg_{it} + \beta_2 \ln env_{it} + \beta_3 \ln ext_{it} + \beta_4 \ln mar_{it} + \beta_5 \ln imp_{it} + \mu_{it}$$

2. 协整检验

由于 Johansen 检验要求的面板年度数据越长越好，本模型采用的是 2002~2011 年的数据，受此限制，本书拟采用 Pedroni 检验和 Kao 检验对面板数据进行协整检验。结果如表 7-5 所示。

表 7-5　协整检验结果

检验方法	检验假设	统计量名	统计量值（P 值）
Kao 检验	H0：不存在协整关系 $\rho = 1$	ADF	-0. 2929（0. 0172）*
Pedroni 检验	H0：$\rho_i = 1$ H1：$(\rho_i = \rho) < 1$	Panel v-Statistic	-0. 3233（0. 0152）**
		Panel rho-Statistic	0. 09474（0. 0125）*
		Panel PP-Statistic	-4. 4497（0. 0000）*
		Panel ADF-Statistic	-1. 4237（0. 0306）**
	H0：$\rho_i = 1$ H1：$\rho_i < 1$	Group rho-Statistic	3. 5967（0. 0988）***
		Group PP-Statistic	-7. 5088（0. 0000）*
		Group ADF-Statistic	-3. 88697（0. 0001）*

注：*、**、***表示在1%、5%、10%的显著水平上拒绝原假设。

从检验结果看出，面板序列存在长期协整关系，可以进行回归分析。

3. 模型面板的选择

在确定模型形式时，根据 Hausman 检验结果伴随概率（prob. = 0.0000），本书使用固定效应模型。实践表明，随着时间的推移，影响垂直专业化程度的因素也会发生变化，所以本书采用 POOL EGLS（period weights）方法。为了确定模型形式，本书计算了变系数、变截距和不变系数三种形式的残差平方和，以便进行 F 检验来进一步判断模型形式，检验结果如表 7-6 所示。

表 7-6　F 检验结果

变系数	变截距	不变系数
R-square　0.998735	R-square　0.9094	R-square　0.84
Sun squared resid　2022.045	Sun squared resid　4893.3479	Sun squared resid　9980.8471
DW stat　1.3608	DW stat　2.2435	DW stat　1.8955

本书 N=8，k=5，T=10；

F_2=2.9988>F（0.95，42，32），拒绝不变系数模型；

F_1=1.2882<F（0.95，35，32），接受变截距模型。

在此基础上，得到本书的估计结果（见表 7-7）：模型整体可信度较好，并不存在明显的多重共线性，各解释变量系数均显著。

表 7-7　影响因素回归结果

解释变量	系数	T 值	P 值
c	-14.39931	-14.0607	0.0000
EXT	-0.050052	-1.3956	0.0016
MAR	0.3848	3.1558	0.0024
IMP	0.54815	10.56984	0.0000
REG	0.099371	-2.4430	0.0173

解释变量	系数	T 值	P 值
ENV	1.349642	−14.06007	0.0000
Fixed Effects（Period）			
2002 年	0.567030		
2003 年	0.020936		
2004 年	0.329431		
2005 年	0.061594		
2006 年	−0.157812		
2007 年	−0.319720		
2008 年	−0.257085		
2009 年	−0.469224		
2010 年	−0.39942		
2011 年	0.624791		

$R^2 = 0.909466$，DW stat $= 2.2435$，F−stat $= 46.64044$，P $= 0.00000$

第三节　检验结果分析

由估计结果可以得出以下结论：

第一，反映中间品进口量的系数为正，表明中间品的贸易量会直接带动垂直专业化水平的提高，与预期一致，中间品进口量增加 1%，将会使垂直专业化程度提高 0.55%。反映出东亚生产网络不管是对内还是对外都表现出对贸易极强的依赖性，同时贸易量的增长也会增强东亚生产网络的内部凝聚力。

第二，反映区域影响力的系数为正，表明区域影响力即中国区位优势的充分发挥有利于提高中国与东亚的垂直专业化分工。中国人均收入的提高有利于提高中国的消费能力和生产能力，进而加大对于东亚产品的市场吸引力。还有一个方面的原因在于人均收入的提高带动工资上涨，东亚部分国家的低成本优势显现出来，在一定程度上又会加大对于东亚中间品的需求。所以，区位优势越大，中国在东亚生产网络中的地位越高，这与我们的预期是一致的。

第三，反映外部市场需求的指标系数为负，表明美国从东亚其余国家的进口减少1个百分点，中国与东亚的垂直专业化程度会提高0.05个百分点，与预期相符，也与大多数学者研究结论一致。这一事实也从侧面反映出中国作为"世界工厂"，与区域内其他国家除了合作关系外，竞争的成分也日益凸显。

第四，反映市场容量的指标系数为正，这一点虽然与喻春娇（2010）、刘钧霆（2015）等的结论不一致，但是与预期一致。主要原因在于喻春娇等以 GDP 存量代表市场容量，而本书以 GDP 增速相对值来描述市场的增长潜力，随着一国潜在的规模经济和增长潜力被挖掘，对国外产品的需求必将随之增加，这一点是符合经济理论的，并且这一系数的绝对值高于表征外部需求的系数绝对值，表明在中国与东亚垂直专业化分工方面内部市场扩张的拉动作用大于外部需求的拉动作用，一方面表明东亚生产网络的内部凝聚力已经出现，具有一定的内部稳定性，对于外部市场需求的依赖正在减弱，这是好的趋势，同时也与雷达、雷昭明（2014）的研究结论相吻合；另一方面说明东亚各国之间尽管存在竞争，但是更应该共谋合作，共求发展。

第五，表示制度因素的指标系数为正，表明各国营商便利化的提高极大地拉动了中国与东亚生产网络的垂直专业化分工，与预期一致。经济自由程度的提高、良好的市场制度和营商氛围会减少产品的流通成本、生产成本和一系列附加成本，便于外国商品的进入，对垂直专业化分工和中间产品贸易具有正向作用。

第四节　若干启示

当今世界正处于"百年未有之大变局"①。于中国而言，在新时代的强国之路上我们的步伐前所未有的坚定，但是面临的国际环境也前所未有的复杂：前有"棒杀"，后有"围追"，同时还要面对国际治理规则的不公甚至缺失。于东亚而言，尽管该地区有自己独特的发展路径，有活力有张力，但是也面临前所未有的挑战：一方面美国要求东亚各经济体在中国问题上选边站队，另一方面，东亚地区内部的竞争越来越激烈，尽管这是东亚一直以来难以彻底解决的"顽疾"。然而依据本章的测算分析，只要抓住机会，面对现实的挑战，找到解决问题的"金钥匙"，东亚地区合作带来的现实收益会远远大于竞争带来的短期利益，前景会越来越光明，东亚距世界舞台的正中央会越来越近。

一、治本之策：坚定不移走高质量发展之路

中国区位优势的发挥有利于提高国际地位。中国作为当今世界第二大经济体、第一大工业国、第一大货物贸易国以及 120 多个国家和地区的最大贸易伙伴，全球范围内主要贸易投资安排都绕不开它。在未来相当长时间内，多数国家特别是东亚成员仍会倚重中国巨大的消费市场和对外投资，希望搭乘我国发展的"顺风车"，不会完全"舍我而去"。我国应抓住并用好重要窗口期，布好局，走好棋。

要固内就要构建推动高质量发展的体制。面对当前复杂的国内外形势，最关键的就是要保持定力，办好自己的事情。中国的持续稳定健康发展是成功应对一切国内外复杂挑战的"金钥匙"。我们要坚定不移地深化改革、扩大开放，稳步推进供给侧结构性改革，激发财富创生机制，完善

---

① 习近平总书记在 2018 年 6 月中央外事工作会议上提出了一个重大论断，即"当前中国处于近代以来最好的发展时期，世界处于百年未有之大变局"。

市场体系，增强创业活力；尤其需要强调的是，虽然我们面临的困难增多、挑战更大，但必须避免两个误区或者两种倾向。一是要避免那种试图通过大规模需求刺激促进增速回升的老路。二是要避免因为面临的风险挑战增多而放松或放慢改革、放慢开放的倾向。当前和今后一个时期，只要我们保持头脑清醒，坚定不移推进改革、扩大开放，就一定能够更加充分地发挥我们自身所具有的有利条件和有利因素，就一定能够在转型发展、高质量发展方面取得更大的成就。

当前通过深化改革完善高质量发展的体制环境需要做的事很多，但在以下五个方面应该快速突破：

一是要进一步转变政府职能，着力完善有利于资源优化配置和结构优化升级的社会环境。最重要的，就是要进一步减少政府对经济活动特别是产业升级方向、方式以及产业优胜劣汰与重组等的直接干预。转向高质量发展阶段，经济增长将更多依靠创新，技术进步和产业发展方向将会面临更大的不确定性。什么技术、产业和企业更有发展前景，什么技术、企业、产业需要淘汰，都只能通过市场竞争来检验。政府过多的直接干预，不仅会扭曲市场信号、降低市场效率，也会造成新的损失、积累新的风险。政府的作用，要更多转向制定功能型社会性支持政策，切实完善社会保障制度，防范和化解财政金融风险，为市场作用的发挥创造更好的社会环境。

二是要根据实际情况变化，及时更新和提高质量、环境、安全标准，并严格执行。必须承认，当前在不少行业，国家标准过低和执行不严格，是比较突出的问题。通过环境、质量、安全等技术标准实施社会性规制，保护公众利益，既是政府职责所在，也是形成倒逼机制，实现优胜劣汰和促进产业升级的有效途径。

三是要着力构建优质优价和优胜劣汰的市场环境。从供给侧来讲，推动高质量发展的关键，就是要大幅度提升产品和服务的质量。而在市场经济条件下，企业创新和提升质量的根本动力在于优质优价、优胜劣汰，政府作用的着力点，也应当放在这里。这既包括通过相关行政和司法机构依法依规实施更加严格的市场监管，也包括充分发挥和利用好各类信用信息平台和市场化社会化的检验检测认证认可等中介服务机构在消除信息不对称、促进和强化市场竞争方面的积极作用。

四是要进一步完善促进创新发展的制度环境。创新对于推动高质量发展的重要性不言而喻。所以下一步需要进一步改革教育体制，培养更多创新创业型人才和工匠队伍；进一步改革科研项目立项管理制度和科技成果评价激励制度，促进产学研更好地结合和成果转化；进一步改革政府监管和政府采购制度，为各类市场主体创造更加宽松和公平的市场竞争环境；进一步加大知识产权保护力度，规范市场竞争秩序，等等。

五是要切实加快对支撑高质量发展、提升经济整体活力和竞争力至关重要且具有基础性的一些重点或重大改革，包括土地制度、国资国企、金融财税、社会保障、干部制度改革，等等。

高质量发展的关键在于创新。但是众所周知，创新的难度极大，失败率极高。在众多创新方式中，最容易的恐怕就是学习，学习前人的知识、技术、做法、经验乃至教训，兼收并蓄，为我所用，可以极大地降低创新成本，提高创新效率。因此，必须继续下大力气扩大开放，快速改善营商环境，大幅提高我国对全球贸易投资的吸引力。其实，中国引进外资已连续25年居发展中国家首位。这证实了中国具有吸引外商的独特魅力。引进外资，大大推动了中国全球化的发展，世界共发展，全球一家亲的局面已然形成。在全球化的背景下，一个投资者带来的不仅仅是钱，更是一个生产要素包。这个生产要素包除了钱以外，更是技术、生产组织、市场销售，可能还有很多管理，还有很多技术诀窍，所以说在全球化的进程中，各国都想吸引越来越多的投资者。国务院发展研究中心2008年的一项调研报告显示，外商投资企业到中国来的目的和所开展的活动和改革开放初期比发生了显著变化。越来越不把中国作为一个低成本的出口基地，而是作为一个大市场。以此为导向，越来越多的企业把研发中心、地区总部放在中国。这个变化对于中国这个东道国来说无疑是积极的，因为它会带来人才，会带来很强的创新方面的溢出效应。这对于我们建设一个创新型的国家毫无疑问是一个机遇。党的十九大之后，中国在全面扩大开放方面力度空前，但是种种迹象表明我们也全面提高了引进资金的标准，因为高质量发展的阶段，引进的投资不仅是原来劳动密集型的，更要技术含量越来越高，新时代"引资""引技"和"引智"要更好地结合起来，也只有这样，才能保持经济的高质量发展，不断增强"经济引力"，才能不断增强世界各国特别是东亚对中国"向心力"增强的"势"，扬"百年未有之大变局"之利，化"百年未有之大变局"之弊。

二、重中之重：加快推进与东亚成员的规则"大融合"

东亚整体贸易量的增长会增强地区内部凝聚力。随着中国逐渐逼近高收入国家，中国的消费能力也越来越大。因此，东亚地区有巨大的贸易潜力。麦肯锡（McKinsey）预测，印度的中产阶级数量将从 2005 年的 5000 万人增长到 2025 年的 5.83 亿人。仅印度、中国和东盟国家的中产阶级预计数量，就使发展中的东亚成为世界上市场增长潜力最大的地区。东亚将成为机会的中心，同时在某种程度上，也将成为地区和世界不稳定性的中心。所以东亚要应对挑战、迎接机会，就需要更大力度的开放和合作，使目前的地区架构能更加迅速及时地应对未来挑战。东亚的地区经济架构需要为东亚做好准备，使其更加融合、开放和日新月异，同时更好地应对挑战。

不可否认，依照传统的东亚"两头在外"模式，以单一发达国家地区为出口地，东亚各经济体之间一定存在激烈的竞争，获益的只能是买方，所以东亚必须增强内部凝聚力，构建新的发展路径。东亚离不开中国，中国也离不开东亚，大家应该团结一致，共谋合作，共同发展。为此，中国作为东亚中心，应该致力于把"中心—辐条"的安全架构升级为"网状"安全架构，构建"东亚利益共同体"。应该勇于作利益置换，对域内国家展现更多诚意，尤其注意保持平等姿态。中国应该按照"整合—升级—联动"逻辑，加快推进东亚互联互通，加速实施我国自由贸易区战略，争取尽早实质性结束 RCEP 谈判，继续推动相关方就亚太自贸区（FTAAP）谈判的时间表和路线图达成共识，中期可将 RCEP 扩容升级作为我国巩固周边合作引领地位的战略重点。用好 G20、APEC 等多边合作机制，加强我国在经贸议题设置、争端机制解决以及成果项目落实中的支柱性作用。

三、当务之急：努力提升我国参与引领东亚治理的能力和水平

制度因素对东亚生产网络的发展、中国地位的提高具有正向作用。必须承认，东亚令人瞩目的经济成就是建立在一个相对稳定的地区安全环境基础上的。建立在东亚网状生产网络基础上的东亚安全架构具有两个显著的特点，开放（消除内部壁垒但是不排除外来者）和多边合作。通过开放和多边合作，东亚获益匪浅，特别是域内中小国在由大国（中国、日本、韩国和美国）参与的安全框架中获得外交中心地位，以东盟为代表，"中心—辐条"结构成为东亚安全架构最主要的特征。2008 年之后，全球经济复苏乏力和保护主义盛行驱动东亚国家（和地区）进一步对区域经济一体化和联动性做出承诺，但是一个更具民族主义倾向、更封闭、奉行"美国优先"政策的美国政府使东亚地区经济和贸易环境中的不确定性陡然上升，对东亚未来的地区建设产生了巨大挑战，也对该地区现有机构的效力和可靠性施加了巨大压力。

东亚的地区建设正遵从着"从边缘到中心"的演进逻辑，考虑到中国的崛起，更是如此。东亚的强劲发展为该地区乃至全世界提供了难能可贵的机会，这使加强东亚目前的经济和安全架构显得尤为重要。东亚的持久和平、稳定和繁荣需要东亚大国（日本、美国、中国和印度）和小国"团体"（东盟）继续保持目前"中心—辐条"式的协调网络。更重要的是，大国必须支持东盟及其相关机构和协议、亚太经贸合作组织，这些机构、组织或协议都秉持开放合作的区域精神和安全多边主义等原则。可以说东亚令人瞩目的经济转型是建立在一个相对稳定的地区安全环境基础上的。中国、日本和美国对该地区的影响意味着目前的架构，加上由对话、协商、共识、不干涉原则共同组成的"东盟方式"，仍然是管控东亚多变安全格局的最有力的地区手段。

中国可以在东亚安全架构领域主动有所作为。中国要继续夯实亚太自贸区，争取让亚太自贸区成为我国主导贸易投资规则体系的"试验田"，而不是让美国、日本、欧盟主导的贸易投资规则体系有机会在亚太自贸区做大做强。还需加快完善我国参与引领东亚治理的配套设施和体制机制建设，着力强化涉外贸易投资规则谈判队伍和新型智库建设。

第五节　本章小结

本章采用技术可操作性较强且应用较普遍的垂直专业化的测度方法表征中国在东亚生产网络中的地位，并对其影响因素进行分析与检验。检验结果表明，中国在东亚生产网络中的参与程度与双方市场容量、中国区域影响力和贸易便利化高度正相关，同外部市场需求负相关且显著。这一结果对思考中国应如何提高在东亚生产网络中的地位具有启示意义。

第一，区位优势越大，中国在东亚生产网络中的地位越高。中国应继续以经济建设为中心，人均收入的提高有利于提高中国的消费能力和生产能力，进而加大对于东亚产品的市场吸引力，有利于中国向附加值较高的终端消费市场转变。同时人均收入的提高带动工资上涨，东亚部分国家的低成本优势显现出来，这会提高中国的海外投资需求，有利于延长中国的产品价值链，提高产品附加值，也便于中国构建主动性较强的国家价值链，实现产业升级。

第二，东亚生产网络目前仍没有摆脱外向型特征，对于市场和资金的争夺，使东亚内部的竞争日趋激烈。但是内部市场容量扩张同样有助于东亚生产网络的发展，并且作用比外部市场的拉动作用更大。这对于正确看待东亚内部竞争与合作的关系具有启示意义。东亚各经济体应求同存异，共谋合作，共求发展，特别是在近年来西方贸易保护主义盛行的背景下，增强内部市场的凝聚力的做法比为争夺有限的市场进行惨烈竞争更有利于经济的发展。

第三，在内部凝聚力方面，经济自由程度的提高、良好的市场制度和营商氛围会减少产品的流通成本、生产成本和一系列附加成本，便于外国商品的进入和东亚生产网络的发展。同时，中间品贸易的发展对东亚生产网络有较大的拉动作用，意味着东亚地区应该加快贸易一体化和投资一体化的制度建设，继续推进互联互通，这些都为东亚生产网络在国家层面合作指明了方向。

第八章

东亚生产网络重构趋势分析

中国已经处于东亚生产网络的核心位置，中国与东亚生产网络休戚相关，互利共生。东亚生产网络的动态演进会对中国战略调整与经济发展产生深远影响，但是反过来，中国也可以此为契机，主动承担责任，实现成员的互利合作，推动东亚生产网络良性发展。如何利用好中国在东亚生产网络中的影响力，实现自身产业升级和国家价值链构建的同时带动东亚各经济体经济增长、互利共赢成为中国必须要思考的问题。本章将以国际经济变化趋势为切入点，分析东亚生产网络重构趋势以及中国在其中的作用。

第一节　世界处于变革时期

目前，世界经济秩序处于变革时期，微观层次全球价值链的重构趋势和宏观层面全球经济秩序的变革，必将推动东亚生产网络的进一步调整。下文将对世界经济的变革展开详细论述。

一、全球价值链重构对东亚生产网络的影响

价值链重构是"处于价值链低中端的新兴经济体的制造企业基于创新驱动，通过积累能力、寻求能力，打破由发达国家企业主导的国际分工，立足全球配置资源，向价值链中高端发展，促使竞争格局发生结构性变化的过程。"（毛蕴诗，2016）毫无疑问，当今世界正在经历的一系列突破性新技术深刻改变了社会经济结构和全球分工模式，进而加速全球价值链重构的动态进程。虽然理论界对于我们正在经历的技术变革是否应为"第三次科技革命"存在争议，但是这场"以市场、技术、标准和要素创新为核心的新技术革命是全球价值链重构的主要驱动"是不争的事实，主要表现在以下三个方面：

（一）跨国企业组织的网络化与生态化

在跨国公司主导的全球生产分割的深化和消费者需求的个性化转变背景下，价格不再是消费者决定消费的首要因素，个性化消费需求越来越强烈，跨国公司在此背景下开始尝试满足产品功能的个性化定制，3D打印就是明显的例子。"产品—工艺—商业"模式一体化趋势明显，跨国公司通过生产系统重构提高了面对个性化、多样化市场的反应能力，但也促使企业必须对过去"自主研发+制造外包"的经典生产模式做出改变。高端制造在价值链中地位越来越突出，"微笑曲线"扁平化现象加剧，缺乏研发能力的制造业在价值链中的地位越来越低，这对以外包和低附加值制造为主的东亚生产网络必将产生巨大的冲击。如何有效破除整体性低端锁定是东亚生产网络必须直面的问题。

（二）生产分工模式精细化

"要素禀赋差异、专业化和交易效率的提升则会继续成为引发国际产业分工机理演进的主要因素"①。随着基于网络的信息技术的突破，商业模

---

① 杨丹辉.全球竞争格局变化与中国产业转型升级——基于新型国际分工的视角[J].国际贸易，2011（11）.

式出现变革，更多小众化、分散化的精细型商业模式出现。比如以大数据挖掘技术和云计算处理技术为技术支持，比沿着产业链进行的分包、转包更加分散的"众包"① 形式出现。以高德地图为例，高德地图的APP能够实时上传大量机动车的速度和位置信息，经过去噪和综合分析，就形成了覆盖率极高的实时路况信息。这就是一个典型的"众包"过程。这些数据反映出来的就是大众使用的"实时路况"功能。这些数据不是通过采样得来的，而是真真切切的"全量数据"。这一分工模式显然不适合目前东亚生产网络规模化流水线式的制造业生产。

（三）发展中国家外围化

全球产业链重构不但表现在产品生产链变革、产业组织结构变革方面，也改变了国家之间的竞争模式和结构。现代制造技术变革赋予产品更多的竞争要素。发达国家不但可以凭借新技术掌握未来产业的制高点，而且使传统制造业进一步摆脱对于劳动力和传统能源的依赖，同时在服务业的领先优势又被进一步强化。更高的技术、更人性化的服务、更高效率的生产，这使发达国家全面碾压发展中国家也不是不可能。如果不能够取得技术和市场的突破，发展中国家在"中心—外围"结构中会离中心越来越远。当价格不再是决定产品成败的唯一因素时，发展中国家能否凭借传统优势和生产模式进入新兴产业成为必须要思考的问题。

发展中国家面临来自发达国家的全面抑制只是一种可能，但是在东亚生产网络中却最早感受到这一变化。以外向性著称的东亚生产网络的源起与演进正是凭借传统的劳动力、资源等要素禀赋优势承接来自发达国家的产业转移，制造业是基石，面对来势汹汹的新技术浪潮以及发达国家重新发掘制造业优势的战略，东亚生产网络受到的冲击可想而知。

---

① "众包"指的是一个公司或机构把过去由员工执行的工作任务，以自由自愿的形式外包给非特定的（而且通常是大型的）大众网络的做法。该定义来源于百度百科。

二、全球经济"再平衡"态势对东亚生产网络的冲击

在东亚生产网络动态演进的过程中，世界的经济重心与贸易中心不断向东亚偏移。2005 年 IMF 正式提出"世界经济失衡"（Global Imbalance），认为世界经济处于两端，一端以美国为代表，拥有大量赤字，另一端以东亚尤其是中国为代表，拥有大量盈余。实事求是地看，全球经济从未处于平衡状态。目前最新一轮的世界经济失衡始于 1997 年亚洲金融危机。在此之前，经常项目逆差占美国 GDP 的比重基本低于 2%，增速也相对平缓。1997 年之后，美国经常账户逆差开始扩大，占 GDP 的比重逐年增加。21 世纪的前 10 年，美国经常项目逆差占 GDP 的比重约为 4%，2010 年之后略微下降，约为 3%。造成这一现象主要有三个方面的原因：一是美国长期推行凯恩斯宏观经济政策，造成长期依赖信贷、寅吃卯粮的消费习惯，此为经济根源；二是国际产业转移和东亚生产网络兴起背景下，导致国际生产出现时间差，即东亚国家劳动密集型产业大量出口，发达国家服务和技术出口则往往出现滞后，此为产业根源；三是以美元为中心的国际货币体系和东亚国家盯住美元的汇率制度安排，此为货币根源。

尽管这一不平衡的结局表面看起来还算不错——一方获得了高增长和高就业，另一方获得了物美价廉的商品，但是双方仍然心存愤然：一方试图摆脱对外部市场的高度依赖和分工体系下的低端锁定，另一方试图挽回所谓的"流失的就业和工作"，双方都因对方获得更多收益为由而指责不断，尝试对现有制度做出一些改变，实现某种程度的再平衡。

各国贸易救济措施增多、隐性贸易壁垒高筑，贸易摩擦的政治化、救济措施的极端化倾向明显。2008 年后美国开始审视自身的产业政策和经济政策，认为制造业的萎缩和产业空心化是导致岗位流失、贸易失衡的重要原因。于是在奥巴马主导下，美国先后抛出《重振美国制造业框架》《先进制造业国家战略计划》等一系列旨在引导制造业回归的计划和政策。这标志着美国长期坚持的开放和全球化政策开始出现转向保守主义、保护主义和单边主义。美国国内的贸易保护主义进一步抬头，量化宽松政策的退

出使资金大量回流，页岩气革命和一系列新技术的应用、消费结构的变革一定程度上减少了美国的进口。2017年特朗普宣布美国退出TPP，美国政策从多边转向双边，同时大力引导制造业回流，加大对于贸易保护的力度，一切以"美国优先"。欧洲也同样开始政策"向内转"。所以来自终端消费市场的萎缩会削弱东亚生产网络"外向型"发展模式的发展空间和潜力，同时也会加剧区域内部的竞争，这并不利于东亚生产网络的发展。

三、全球治理规则进入调整期给东亚生产网络演进带来新契机

"二战"以后，全球治理体系在组织结构方面呈现出以美国、欧洲等发达国家为硬核，以国家中心治理模式加制度安排为驱动，以WTO、IMF、WB等非国家行为主体①合作机制为支柱的特征，客观上达到一种"无政府非中性"式均衡。这样的治理体系在协调推进经济全球化方面发挥了重大的作用。但是随着全球化挑战的增多，全球治理在现实博弈中形成的"均衡"状态出现动摇，全球治理体系和规则经受着巨大挑战。尽管做出了一些调整，但是总体而言，现有的国际治理体系仍然不能有效地管理全球事务，全球治理规则也不能公平地维护世界各国的共同利益，全球公共产品供给严重不足。出现这种变化最根本的原因在于国际实力发生了相对变化——多元化的经济格局必然要求打破西方"一言堂"式的治理体系：快速发展的新兴市场国家和一大批国际影响力不断增强的发展中国家改变了传统的国际力量对比，由此，打破西方国家规则垄断、追求公平的国际规则的呼声越来越高，全球治理规则亟待走出"霸权困境"。

多方国际力量的博弈与融合使全球治理规则在世界经济"新平庸期"②面临"大分化"。目前国际规则主要有两种方向性选择：基于保护主义的

---

① 此处所指"非国家行为主体"既包括国际组织、国家集团、跨国公司、非政府组织等传统的国际关系行为体，也包括新兴的社会运动、全球公民社会、跨国游说团体和议题网络（Issue Network）、政策协调网络（Policy Network）等组织和机制。

② 国际货币基金组织（IMF）拉加德于2014年提出世界经济已经进入长期低增长即"新平庸"时代。

单边规则和基于自由主义的多边规则。第一种选择以美国为代表。2008年之后，向内转和保护主义在美国抬头，"美国优先"更是特朗普政府的执政理念，集中表现就是以"公平贸易"为由，对中国发起贸易战，退出TPP和巴黎协定，重谈NAFTA和美韩FTA等一系列严重伤害其国际领导力和公信力的举措。历史证明，单边主义绝对不可能长久维持国家利益，合作、开放与包容才是走向繁荣的秘诀。但是其单边主义的主张和双向谈判的做法会打乱东亚各经济体的团结，加重东亚地区规则的混乱，对东亚的区域一体化形成严峻挑战。

第二种选择又出现两种范式，欧洲主张的"修正"范式和中国主张的"修旧立新"范式。"修正"范式是在维护既有规则体系的前提下对不合时宜的部分做出修正，虽然可以对新兴经济体的利益诉求做出一定回应，但是从根本上来讲仍是欧洲规则的世界性拓展，离彻底的公正、公平和包容原则还差得很远。"修旧立新"范式是在对现有体系规则做出改革的同时建立新的平台和机制。这样的安排，一方面可以避免直接刺激守成大国，有利于平抑波澜，维持世界经济秩序的平顺。另一方面，可以根据世界经济政治形势变化，改革已有规则的同时建立新的合作机制和安排，顺应更广泛的发展中国家的需求。"修旧立新"有利于寻求最大公约数，既能赢得更多发展中国家的支持，又能够增加来自传统霸权的认同，两方面共促共进形成合力，尽快完成国际秩序的重塑。这种"温和"式的国际规则重塑路径对于"面条碗"密集、利益纠纷复杂的东亚一体化具有极大的借鉴意义。

四、开放性东亚地区合作给东亚生产网络带来新动力

区域一体化是功能一体化和制度一体化的集合，前者以市场为导向，后者以国家（地区）间制度安排为基础。世界三大区域性生产网络相比较来看，欧盟和北美是以制度性安排的突破强化功能一体化，但是东亚经济体的成功显然依托内部的功能一体化。从这一层面分析，基于市场的功能一体化效果是"1+1>2"，东亚奇迹即来源于此。但是目前全球市场一体化

这一看似势不可当的潮流出现了波澜。世界经济复苏乏力催生出强大的反全球化苗头，欧美更是喊出了"产业回流"的口号，全球化的红利正在逐步耗尽，国际规则面临坍塌的风险。给东亚生产网络的政治一体化带来巨大的外部压力，同时也带来了东亚内部政治主张的分裂，给东亚进一步融合带来了巨大的挑战。如何加快政治一体化，建立和健全东亚生产网络内部的全产业链和价值链，增强区域经济的内生动力和抗风险能力成为摆在亚洲各国面前的现实问题。

世界经济形势突变刺激了东亚新一轮区域一体化合作的现实需求。一般来讲，依靠内部市场力量推动的功能一体化是推动和达成贸易合作安排、走向政治一体化的主要推动力量。拥有极强内部专业化分工和凝聚力的东亚应该有足够的条件达成贸易合作安排以推动区域经济内部整合，提高国际影响力。然而作为全球经济联系最为密切的地区，东亚并没有建立统一的法条性制度约束。1995~2015年亚太地区的FTA数量增长了6倍以上，从31份增加到215份。这些小范围自贸区及各类自由贸易安排激起的"面条碗"效应，不但抬高了企业的交易成本，而且碎片化的规则也无法覆盖所有成员经济体，致使部分成员失去了参与全球价值链的机会。

建设统一的东亚自由贸易区是东亚各国的终极目标，这一点从茂物目标①可以反映出来，但是由于东亚区域内各国的经济发展水平不一且政治环境复杂，短期内一次性实现是不可能的，为了建立适合东亚区域特点的有效区域合作形态，相关国家提出了自己的方案。

（一）TPP方案

2008年之后，提出"重返亚太"战略的奥巴马宣布美国全面参与TPP建设，TPP被东亚不少国家视为实现东亚自由贸易区的现实途径，新加坡、马来西亚、日本、越南等国积极响应。2016年2月，美国等12国代表签署了TPP协议，成员国经济规模占全球经济总量的36.21%，贸易规

---

① 茂物目标由APEC于1994年确定。根据该目标，APEC中的工业经济体将于2010年、发展中经济体将于2020年实现"自由和开放的贸易与投资"。

模占全球贸易总量的 27.64%。

与其他 FTA 和现行 WTO 规则相比，TPP 被认为具有覆盖广、标准高的特点，特别是在知识产权、劳工、国有企业等传统 FTA 几乎从未涉及的条款方面。参与国尤其是发展中国家把 TPP 会员资格看作可以肆意进入美国市场的捷径，认为由此带来的贸易转移效应、贸易创造效应、规模效应、集聚效应是巨大的。根据彼得森经济研究所的估算，TPP 启动后最大的受益国不是美国或日本，而是越南。TPP 也会对参与其中的发达国家的经济复苏起到至关重要的作用。比如 TPP 中有关外商直接投资的非歧视性原则、禁止强制外国公司技术转让、削减国有企业补贴等条款有助于其更合理地配置资本、人力和其他资源，为发达国家的海外投资创造更为公平的竞争环境。

但同时风险也是巨大的。TPP 无疑影响了亚太经济的制度基准，其"无例外、宽领域、零关税"的条款对于发展中国家的敏感部门来说冲击无疑是巨大的，而且 TPP 还具有明显的打压某些经济体的政治意图。特别是美国的退出彻底改变了 TPP 命运。然而这并不意味着 TPP 彻底流产。

第一，历史表明，美国推动的区域合作安排未必会成功，但是美国的贸易规则的确在一定程度上成功地推广到了全球。事实也的确如此。目前亚太地区在谈或刚刚签署的双边和区域贸易协定几乎均以高水平开放和高标准为主要目标，如中韩 FTA、中澳 FTA 等。除此之外，中国—东盟 FTA 升级版和中国—新西兰 FTA 升级谈判等也着眼于进一步提高开放水平。2017 年 3 月 TPP 部长级会议也声明表示重视 TPP 的高标准和基本原则。第二，美国对于 TPP 的态度一直留有余地。2018 年 4 月国家经济委员会和贸易代表重新研究美国是否应该重新加入 TPP。对于东亚来说，美国是否参与对其区域合作安排有着关键性影响。一旦美国决定重新启动 TPP 进程，TPP 再度被赋予"21 世纪全球经济规则"的重任也未可知。

（二）CPTPP

鉴于美国退出 TPP，2018 年 3 月，在日本的主导下，除美国外的 11

国正式签署了 CPTPP（Comprehensive and Progressive Agreement for Trans‐Pacific Partnership）协定，即"全面进步的跨太平洋伙伴关系协定"，在 TPP 原有协议条款基础上意图推进和建设一个没有美国参与的 TPP。但是需要注意的是：

第一，美国的缺席让 CPTPP 的效力较之 TPP 大打折扣，但是 GDP 和贸易总额仍占全球份额的 13.5%、15%。而且 CPTPP 保留了超过 95% 的 TPP 条款，质量和标准得到了保证。因此，CPTPP 对遏制贸易保护主义、推进贸易自由化、引领国际贸易规则制定的积极作用毋庸置疑。

第二，CPTPP 采取"开放性加入"原则。这就意味着在规则标准降低的前提下，CPTPP 较之 TPP 对某些经济体的吸引力更大。韩国、印度尼西亚、菲律宾、中国台湾等均已表示愿意加入 CPTPP。所以，CPTPP 也是亚太经济整合的可能路径之一。尽管如此，CPTPP 仍会对中国产生负面冲击，只是相对来说，比 TPP 对中国造成的冲击要小。

第三，美国退出 TPP 所造成的"地位空缺"改变了东亚各经济体参与区域合作安排的动机，扰乱了东亚一体化的节奏。日本主导并引领 CPTPP 的行动，表明其希望能够填补美国离场造成的空缺，借助 CPTPP 迅速扩大在亚太的经济和政治影响力。韩国已经明确出表示对 CPTPP 的兴趣，这就意味着中日韩自贸区谈判和 RCEP 谈判充满变数。一旦 CPTPP 生效，中国这个亚太经济和重要核心将面临被边缘化的风险。

（三）RCEP 方案

由于 TPP 及"继任"CPTPP 的出现使东亚经济合作的前景变得不再明朗。东盟为了维持自身在东亚区域合作中的"轮轴国"地位，首倡 RCEP。RCEP 强调东盟的"中心作用"，提议在现有东盟"10+1"协议基础上针对市场准入和供应链融合问题进行更广、更深入的经济一体化。RCEP 得到了包括中国在内的不少国家的积极回应。其具有四大特点：第一，RCEP 以制造业为主，出口导向的东亚新兴经济体为主体，其规则有利于进一步完善东亚生产网络和本区域参与全球价值链；第二，RCEP 秉持开放、灵活和循序渐进的原则，照顾到不同发展程度国家的需要；第三，RCEP 立足于东盟与中国、日本、韩国、印度和澳/新的 5 个自贸协定基础，兼顾高水平目标和渐进性落实两大要求；第四，RCEP 不是综合性的自贸区整合方案，大部分参与经济体都同时进行其他双边与多边自贸区谈判，包括中日韩自贸谈判、TPP 谈判以及东盟内部一体化等。

但是尽管 RCEP 有优势，其缺陷也非常明显，主要有以下三点：

第一，作为 RCEP 基础的 5 个"10+1"协议之间差距比较大，参与国之间经济水平不一，贸易自由化立场各异，最终 RCEP 能否实现"高质量"目标将成为谈判焦点。以货物贸易为例，东盟与中国、韩国、日本、印度、澳/新分别于 2012 年（东盟新成员 2018 年）、2018 年、2022 年、2025 年、2026 年最终实现全部正常商品零关税。与此同时，日本、澳大利亚主张废除关税，开放高水平服务贸易、形成与 TPP 相一致的规则；经济开放度较低的印度则主张"关税水平应因国而异"。各方立场的分歧无疑为 RCEP 带来了不确定因素。

第二，相对 TPP 采取的"负面清单模式"，RCEP 以自由化较低的《服务贸易总协定》（GATS）正面清单和"10+1"自贸区为服务贸易谈判的基础。在现有自贸协定中，中国、日本、澳大利亚、新西兰对东盟分别开放了 33 个、85 个、164 个、116 个服务贸易子部门，所以根据现有框架推断，RCEP 最终取得的服务贸易水平可能较为有限。

第三，按现有框架设计的 RCEP 将形成以东盟为核心的"轮轴—辐条"贸易格局，在美国缺席，中国、日本不占核心地位的情况下，很难支撑亚太的经济一体化。

总的来说，RCEP 因为包括了中国、日本、印度等亚洲主要经济体，有助于亚洲生产网络一体化和融入全球价值链，体现了东亚国家企图通过掌握东亚经济一体化进程而获得东亚生产网络主导权的心理。但是由于 RCEP 以经济水平差异较大的五个"10+1"自贸协议为基础，涉及服务贸易开放程度和相关标准水平比较低，基于东盟为核心的自贸区"轮轴—辐条"结构并不具有足够的代表能力，RCEP 也很难成为未来经济规则。

（四）FTAAP（Free Trade Agreement of the Asia Pacific）

2015 年中国服务业已经占国民经济的 50.5%，占劳动就业的 43%，并且呈现加速上升的态势；2020 年服务业的 GDP 占比预计达到 58.8%，劳动就业比重预计突破 57%。为了进一步支持中国参与跨境服务贸易，知识产权、版权交易、服务贸易规则等领域将是中国未来自贸协议谈判的探索方向。在中国的推动下，2014 年 APEC 会议启动 FTAAP 进程，并确定了实现 FTAAP 的路线图。2016 年 11 月 APEC《利马宣言》提出了一系列关于 FTAAP 的重要共识。尤其是在 TPP 受挫、RCEP 先天不足的情况下，FTAAP 又为未来广域区域经济一体化描绘了光明的蓝图。目前中外学界对FTAAP 的实现路径主要有以下五种设想：

第一，在 RCEP 基础上扩容实现。这一路径是以东盟为中心的东亚一体化蓝图，自由化程度相对于发展中国家来说比较容易接受，其劣势在于基于经济水平的差异，自由化程度并不会很高，并不会代表未来经济规则的方向。

第二，在 TPP 基础上扩容实现。该路径类似于 CPTPP，优势在于当前12 个成员有较广的地域分布，地跨南北美、东北亚、东南亚和大洋洲，自贸区自由化程度较高，甚至囊括了电子商务等"21 世纪议题"。缺点是标准过高，也缺少中国、印度、俄罗斯等区域大国，并不能够真正反映本地区的重要关切。

第三，由 RCEP 与 CPTPP 合并实现。这一路径因为两份协定之间水平差异很难协调导致被认为是最不可能实现的。

第四，在 RCEP 与 TPP 的基础上建立伞状结构的 FTAAP。这一路径将形成 RCEP、TPP 和 FTAAP 并存的局面，双方成员必须在服务贸易、知识产权等领域统一标准，在政府采购、国有企业、劳工标准等内容上形成共识，弥合差异，所以谈判过程之长、难度之巨很难估量。

第五，中美签署《双边投资协定》后签署双边自贸协定（BIT），共同推动 FTAAP 的路径。这一路径取决于中美双方在经济合作的意愿。事实上，两国在 2008 年启动 BIT 谈判以来，内容已经涉及负面清单、文化产业、国家安全等关键领域。如果两国早日达成 BIT 协议，将开启一系列新的双边经贸合作，为两国共同成为亚太自贸区成员扫清障碍。但是美国总统特朗普对华政策的不明朗将给协议的达成带来变数。

第二节　东亚生产网络重构趋势

全球价值链在产品层面和企业层面的调整以及由此带来的国家层面的调整，以及技术进步导致西方"制造业回流"的可能，给东亚生产网络的未来发展带来了冲击。发达国家希望将东亚生产网络纳入其产业结构布局调整之中，亚洲国家希望东亚生产网络摆脱从属地位和低端锁定，所以一切围绕世界经济再平衡的"解决方案"都成为围绕全球价值链的管制与反管制之间的矛盾冲突。以东亚生产网络为例，它不仅向发达国家出口商品，也从其他国家和地区进口商品，这样不仅对上游市场形成了反制力量，而且对下游市场的发展具备了带动能力。可以说，目前的东亚生产网络已经不再处于产业价值链最低端。未来东亚生产网络在全球经济失衡各方力量牵扯下如何演变或许需要时间检验，但是可以根据现有线索做出一些基本判断。

一、东亚生产网络全产业链培育稳步推进，内在稳定性进一步强化

根据现代经济增长理论，一个国家进入中等收入阶段以后，生产将越来越专业化，这将导致生产效率的提高和产品多样性的减少，进而产生规模经济。根据经济地理学理论，规模经济的出现将助推产业集聚的形成。公认的是，规模经济和产业集聚是东亚奇迹的主要原因，具有比较优势的加工制造业部门的国家提供中间产品的生产供给，产生前向关联；拥有比较优势的加工制造业的国家为中间产品提供市场需求，产生后向关联；前向关联和后向关联的增强最终促成产业集聚的出现。而这正是"二战"后

东亚经济体的切身经历。根据对东亚附加值贸易的分解，东亚地区进入 21 世纪之后，在前向关联基本维持不变的情况下，后向关联大大提高，必然带动东亚生产网络内部新一轮产业集聚，同时也预示着东亚内部消费市场的形成。已经证实东亚内部的经济增长拉动了东亚生产网络的进一步发展，原因在于经济的增长和国民收入的提高会增加区域内部的消费能力，有利于培育内部消费市场的形成。东亚目前的出口贡献中，来自内部的贡献已经超过来自国外的贡献，很显然东亚生产网络已经表现出较强的内生性。以日本为例，尽管它在东亚生产网络中的影响力逐年衰退，但是其市场提供能力却不断提高。另外，随着中国的经济增长，中国在东亚的消费影响力也在增强。尽管日本在东亚生产网络中的中心地位有所改变，但是日本依然是东亚三大核心之一，中日两国之间依然呈现出极强的贸易关联和依存，这些因素都得东亚培育以内部最终消费市场为核心的区域全产业链成为可能。以上种种都使东亚内在稳定性的增强有迹可循。

二、拓宽对外贸易市场，开放性和包容性特质凸显

随着东亚生产网络内在稳定性的增强，认为中国和东亚生产网络可以独立于发达国家市场即解耦观点的学者并不少。然而从历史角度纵向看，东亚生产网络具有明显的"FDI—贸易关联"。尽管在进入 21 世纪之后，东亚"三角贸易"模式以"韩国、东盟—中国—美国"的面目呈现出来，但是从本质上看依然没有摆脱"外向型"属性。东亚生产网络与发达国家市场完全解耦并不可能。目前欧美贸易政策倾向严厉，通过资金和贸易的逆向传导给东亚生产网络带来压力，虽然内部消费能力的提高有助于缓解这一压力，但是内部消费市场的形成和培育不是一朝一夕能完成的，所以对于东亚来说，继续拓展外部市场降低，对于单一市场的依赖成为必然。按照"核心—边缘"结构模型，目前国际贸易网络中，参与经济体呈现类似"橄榄形"结构，处于"半边缘"中间地带的国家数目最多，贸易联系最频繁。尽管目前"逆全球化"思潮泛滥，但是作为具有明显外向型特征的东亚生产网络应该是开放的、全球性的、包容性的，不但有利于世界经

济的增长，更有利于自身的发展。作为世界最具活力的地区，一个包容、开放的东亚生产网络是东亚成员的责任，也是未来东亚生产网络重构的方向。

三、亚太地区经济一体化建设加快

构建东亚生产网络内部全产业链和价值链成为亚洲各国的共识，是催生亚洲地区经济一体化合作的现实需求。东亚区域拥有世界最大的工业体中国，拥有全球贸易核心区国家日本和韩国，拥有世界最密切的产品价值链，但是却没有统一的贸易协定，直接导致规则的碎片化和"面条碗"效应，不但抬高了交易成本，也直接导致经济利益的损失。实证研究也表明营商便利性的提高会带动东亚生产网络的发展，给各国的经济发展产生积极的正面影响。因此，为东亚生产网络提供统一的规则，填补目前没有统一的制度约束的空白，将成为未来东亚生产网络重构在国家层面的主要目标。正如前文分析，内部成员之间由于产业同质产生的激烈竞争，东亚地区复杂的政治博弈预示东亚生产网络的发展并不是一帆风顺的。但在紧密的生产连接和贸易联系基础上，合作比竞争更符合各成员的核心利益，东亚成员之间互利共生的意识已经成为主流，因此未来全面、系统地推进东亚经济一体化和制度化建设成为东亚生产网络重构的重要内容。

第三节　本章小结

中国与东亚互利共生。世界经济秩序处于变革时期，微观层面全球价值链的重构趋势和宏观层面全球经济秩序的变革，必将推动东亚生产网络的进一步调整。如何利用好中国在东亚生产网络中的影响力，实现自身产业升级和国家价值链构建的同时带动东亚各经济体经济增长、互利共赢成为中国必须要思考的问题。本章以国际经济变化趋势为切入点分析了东亚生产网络未来重构趋势以及中国在其中的作用。

本章分析了世界经济变革对东亚生产网络的影响。从全球价值链重构和全球经济再平衡两个角度展开分析，指出新的技术革命使跨国公司生产分工精细化、高端化和价值链"微笑曲线"扁平化趋势给传统东亚制造带来冲击，而发达国家"经济再平衡"措施和"制造业回流"战略使东亚生产网络外部市场进一步萎缩，给东亚各成员的经济发展带来压力。但是本章也注意到，开放性东亚地区合作给东亚生产网络带来契机，尽管东亚区域内各国的经济发展水平不一且政治环境复杂给良性合作带来变局，但是"合作则两利"已经成为各成员的共识。同时，本章提出东亚生产网络重构的三大趋势：在产品价值链方面，东亚生产网络内部集聚性持续增强，内在稳定性进一步强化，朝着培育东亚全产业链方向稳步前进；在贸易层面，拓宽对外贸易市场，开放性和包容性特质凸显；在内部成员关系方面，亚太地区经济一体化建设提速，为下一步的分析奠定了理论基础。

第九章

以中国之为加快推动
东亚生产网络重构

尊重规律，顺势而为。习近平总书记指出，在新的历史条件下坚持和发展中国特色社会主义必须顺势而为。这为我们处理新时代中国与东亚的关系指明了方向。中国与东亚一直互利共生，相互促进。目前中国与东亚生产网络都处于一个关键的节点：外向型发展路径受挫且内部面临经济结构的重组和转型。于中国而言，一方面结构性矛盾突出，经济结束高速度增长转向高质量发展，新的增长点亟待培育；另一方面，传统制造业的禀赋优势逐渐丧失，大量制造工厂移向东南亚等国。随着对原有产业政策和经济增长模式的反思，如何把重塑国内经济增长和有效地进行产业转移结合起来是中国高质量发展之路上必须解决的问题。

第一节　正确认识并适应中国在东亚生产网络的地位

中国已经取代日本成为东亚生产网络的最核心国家。首先，中国是东亚地区的生产核心，取代日本和"亚洲四小龙"成为生产中心和出口平台，直接改变了东亚分工关系，提升了东亚产业链的整体层次。其次，中国是东亚地区的市场核心，中国庞大的市场容量为东亚生产网络的内部集聚力提供了无限延展的空间。再次，中国是东亚最具影响力的国家，作为东亚最具贸易影响力和政治影响力的国家，中国改变了东亚生产网络的权力结构，其所展现的负责任的大国风范和务实行动直接推动了东亚生产网络内部成员的分工合作。最后，中国是东亚生产网络的"连接中心"，中国在东亚生产网络的参与程度最高，通信设备制造、机械制造、电器设备制造和交通运输设备制造等产业的竞争力最强。

这是符合全球价值链发展规律的必然结果，更是中国利用禀赋优势积极融入世界的主动选择。中国完全具备主导东亚生产网络重构的实力，我们对此应该有充分认识并加以利用。要甄别中国在东亚的产业竞争力，选择重点行业和重点区域予以扩大投资，并尽快制定开发东盟市场的系统性经营战略；对中日、中韩贸易关系的相互依赖性要有充分认识，以政治智慧和负责任的态度妥善处理双边政治摩擦；抓住亚太经济一体化和制度化建设加快的契机，提高双边贸易便利化和便利化水平，为双边贸易和投资扫清障碍。

第二节　顺势而为，合理高效地推动
国内产业向外转移

以党的十九大为标志，中国发展进入新时代。中国前所未有地进入世界舞台正中央，但也面临前所未有的挑战。

一是新时代中国面临严峻的国内压力。一方面，老龄化严重，低成本优势不再，投资增速下滑，新的经济驱动尚未形成；另一方面，居民消费升级，供需矛盾严重。进行经济结构调整升级已成为必然。哪些产业需要培植，哪些需要转移以及转移到哪里，成为高质量发展之路上必须首先回答的问题。尽管中国内部经济发展的不平衡为产业转移和调整提供了较大的回旋余地和多种选择，但是总体而言，低端制造业向东南亚转移已经不可避免。

历史上，中国更多扮演的是产业转移的被动接受者。国际产业转移呈现明显的"梯度性"特征，东亚生产网络表现尤其明显。先天的自然资源优势和劳动力禀赋等条件使产业转移尤其是制造业产业转移的承接呈现出较大的"被动性"，比如曾经的中国。随着在东亚生产网络中的位置变化，中国已经有能力凭借强大的生产衔接能力、日益突出的技术特色和区域影响力，主动实施产业转移，把中国产业优势和东道国的比较优势结合起来，实现互利共赢。

二是新时代中国面临严峻的外部压力。目前，世界经济"反全球化"思潮兴起，发达国家在经济振兴无力情况下贸易保护倾向明显，首当其冲的受害者就是具有明显外向型特征的东亚各经济体，尤以中国为甚。欧美在承认中国市场经济地位的问题上采取规避态度，否决数起中国企业的并购案，在2016年出台的《欧盟对华新战略要素》文件中，一方面表达对华经济合作的强烈意愿，另一方面又强调"对等"和"公平"原则，透露出对中国的审慎甚至戒备的态度。欧美还采取"反倾销"等手段。以抵抗中国产品对其国内市场的冲击。这些都对中国数目庞大的出口型企业产生极大的不利影响甚至致命打击。这迫使中国企业向外进行产业转移，拓展生存空间。

随着中国以劳动力成本为代表的各种生产成本的上升，一些新的"价值洼地"显露出来。2006年日本学者提出"远景五国"①，认为到2050年"金砖四国"的经济规模最多扩大20倍，而"远景五国"则将扩大28倍，发展空间巨大。这些国家共同的特点是天然资源丰富、劳动力成本低廉并且年轻劳动力占比高，吸引了大量低端制造业的投资。2015年，中国对东盟的投资同比增长87%，东盟也成为中国海外直接投资的首要目的地。

中国应该正确认识并克服新一轮产业转移困境，尊重规律，顺势而为。虽然目前中国掀起的新一轮产业转移是基于比较优势分工原则下的必

---

① 即 VISTA 五国，包括越南（Vietnam）、印度尼西亚（Indonesia）、南非（South-Africa）、土耳其（Turkey）和阿根廷（Argentina）。

然选择，长远看有利于中国经济增长，但是也会给中国趋于下行的经济带来挑战：

第一，就业危机。制造业吸纳了大量就业，随着大量工厂迁至东南亚，以中国东莞为例，2013~2015年仅台商撤资金额超过500亿新台币，500万工人受影响①。解决失业工人的就业问题不但关系到居民收入增长，也关系到社会稳定。第二，产业"空心化"危机。纵观历史上每一次产业转移，转移出国留下的都是拥有全球竞争力的朝阳产业。第三，"信任"危机。中国目前主要移出的产业集中在低端产业环节。这些产业附加值低但是能耗高甚至污染大。现在环保理念深入人心，特别是在中国加大环保力度、"关停并转"传统过剩产业的背景下，中国向海外的投资就必须注意避免被扣上"环境输出""标准输出"的帽子。越南等国曾经爆发过打砸中国塑料制品工厂的事件，环境污染的谣言即是诱因。所以，中国必须提升国家形象，在产业甄别选择、产业输出标准上更加仔细。要加大宣传力度，让东道国民众了解我们输出的是中国非优势产业，但不是淘汰产业；是符合当地标准的甚至是高于当地标准的现代化产业，而并不是低标准甚至高污染的劣质产业。

目前，在中国尚未彻底摆脱制造业"低端属性"的情况下，低端制造业移出已成为趋势，高端制造业回流的迹象也日趋明显，中国究竟要保留哪些产业、要移出哪些产业、移出什么样的产业成为必须要考虑的问题。市场的不可控和未来朝阳产业甄别的困难，都给政府的产业政策和宏观管理水平提出了挑战。中国继续摆脱制造业的低端属性，实现价值增值链条的升级同时主动构建自己主导的产品价值链，为此可以从以下三个方面努力：

第一，努力提升劳动者素质。

竞争优势理论强调：一国所拥有的高级生产要素的供给能力是决定其长期竞争优势的根本要素且是不可跨越式发展。高技术劳动力凭借丰富的

---

① 资料来自广东工业协会。

理论知识在生产过程中进行创新，是产业升级的关键因素；中技术劳动力能够在生产中凭借经验和一定的理论基础对生产工序进行吸收、调整和改进；低技术劳动力只能从事机械式的组装和加工等低附加值环节。因此，通过持续不断地教育，改变低、中、高技术劳动力的比例结构，是产业升级的基础支撑力。

千秋基业，人才为本。综合数据比较情况来看（见图 9-1 至图 9-5），中国改革开放 40 多年，对教育的投入不断加大，2016 年的教育投入经费已经是 1992 年的 43 倍，教育支出在政府支出的占比逐年提高。在国家大力发展教育的背景下，中国的人口教育程度分布出现了显著变化。九年义务教育的执行使初中以上学历取代文盲成为社会主体，劳动力素质整体提升。特别需要提到的是，职业教育（含中等职业教育和高等职业教育）在目前中国各类受教育人群中占比最大。职业教育意味着可以进行复杂的现代化工业操作，这是中国产业从零部件组装等低端环节向附加值较高的中高端环节迈进的坚实基础。中国的高校入学率和研究生入学率虽然和发达国家比仍存在差距，但是已经高于世界平均水平，近年来归国留学人数也在逐年增加，这都表明科技研发能力的增强。高技术劳动力数量显著增多的结果是中国的创新能力大幅度提高，这是中国产业转型升级的重要基础和底气，同时也是中国在全球价值链中新的比较优势所在。

"十年树木、百年树人"，教育的问题解决起来远比经济问题复杂，改进周期也更加漫长。富起来的中国要在强国之路上不断迈进，人才是第一资源，不但要培养未来的人才，重视现有的人才，还必须招揽国际的人才。聚天下英才而用之，是中国顺利实现价值链攀升的核心。

第二，鼓励创新，提高高技术产品的供给能力。

走自主创新之路是中国经济的必然选择。尽管中国在机械制造、电子制造、大型设备制造等附加值较高行业具备竞争优势，但是总体来看，仍然缺乏高技术产品，特别是原创性产品的生产和供给能力。综合数据分析（见图 9-6 和图 9-7），中国的研发支出占 GDP 的比重仅仅和世界平均水平持平，远低于发达国家。从国家层面，应通过适宜的投融资机制建立和知

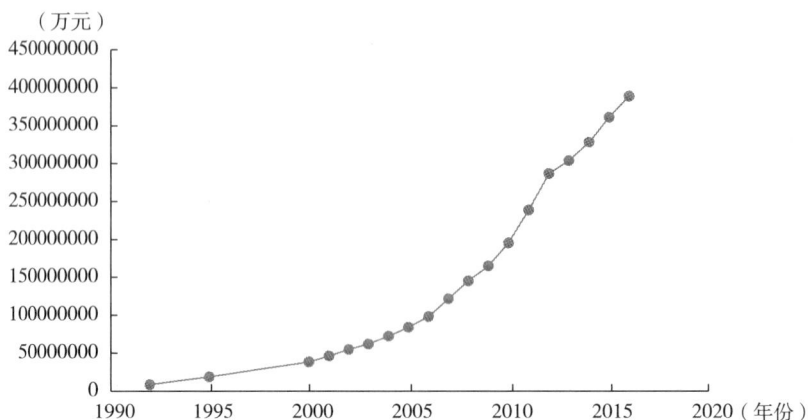

图 9-1　1992~2016 年中国教育经费投入情况

资料来源：根据《2018 年中国统计年鉴》数据整理而得。

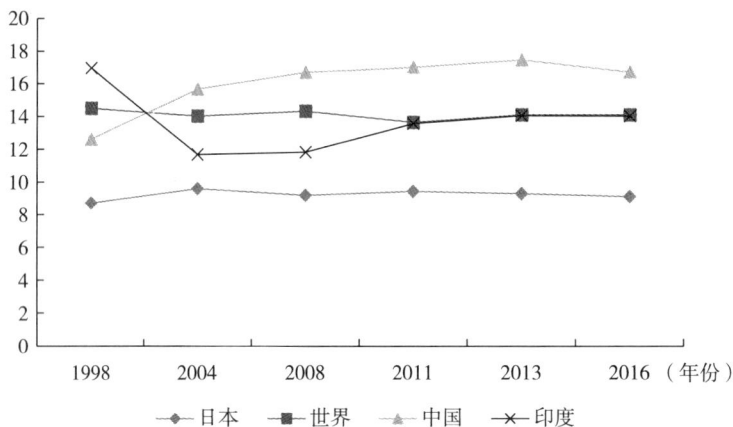

图 9-2　部分国家公共教育支出占政府支出比重

资料来源：根据世界银行数据库整理，https：//data.worldbank.org.cn/。

识产权保护力度的增强鼓励企业研发；鼓励"产、学、研"结合的方式推广技术转化成现实生产力；在有竞争力的行业从掌握核心技术角色向制定技术标准角色转变，抢占产业竞争的制高点。

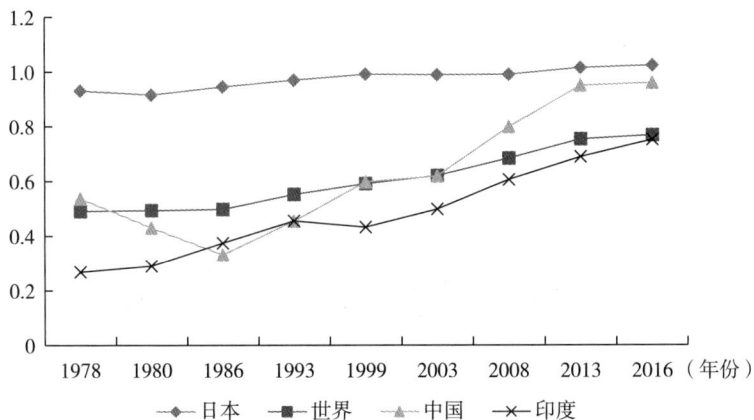

图 9-3　中学入学率国际比较

资料来源：根据世界银行数据库整理，https：//data. worldbank. org. cn/。

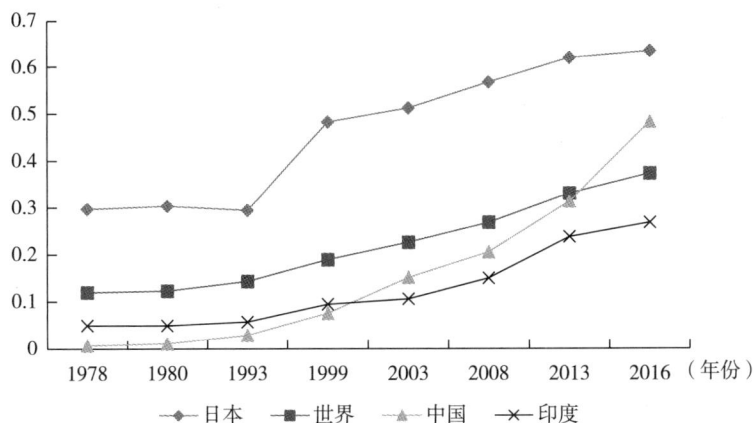

图 9-4　高校入学率国际比较

资料来源：根据世界银行数据库整理，https：//data. worldbank. org. cn/。

第三，寻找与东亚其余经济体的利益契合点，积极转移非优势产业。

东亚生产网络的演进脉络清晰地告诉我们，推进产业向外转移是国内产业转型升级的重要途径。中国改革开放 40 多年的发展历程也证明了积极

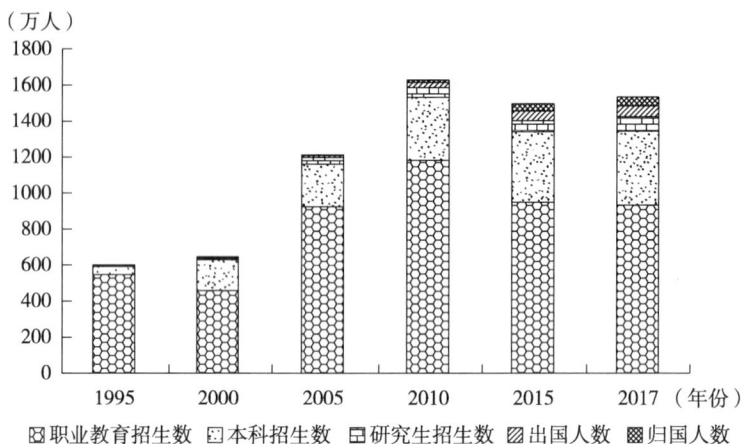

图 9-5　中国各类人才培养情况

资料来源：根据中国历年统计年鉴整理而得。

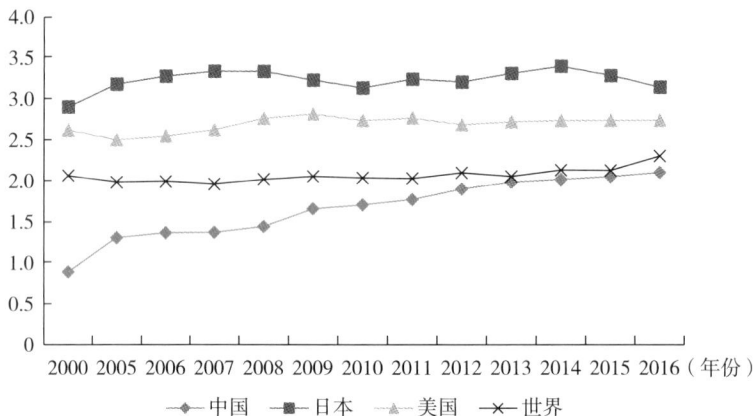

图 9-6　部分国家研发支出占 GDP 比重

资料来源：根据世界银行数据库整理，https：//data.worldbank.org.cn。

参与国际分工的重要。承接来自发达经济体的低端制造产业是中国经济腾飞的初始引擎。但是随着国内制造产业生产环节的成熟，继续单向承接低端制造环节对于技术进步毫无意义，而且中国承接低端制造环节的禀赋优

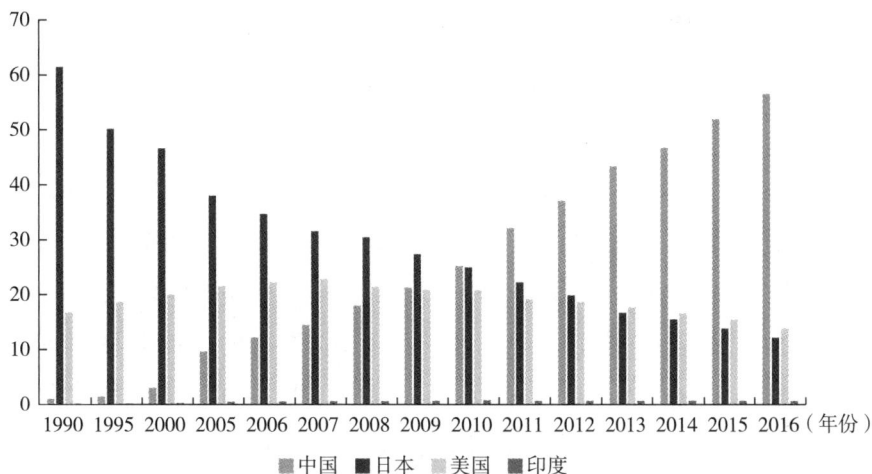

图 9-7　各国专利占世界比重

资料来源：根据世界银行数据库整理，https：//data. worldbank. org. cn。

势——低工资、低要素价格、低标准已经丧失。同时国内传统产业结构性过剩严重，双重因素叠加，使中国的全要素生产率并不高，严重限制了中国经济走向高质量之路。随着中国占据东亚生产网络的核心位置，特别是中国沿着东亚价值链稳步向高端位置攀升，中国已经具备了向海外转移非优势产业的条件。东亚尤其是东南亚地区，劳动力成本并不高，非常符合对劳动力成本要求较高的纺织、农业等附加值并不高的低端制造业；并且东南亚大部分经济体正处于快速工业化阶段，对水泥、基础设施等产品需求旺盛，这正是中国拥有的产业优势。实证研究结果显示，中国在东南亚总体上处于投资适度或不足的状态，投资潜力巨大。我们应该充分利用东亚生产网络的"内向"特征，积极寻求和东亚经济体的利益契合点，以越南、老挝、柬埔寨、菲律宾为重要支点，以港口建设、大型机械设备制造、农业和综合性加工制造业为重点产业推进在东亚的产业布局，实现东亚生产网络内部的合作共赢。

第三节　主动施为，以"一带一路"倡议为契机构建东亚利益共同体

中国取代日本成为东亚生产网络中生产中心和最具影响力的国家。作为东亚生产网络不可缺少的一环，中国完全可以在东亚生产网络的重构过程中发挥更大的主动性，抓住东亚生产网络重构的契机主动施为，与东亚结成更密切的命运共同体。一旦东亚各国转变为共同的"带路人"，东亚地区从经济架构还是安全架构均转变为"你中有我，我中有你"的"网状结构"，东亚必将成为世界舞台的中心，成为广大发展中国家的利益"代言人"。

一、积极推动各方共建"一带一路"，扩大"朋友圈"

（一）积极推进东亚区域经济一体化进程，创造良性外部环境

作为世界三大区域性生产网络，中东欧生产网络以德国为绝对核心依靠的是欧盟规则，北美生产网络以美国为绝对核心纳入美国的国际秩序治理范围，但是东亚生产网络却如其网状生产结构一般没有清晰可依的制度规则。特别是在目前逆全球化趋势下，东亚区域经济一体化势在必行，这也是东亚生产网络未来演进的制度方向。根据上文的分析，TPP、CPTPP、RCEP 等贸易协定虽然各有优势和侧重，但是"面条碗"效应和复杂的地缘政治导致每一个协议的前景都不是坦途，只是众多选择中的一个而已，未来的东亚生产网络需要统一的规则安排。而从目前情况下看没有一份协定具备承担此项重担的潜力。从美国总统特朗普的言行可以推断美国在未来将进入战略收缩期，尽管这并不意味着美国将全面放弃"亚太再平衡"战略，恰恰相反，美国为了控制东亚生产网络服从其战略布局和经济布局，很可能会继续加强对东亚地区的战略影响，但至少 TPP 再也不会是美国做主的完美解决方案。随着日本经济的衰退加上其众所周知的历史问

题，日本想扩大在亚洲特别是东亚的影响力并不是一片坦途，这就为中国宣传自己创新、合作、协商的新型治理理念提供了宝贵的机会。中国作为发展中国家的代表，需要更积极的领导和谈判，以造福发展中国家，造福东亚生产网络。"一带一路"以"共同发展，合作共赢"理念为核心，赢得了越来越多国家的认可并积极参与。这都是中国在东亚区域经济一体化过程中发挥更积极作用的凭借。中国主张全面深化 RCEP 协议，积极推动 FTAAP 建设也显示中国正在朝这个方向做出积极的努力。

（二）以更务实的态度加强与关键国家的合作，力争减少波澜

东亚生产网络以复杂的网状性结构著称，它的任何问题都不是单边、双边的问题，而是牵扯甚广的多边网状问题。作为其中的关键国家，中国、日本和美国（尽管美国在域外）三者之间，更确切地说是中日、中美之间的关系走向和经济合作程度直接影响到东亚命运共同体的构建。

对于中日关系而言，随着中国的崛起、日本的衰退特别是日本在历史问题上不负责任的态度，导致两国矛盾摩擦不断。特别是在东亚生产网络的领导权问题上角力不断。作为东亚生产网络的"三足"，中国、日本、韩国自贸协议一旦达成，东亚经济一体化必将跃上一个新的台阶。中日冲突一旦加剧，甚至会导致东亚经济一体化进程的全面停滞。事实表明曾经中日两国之间"政冷经热"的现象已经不复存在。政治冷淡与经济依赖弱化相伴而生，政治因素将会极大地反映在经济合作领域。所以两国本着负责和务实的态度加强政治互信与合作交流对于推动东亚经济一体化发展和制度建设是至关重要的。

对于中美关系而言，尽管目前中美贸易摩擦凸显中美关系未来的不确定性，但是"摇摆理论"从来不会影响中美关系大局。中美两国一直存在亲密的依存关系。主要原因不单在于中美两国强大的经济能量——美国是世界头号经济大国、东亚产品最大的消费市场，中国是世界第二大经济体。世界上最大的制造业大国，也是美国国债的重要持有者，2018 年两国对世界经济增长的贡献率超过 30%。中美还是彼此最重要的贸易伙伴，中

美双边贸易额从建交至 2018 年底增长了 200 多倍。随着中国实力的增长，中美之间从"单向模式"进入"双向模式"，中国自 2010 年起对美国直接投资暴涨，2015 年甚至超过了美国当年对华直接投资，同时中美之间还拥有世界上规模最大的人员交流。正是中美两国之间的货物、人员、资本的密切交流造就了大量产品"美国设计、中国制造"。进一步地，中美两国同处世界经济中最具活力的亚太经济圈，这里有世界上最大的制造基地、最活跃的科技中心、最大的区域消费中心、最完备的产业集群。中美两国的友好依存关系是双赢的，但仍存在一定的冲突和摩擦，主要原因在于中国对于传统的中美依存关系已经做出改变，重塑内部经济活力的调整已经开始——新的消费主导型增长模式的快速发展、从引进创新向自主创新的转变、从引进外资为主到建立双向并重的开放模式的转变。然而美国依然故我，仍处于一种存在巨额多边贸易逆差以及需要随意汲取全球剩余储蓄以支持经济增长的陈旧思维模式中。从相互依存的关系看，这正是中美关系转变的症结。中美两国不应该以责备、不信任为出发点做出反应，特别是美国，不应该蔑视更不应该夸大中国国际影响力的提高，而是应该专注于重建自身的经济实力。这就需要双方都做出妥协，不仅在贸易方面，而应该扩大到核心战略层面。事实上，对于未来东亚的走向，中美联合参与至关重要。TPP、CPTPP 或 RCEP 不但没有建设性成果，也加大了东亚内部的分化。在中国的推动下，FTAAP 又重新引起人们的关注。根据彼得森经济研究所的测算，无论是 TPP 还是 RCEP 带来的潜在收益都远远小于FTAAP，对于中国而言，FTAAP 所带来的收益是 RCEP 的 2.7 倍，对于美国而言，RCEP 的收益是 TPP 的 2.5 倍，原因就在于中美共同参加的自贸区的贸易溢出效应。所以中美合作是东亚经济一体化的关键。特别是在TPP 受挫、RCEP 先行的情况下，中美两国早日达成 BIT 协定，可以从规则、制度、范围方面为东亚区域经济一体化扫清障碍。

东亚问题的复杂性还体现在其不可预测性。中国、日本和韩国作为东亚生产网络的三大核心国，焦点通常是中日问题不是中韩问题。韩国在大国之间一直奉行"摇摆理论"。特别是 2013~2017 年，中韩关系进入一个少有的亲密阶段。两国领导层互动频繁，双边人员、技术交流日益密切，中韩之间的贸易紧密程度已经超过中日的贸易密切程度，中韩自贸协定的达成更是把双边经贸关系推向全新的制度化阶段。但是"萨德"事件给中韩关系走向带来波澜，也成为中韩经济利益的"绊脚石"，目前韩国文化产品贸易的受挫即是证明。"萨德"必然对中韩长远关系发展带来损害，在中日、韩日关系因为政治问题冷淡的同时，中韩关系的受挫给东亚生产网络重构蒙上了阴影。但是"萨德"问题不是中韩关系的全部，中韩两国能否以日为鉴，结束对立，以合作共赢为理念积极推动双边关系继续平稳发展将成为决定东亚未来走向的关键。

二、推动东亚经济协同增长，构建东亚利益共同体

（一）把国内产业结构调整和东亚生产网络重构相结合，重塑区域协同增长

实现出口市场多样化，实现与西方市场经济周期"脱钩"只是"治标"，东亚生产网络的健康自主发展最主要还是依靠"治本"——塑造区域内经济增长动力。随着中国"人口红利"的消逝，依靠劳动力成本的低端制造业优势正在消逝，同时，中国的钢铁等行业落后产能、过剩产能严重，中国正在处于结构转型升级的关键时期。历史上东亚生产网络的每一次变迁都跟关键国家的国内结构转型升级以及由此而带动的产业转移相关。美国的国内产业结构调整拉动了日本经济的高速发展，日本的国内比较优势转换又直接带动了"亚洲四小龙"的经济腾飞，"亚洲四小龙"的经济转型使中国作为"世界工厂"的地位进一步稳固。因此，在中国经济结构调整的关键时期恰恰可以对东亚生产网络重构产生直接影响。目前，中国已经开始利用自己在制造业和基础设施建设等方面的比较优势掀起新一轮对外投资的热潮，在东盟国家的 FDI 流入国中，中国是最主要投资国。中国倡议成立了亚洲基础设施投资银行，为亚洲基础设施建设提供资金和信贷的支持。同时，随着中国消费能力的提高，中国消费市场也开始

发挥区域内消费终端的功能,并稳步提高。在中国对外经贸顺差不断扩大的同时,对东盟国家的逆差也在不断增加。所以努力向价值链两端攀升的中国应该在东亚生产网络内部形成新一轮产业集聚,进而推动东亚生产网络的车轮不断向前发展。

(二) 加强南南贸易,带动东亚出口市场多样化的实现

1990~2008 年,世界贸易量增长了 4 倍,而发展中经济体的贸易量增长了 20 倍。根据世界银行的观点,发展中经济体之间的密切经贸合作会对东亚为代表的外向型生产体系对欧美市场的依赖产生一定的"解构"作用。2008 年金融危机之后,中国、印度等新兴经济体的卓越成绩足以证明这一点。事实上,中国在这方面已经扮演了主导角色。东亚地区与南南地区的贸易量占南南地区总贸易量的 3/4,其中中国就独占 40%。就东亚各成员而言,中国是与非洲、拉美贸易量和投资量增长最快的国家。2008~2012 年,中国的进口占非洲和拉美地区对亚洲地区总出口的比例从 58% 上升为 65%;而中国对非洲的出口占亚洲对该地区总出口的 51%、拉美地区的 54%、中东的 40%。同时,以中国为核心的金砖国家峰会、中国首倡的"一带一路"以及中国利用自己在基础设施建设和制造业方面的优势对第三世界国家的援助都充分说明东亚国家已经具备了加强南南合作的经验基础和制度基础。中国作为东亚生产网络中心的地位必然可以在带动东亚生产网络、加强南南合作方面有所作为。

第四节　本章小结

中国与东亚一直互利共生,相互促进。目前中国与东亚生产网络都处于一个关键的节点:外向型发展路径受挫且内部面临经济结构的重组和转型。如何加强沟通、提振实效,实现东亚与中国的良性互促是摆在中国与东亚面前亟待解决的问题。本章在前文理论分析和实证分析的基础上,提出要正确认识并适应中国在东亚生产网络的地位;顺势而为,合理高效地

推动国内产业向外转移；主动施为，以"一带一路"倡议为契机构建东亚利益共同体三大举措。

在具体措施上，要甄别中国在东亚的产业竞争力，选择重点行业和重点区域予以扩大投资，并尽快制定开发东盟市场的系统性经营战略；对中日、中韩贸易关系的相互依赖性要有充分认识，以政治智慧和负责任的态度妥善处理双边政治摩擦；抓住亚太经济一体化和制度化建设加快的契机，提高双边贸易便利化和便利化水平，为双边贸易和投资扫清障碍。同时强调，要抓住东亚生产网络重构的契机主动施为，与东亚结成更密切的命运共同体。一旦东亚各国转变为共同的"带路人"，东亚地区从经济架构还是安全架构均转变为"你中有我、我中有你"的"网状结构"，东亚必将成为广大发展中国家的利益"代言人"，在世界舞台上绽放出更加夺目的光彩。

第十章

主要研究结论及不足

作为世界三大区域性生产网络之一，东亚生产网络在经历了1997年亚洲金融危机和2008年全球金融危机两次重创之后，每一次都能够迅速恢复并重构，展示出强大的适应性和活力。中国的加入更是给东亚生产网络带来强劲的发展动力和广阔的市场回旋余地，同时也加速了东亚内部市场结构和成员架构的变革。本书聚焦于正在变革中的东亚生产网络，并为正在经历转型阵痛期的中国经济开拓新的外部空间提供可行的建议。本章作为结论部分，将对全书内容进行最后归纳总结，进一步明确研究结论，同时，指出本书的研究局限和未来研究方向。

第一节　主要研究结论

欧盟、北美自由贸易区和东亚生产网络是当今三大区域生产网络，尤以东亚生产网络最为独特。本书的研究将视角对准正在经历变革的东亚生产网络，以全球产业转移为线索，在全球价值链理论框架下，紧扣东亚生产网络的核心特征从历史角度对东亚生产网络现状进行分析，从产品价值链层面、行业层面和国家层面全面考察中国在东亚生产网络的参与程度以及两者的互利共生关系，并通过实证研究对观点加以佐证。结论具体如下：

（1）东亚生产网络是东亚生产体系在进入 21 世纪之后的特定发展阶段。东亚生产体系从雁行模式—竹节型生产网络—三角型生产网络—网状生产网络的演进历史实际是对东亚内部产业结构变迁以及随之而来的区域结构调整的折射。东亚生产网络是东亚生产体系在比较优势分工法则下，以跨国企业为点，以 FDI 和中间品贸易为线，以成员国家（或地区）关系为面，互补型、多边型、垂直型与水平型分工交织的复杂新型区域分工网络。目前东亚生产网络以"韩国、东盟—中国—美国"模式为典型特征，但是其外向型、梯度性和低附加值性的核心特质与"雁行模式""三角模式"等前期形态并没有本质不同。

（2）东亚生产网络依然存在"FDI—贸易"关联，但是情况正在发生变化。在 FDI 方面，日本主导了东亚的 FDI 流出，中国带动东亚 FDI 流入，目前东亚 FDI 整体呈现出净流出状态，以中国表现最为突出；在贸易方面，东亚生产网络尚未摆脱外向型特征，但是内部集约性不断增强。目前东亚出口中来自中国的附加值最高，东亚对日本的出口贡献大于东亚对中国的出口贡献，表明在东亚关键国家中，中国对东亚出口的贡献最大，日本对东亚生产网络依赖性最强。

（3）中国主要通过引进东亚外资、发展加工贸易和对东亚直接投资三个渠道融入东亚生产网络。东亚地区目前是中国 FDI 的头号来源地区。目前中国与东亚经济体的零部件贸易以逆差为主，最终品贸易以顺差为主。对东亚地区直接投资是未来中国参与东亚生产网络的最重要渠道。中国在东亚地区的投资决策与东道国市场扩张能力、基础设施水平、社会服务水平和双边贸易水平高度正相关。中国在东亚地区投资愿意承担更大的政治风险，倾向于选择"一带一路"沿线国家和与中国签署双边投资协定的国家。与传统认知不同，中国更倾向于在东亚地区选择选择劳动力成本较高的经济体进行投资，并且自然资源和距离并不是考虑的主要区位因素。

（4）中国是东亚生产网络的生产核心和最具贸易影响力的国家，但存在贸易地位与利益获得不匹配的状况。中国是东亚生产网络的出口平台，作为东亚市场提供者的作用日益突出。中国在东亚生产网络的参与程度超过日本，通信设备制造、机械制造、电器设备制造和交通运输设备制造等产业的竞争力最强，劳动密集型行业的竞争力下降。中国已经占据东亚生产网络的核心区域，但是尚未摆脱对外部市场依赖的被动性。尽管日本的影响力被中国超过，但是日本在对外经贸关系中主动性更强。中国在东亚生产网络中的地位与双边市场容量、中国的区域影响力和东道国贸易便利化水平高度正相关，同外部市场需求负相关。

（5）中国与东亚互利共生。东亚生产网络未来重构呈现三大趋势：内部全产业链培育稳步推进，内在稳定性进一步强化；开放性和包容性特质凸显；区域一体化建设加快。中国可以借东亚生产网络重构契机，以"一带一路"为平台，在东亚生产网络中发挥更大的主动性，从产业转移的被动接受者成为主动实施者，实现与成员国之间的合作共赢。

第二节　研究局限

在理论方面，目前对东亚生产网络的研究成果比较丰富，但是对于参与经济体地位的衡量只是存在具体指标，并没有系统的理论和统一框架。对中国在东亚经济体地位的研究多数是以某行业或某产品为切入点，以点代面，就现有文献看，多数集中在以中间品贸易状况作为衡量中国在东亚经济体地位的指代对象。本书对于该问题的研究从产品层面、产业链附加值方面和国家层面展开，是基于东亚生产网络的核心特征展开的具体分析，并没有提出系统和统一的理论框架。

在实证方面，对于中国在东亚生产网络地位影响因素的实证研究上，最符合本书研究设计意图的指标是全球价值链地位指数，但是鉴于 TiVA 数据库只提供东亚 12 个经济体 7 年的不连贯数据，本书只能退而求其次选择垂直专业化指数这一可操作性较强的指标。在模型方面，对东亚生产网络内部成员影响力变化采用复杂网络分析方法，但是仅仅以个体为单位，采用 1—模数据构建"核心—边缘"模型进行分析，而没有把对东亚内部各个贸易集团的影响纳入模型中。本书还受限于实证方法，根据目前最新的计量研究文献，可以根据数据特点和类型选择面板模型，不需要进行 F 检验和 Hausman 检验。所以近年来不少对于东亚生产网络地位问题的研究采用固定效应模型进行回归分析，但是受限于笔者计量知识有限，技术水平不高，无奈放弃这种方法。

第三节　未来努力方向

第一，本书尽管对中国在东亚生产网络中的地位进行多方面考察，受限于理论支撑，并没有提出一个统一的评价体系，在未来研究中将致力于这一缺陷的解决。

第二，在东亚生产网络内部影响力量变化方面，将东亚内部各个贸易集团纳入考察，采用 2—模数据建立"核心—边缘"模型，使之更贴合实际情况，这也是未来努力的方向之一。

第三，在分析中，对东亚各经济体的影响力以整体行业为视角进行了分析，但是并没有对各个细分行业进行处理，这也是本书的一个遗憾。在未来的研究中，可以按照 SITCrev. 3 分类，按照细分行业对各国在全球或区域贸易网络中的力量变化进行考察来解决这一问题。

附表 1

TiVA 数据库制造业分类中英文对照

序号	类别	对应中文名称
1	C15T37	全部制造业
2	C15T16	食品制造、饮料和烟草制造业
3	C15T19	纺织品、服装、皮革和鞋类
4	C20T22	木材、纸及纸制品、印刷业
5	C23T26	化学、非金属矿物制品业
6	C27T28	金属及金属制品业
7	C29	机械及设备制造业
8	C30T33	电子及光学设备制造
9	C34T35	运输交通设备
10	C36T37	其他制造业及回收业等

附表 2

相关国家代码和中英文名称对照

国家代码	英文名称	中文名称
IDN	Indonesia	印度尼西亚
JPN	Japan	日本
USA	United States	美国
HKG	Hong Kong SAR，China	中国香港
PHL	Philippines	菲律宾
CHN	China	中国
VNM	Vietnam	越南
MYS	Malaysia	马来西亚
KOR	Korea，Rep.	韩国
SGP	Singapore	新加坡
ASEAN	Association of Southeast Asian Nations	东南亚国家联盟
THA	Thailand	泰国
BRN	Brunei Darussalam	文莱达鲁萨兰国
LAO	Laos	老挝
MMR	Burma	缅甸
KHM	Cambodia	柬埔寨

附表 3

中国行业分类与国家贸易标准分类对照

序号	中国制造业行业	SITC 编码
1	煤炭开采和洗选业（06）	244、321、322、325
2	石油和天然气开采业（07）	333、335、334、342、343、344、345
3	金属矿采选业（08、09）	274、281、282、283、284、285、287、289
4	非金属矿采选业（10）	273、277、278、288
5	食品加工及饮料、烟草制造业（13、14、15、16）	034、035、037、042、045、046、047、048、054、056、058、059、061、062、071、073、074、075、081、091、098、111、112、122、411、421、422、431
6	纺织业（17）	269、651、652、653、654、655、656、657、658、659
7	纺织服装、鞋帽、皮革、毛皮、羽绒及其制品业（18、19）	611、612、613、831、841、842、843、844、845、846、848、851
8	木材加工及竹藤棕草、家具制造业和制品业（20、21）	633、634、635、821
9	造纸印刷及文教体育用品制造（22、23、24）	251、641、642、892、894、895、898
10	石油加工及炼焦业（25）	325、334、335
11	化学工业（26、27、28、29、30）	232、266、267、325、334、335、511、512、513、514、515、516、522、523、524、525、531、532、533、541、542、551、553、554、562、571、572、573、574、575、579、581、582、583、591、592、593、597、598、621、625、629
12	非金属矿物制品业（31）	661、662、663、664、665、666、667

续表

序号	中国制造业行业	SITC 编码
13	金属冶炼及压延加工（32、33）	671、672、673、674、675、676、677、678、679、681、682、683、684、685、686、687、689
14	金属制品业（34）	691、692、693、694、695、696、699、811、812
15	通用、专用设备制造业（35、36）	711、712、713、714、716、718、721、722、723、724、725、726、727、728、731、733、735、737、741、742、743、744、745、746、747、748、749、774、872、881、882、883
16	交通运输设备制造业（37）	781、782、783、784、785、786、791、792、793
17	电器机械及器材制造业（39）	771、772、773、775、776、778、813
18	通信设备、计算机及其他电子设备制造业（40）	752、761、762、763、764
19	仪器仪表及文化办公机械制造业（41）	751、873、759、871、874、884、885
20	其他制造业（11、12、38、42、43）	891、896、897、898、931

资料来源：盛斌（2002），SITC rev. 3，GB/T4754—2011。

参考文献

［1］ Gereffi B. Stallings. Global Production Systems and Third World Development ［C］. Global Change, Regional Responses, New York: Cambridge University Press, 1995.

［2］ Gefeffi. International Trade and Industrial Upgrading in the Apparel Commodity Chains ［J］. Journal of International Economics , 1999a (48).

［3］ Gefeffi G. A Commodity Chains Framework for Analyzing Global Industries ［R］. Working Paper for IDS, 1999b.

［4］ Gereffi G. Beyond the Producer-driven/Buyer-driven Dichotomy-the Evolution of Global Value Chains in the Internet Era ［J］. IDS Bulletin, 2001a, 32 (3).

［5］ Gereffi G. Shifting Governance Structures in Global Commodity Chains, with Special Reference to the Internet ［J］. American Behavior Scientist, 2001b, 44 (10).

［6］ Gereffi G. Lynn H. Latin America in the Global Economy: Running Faster to Stay in Place ［R］. NACLA's Report on the Americas, 1996.

［7］ Kojima Kiyoshi. Capital Accumulation and the Course of Industrialization, with Special Reference to Japan ［J］. The Economic Journal, 1960: 757-768.

［8］ Kojima Kiyoshi. Towards a Theory of Agreed Specialization: The Economics of Integration ［M］. Induction, Growth and Trade, Essays in Honours of Sir, Oxford: Clarendon Press, 1970.

［9］ Kojima Kiyoshi. Dynamics of Japanese Investment in East Asia ［J］.

Hitotsubashi Journal of Economics, 1995: 93-124.

[10] Kojima Kiyoshi. The "Flying Geese" Model of Asian Economic Development: Origin, Theoretical Extensions, and Regional Policy Implications [J]. Journal of Asian Economics, 2000 (11): 375-401.

[11] Buckley Peter J. The Impact of the Global Factory on Economic Development [J]. Journal of World Business, 2009 (44): 131-143.

[12] Alterburg Tilman, Schmitz Hubert, Stamm Andreas. Breakthrough, China's and Indians Transition from Production to Innovation [J]. World Development, 2008, 36 (2): 325-344.

[13] Ernst D., Kim L., "Global Production Networks, Knowledge Diffusion and Local Capability Formation" [C]. Research Policy, 2002 (31): 1417-1429.

[14] Richard Baldwin. Trade and Industrialisation after Globalisation's 2nd Unbundling: How Building and Joining a Supply Chain Are Different and Why It Matters [R]. NBER Working Paper, 2011, No. 17716.

[15] Z. A. Tan. Product Cycle Theory and Telecommunications Industry - foreign Direct Investment, Government Policy and Indigenous Manufacturing in China [J]. Telecommunications Policy, 2002 (2).

[16] D. Hummels, J. Ishii, K. M. Yi. The Nature and Growth of Vertical Specialization in World Trade [J]. Journal of International Economics, 2001, 54 (1): 75-96.

[17] Buekley P. J., Casson M. The Optimal Timing of a Foreign Direct Investment [J]. Economic Journal, 1981 (91): 75-87.

[18] Buekley P. J., Casson M. A Theory of International Operations-The Internationalization Process of the Firm: A Reader [M]. London: International Business Thomson, 1999: 55-60.

[19] Buekley P. J., Cross A. R., Tan H., Voss H., Hu X. An Investigation of Recent Trends of Chinese Outward Investment and Implication for Theory [J]. Center for International Business University of Leads Working Paper, 2006.

〔20〕Buekley P. J. , Clegg L. J. , Cross A. R. , Hu X. , Vosss H. , Zhang P. The Determinants of Chinese Outward Foreign Direct Investment〔J〕. Journal of International Business Studies, 2007 (38): 499-518.

〔21〕Cheng L. K. , Ma Z. China's Outward Foreign Investment〔J〕. India Statistical Institute Working Paper, 2008.

〔22〕Cheung Y. W. , Qian X. W. The Empirics of China's Outward Direct Investment〔M〕. London: Munich CESifo, 2008.

〔23〕Cheung Y M. , Haan J. D. , Xing Wang, Qian. , Shu Yu. China's Outward Investment in Africa〔J〕. HKIMR Working Paper, 2011 (13).

〔24〕Stevens G. Exchange Rates and Foreign Direct Investment: A Note〔R〕. International Finance Discussion Papers, No. 444, Washington D. C. : Board of Governors of the Federal Reserve System, 1993.

〔25〕Kolotad I. , Wiig A. What Determines Chinese Outward FDI〔J〕. Journal of World Business, 2012, 47 (1): 26-34.

〔26〕Van der Leij M. , Goyal S. Strong Ties in a Small World〔J〕. Tinbergen Institute Discussion Papers, 2010 (6).

〔27〕Fagiolo G. , Reyes J. , Schiavo S. The Evolution of the World Trade Web: A Weighted-network Analysis〔J〕. Journal of Evolutionary Economics, 2010 (4): 479-514.

〔28〕Martins J. O. , Araujo S. The Great Synchronisation: Tracking the Trade Collapse with High-frequency Data-The Great Trade Collapse: Causes, Consequences and Prospects〔R〕. NBER Working Paper, 2006.

〔29〕Onnela J. , Saramaki J. , Kertesz J. , Kaski K. Intensity and Coherence of Motifs in Weighted Complex Networks〔J〕. Physical Review, 2005 (6).

〔30〕WIR. Global Value Chains: Investment and Trade for Development〔R〕. WIR, 2013.

〔31〕Masataka Fujita. FDI and Trade in GVCs〔J〕. UNCTAD Working Paper, 2013.

［32］ UNCTAD. Global Value Chains and Development: Investment and Value Added Trade in the Global Economy ［R］. UNCTAD, 2013.

［33］ Robert Koopman, William Powers, Zhi Wang, Zhang-Jin Wei. Give Credit Where Credit Is Due Tracing Value Added in Global Production Chains ［R］. NBER Working Paper, 2010, No. 16426.

［34］ Lin Jones, William Powers, Ravinder Ubee. Making Global Value Chain Research More Accessible ［J］. U. S. International Trade Commission Working Paper, 2013, No. 2013-10A.

［35］ Belke, Ansgar, Lars Wang. The Degree of Openness to Trade—Toward Value–Added Based Openness Measures ［J］. Journal of Economics and Statistics (Jahrbücher für Nationalökonomie und Statistik), 2005, 226 (2): 115-138.

［36］ Daudin, Guillaume, Christine Rifflart, Danielle Schweisguth. Who Produces for Whom in the World Economy? ［J］. Canadian Journal of Economics, 2011 (44): 1403-1437.

［37］ Daudin, Guillaume, Christine Rifflart, Danielle Schweisguth, and Paola Veroni. Le Commerce Extérieur en Valeur Ajoutée ［J］. Revue de l' OFCE: Observations et Diagnostics Économiques, 2006 (98): 129-165.

［38］ Degain, Christophe, Lin Jones, Li Xin, Zhi Wang. The Similarities and Differences Among the Three Major Global Inter-Country Input-Output Database and their Implications for Trade in Value–Added Estimates ［C］. Presented at the 16th annual GTAP conference in Shanghai, China, 2011. https: //www. gtap. agecon. purdue. edu/resources/res_display. asp? RecordID=4232.

［39］ Gehlhar, Mark, Marinos Tsigas, Wang Zhi. How a Global Inter- Country Input-Output Table with a Processing Trade Account Can Be Constructed from the GTAP Database ［C］. Presented at the 15th Annual Conference on Global Economic Analysis, Geneva, Switzerland, 2012. https: //www. gtap. agecon. purdue. edu/resources/ download/5998. pdf.

〔40〕 Johnson, Robert C. , Noguera, Guillermo. Accounting for Intermediates: Production Sharing and Trade in Value Added 〔J〕. Journal of International Economics, 2012, 86 (2): 224-236.

〔41〕 Koopman, Robert, William Powers, Zhi Wang, Shang-Jin Wei. Giving Credit Where Credit is Due: Tracing Value Added in Global Production Chains 〔R〕. NBER Working Paper, 2011, No.16426, http://www. nber. org/papers/w16426.

〔42〕 Koopman, Robert, Zhi Wang, Shang-Jin Wei. Tracing Value-added and Double Counting in Gross Exports 〔J〕. American Economic Review, 2013, forthcoming. http://www. nber. org/papers/w18579.

〔43〕 Lenzen, Manfred, Arne Geschke, Daniel Moran, Keiichiro Kanemoto. Building Eora: A Global Multi-regional Input-Output Database at High Country and Sector Resolution 〔J〕. Economic Systems Research, 2013, 25 (1): 20-49. http://dx. doi. org/10. 1080/09535314. 2013. 769938.

〔44〕 Miroudot, Sébastien, Dorothée Rozet. Trade Policy Implications of Global Value Chains: Contribution to the Report on Global Value Chains 〔R〕. Paris: OECD Publishing, 2013.

〔45〕 OECD. Interconnected Economies: Benefiting from Global Value Chains 〔R〕. OECD Publishing, 2013. http://dx. doi. org/10. 1787/9789264189560-en.

〔46〕 OECD-WTO. Trade in Value-added: Concept, Methodologies and Challenges 〔R〕. Joint OCED-WTO note, 2012. http://www. oecd. org/sti/ind/49894138. pdf.

〔47〕 Powers, William. The Value of Value Added: Measuring Global Engagement with Gross and Value-added Trade 〔J〕. World Economics, 2012, 13 (4): 19-38.

〔48〕 Stehrer, Robert. Trade in Value Added and the Value Added in Trade 〔J〕. WIOD Working Paper, 2012 (10). http://www. wiod. org/publications/papers/wiod8. pdf.

［49］Timmer, Marcel, et al. The World Input-Output Database（WIOD）: Contents, Sources and Methods ［J］. WIOD Working Paper, 2012（9）. http：//www. wiod. org/publications/source_docs/WIOD_sources. pdf.

［50］Timmer, Marcel, Bart Los, Robert Stehrer, Gaaitzen de Vries. Fragmentation, Incomes, and Jobs: An Analysis of European Competitiveness ［J］. WIOD Working Paper, 2012（9）. http：//www. wiod. org/publications/papers/wiod9. pdf.

［51］Trefler, Daniel, Susan Chun Zhu. The Structure of Factor Content Predictions ［R］. NBER Working Paper, 2010, No. 11221. http：//www. nber. org/papers/w11221.

［52］UNCTAD. Global Value Chains and Development: Investment and Value Added Trade in the Global Economy: A Preliminary Analysis ［R］. United Nations: New York and Geneva, 2013a. http：//unctad. org/en/PublicationsLibrary/diae2013d1_en. pdf.

［53］UNCTAD. World Investment Report 2013 ［R］. United Nations: New York and Geneva, 2013b. http：//unctad. org/en/PublicationsLibrary/wir2013en. pdf.

［54］UNCTAD. World Investment Report 2014 ［R］. United Nations: New York and Geneva, 2014. http：//unctad. org/en/Publications Library/wir2014en. pdf.

［55］UNCTAD. World Investment Report 2015 ［R］. United Nations: New York and Geneva, 2015. http：//unctad. org/en/Publications Library/wir2015en. pdf.

［56］UNCTAD. World Investment Report 2016 ［R］. United Nations: New York and Geneva, 2016. http：//unctad. org/en/PublicationsLibrary/wir2016en. pdf.

［57］WTO and IDE-JETRO. Trade Patterns and Global Value Chains in East Asia: From Trade in Goods to Trade in Tasks ［R］. WTO: Geneva, 2011. http：//www. wto. org/english/res_e/booksp_e/stat_tradepat_globvalchains_e. pdf.

［58］James Zhan. Public-Private Sector Partnerships to Promote SME Participation in Global Value Chains ［R］. Presented by Expert Meeting on Assessing the Impact of Public-Private, UNCTAD, 2013.

[59] Martin Kaufman. Global Value Chains and the Exchange Rate Elasticity of Exports [J]. IMF Working Paper, 2015.

[60] Goodman I. Statistical Methods for the Preliminary Analysis of Transaction Flows [J]. Econometrica, 1973 (31): 197-208.

[61] Habib M., Zurawicki L. Corruption and Foreign Direct Investment [J]. Journal of International Business Studies, 2002 (33): 291-307.

[62] Hejiazi W. A Regional Concentration of OECD Exports and Outward FDI Consistent with Gravity [J]. Atlantic Economics Journal, 2005, 33 (4): 424-436.

[63] Masahiro Kawai, Fan Zhai. China-Japan-United States Integration-aimed Global Rebalancing: A Computable General Equilibrium Analysis [J]. Journal of Asian Economics, 2009 (20): 688-699.

[64] Mathias Hoffmann. International Financial Markets' Influence on the Welfare Performance of Alternative Exchange of Alternative Exchange Rate Regimes [J]. Oxford Economic Papers, 2010, 62 (3): 442-477.

[65] Mercedes Garcia - Escribano, Sebastian Sosa. What is Driving Financial De-dollarization in Latin America? [J]. IMF Working Paper, 2011, 11 (10).

[66] Michael B. Devereux, Hans Genberg. Currency Appreciation and Current Account Adjustment [J]. Journal of International Money and Finance, 2007 (26): 570-586.

[67] Michael Bleaney, David Greenaway. Adjustment to External Imbalance and Investment Slumps in Developing Countries [J]. European Economic Review, 1993 (27): 577-585.

[68] Michael D. Intriligator. Globalization of the World Economy: Potential Benefits and Costs and a Net assessment [J]. Journal of Policy Modeling, 2004 (26): 485-498.

[69] Obstfeld M., K. Rogoff. Global Current Account Imbalances and Ex-

change Rate Adjustments［J］. Brookings Papers on Economic Activity, 2005 (1): 67-23.

［70］ Obstfeld M., K. Rogoff. The Intertemporal Approach to the Current Account［R］. NBER Working Paper, 1994, No. 4893.

［71］ Obstfeld M., K. Rogoff. The International Monetary System: Living with Asymmetry［R］. NBER Working Paper, 2011, No. 17641.

［72］ Global Tourism Economy Research Centre (2016)［R］. Asia Tourism Trends, 2016.

［73］ Global Tourism Economy Research Centre (2017)［R］. Asia Tourism Trends, 2017.

［74］ HSBC Research. Vietnam at a Glance: The Next Five Years［R］. February 2016.

［75］ HSBC Research. The Longest Boom: How Australia Did It［R］. February 2017.

［76］ ECB Bulletin. Real Convergence in the Euro Area: Evidence［J］. Theory and Policy Implications, 2015 (2): 60-73.

［77］ Ehlers, Torsten. Understanding the Challenges for Infrastructure Finance［R］. BIS Working Paper No. 454, August 2014.

［78］ ERIA. ASEAN as an FDI Attractor: How Do Multinationals Look at ASEAN?［R］. ERIA Policy Brief, 2017.

［79］ Eshkenazi, Abe. Uberizing the Manufacturing Industry［R］. April 2017.

［80］ Eyraud, Luc, Diva Singh, and Bennett Sutton. Benefits of Global and Regional Financial Integration in Latin America［R］. IMF Working Paper, 2017.

［81］ Ahmed, S. Amer, Cruz, Marcio, Bryce, Schellekens, Philip. Demographic Change and Development: Looking at Challenges and Opportunities through a New Typology［R］. World Bank Policy Research Working Paper No. 7893, November 2016.

［82］ Alesina, Alberto. Joseph Schumpeter Lecture: The Size of Countries:

Does It Matter? [J]. Journal of the European Economic Association, 2003, 1 (2-3): 301-316.

[83] ASEAN and UNCTAN. ASEAN Investment Report 2016: Foreign Direct Investment and MSME Linkages [R]. 2016.

[84] ASEAN+3 Macroeconomic Research Office (AMRO). ASEAN+3 Regional Economic Outlook 2017 Asian Development Bank (ADB) [Z]. Meeting Asia's Infrastructure Needs, 2017.

[85] Asian Development Bank (ADB). The Role and Impact of Infrastructure in Middle-Income Countries: Anything Special? [R]. Working Paper, 2017.

[86] Asian Development Bank (ADB). ASEAN 4.0: What does the Fourth Industrial Revolution Mean for Regional Economic Integration? [R]. 2017.

[87] Asian Development Bank (ADB). Asian Development Outlook 2017 Update [EB/OL]. [2017-09-26]. https://www. adb. org/news/events/asian-development-outlook-2017-update-press-conference.

[88] Best Wayne. How Global Ageing Will Affect Consumer Spending [Z]. Global Investment Outlook: Midyear 2017, 2017.

[89] Brynjolfsson, Erik, Rock, Daniel, Syverson, Chad. Artificial Intelligence and the Modern Productivity Paradox: A Clash of Expectation and Statistics [R]. NBER Working Paper No. 24001, 2017.

[90] Centre for European Economic Research (CEPR) Discussion Paper. Age and Productivity: Sector Differences? [R]. 2011, No. 11-0518.

[91] Xinhua. China Could Become the World's Largest Importer Within Five Years: Report [R]. 2017.

[92] McKinesy Global Institute. Poorer Than Their Parents? Flat of Falling Incomes in Advanced Countries [R]. 2016.

[93] McKinesy Global Institute. Jobs Lost, Jobs Gained: Workforce Transitions in a Time of Automation. [R]. 2017.

[94] MAS Staff Paper. Medium-Term Growth in EMEAP Economies and

Some Implications for Monetary Policy［R］. 2015, No. 53.

［95］Mody, Ashoka, Ohnsorge, Franziska, Sandri, Damiano. Precautionary Savings in the Great Recession［R］. IMF Working Paper 12/42, 2012.

［96］OECD Development Center. Asian Business Cycle Indicators［R］. 2013.

［97］Onfore, Rene E. Uberization of Work［R］. 2017.

［98］Price Waterhouse Coopers. How Will the Global Economic Order Change by 2050?［R］. 2017.

［99］Price Waterhouse Coopers. Developing Infrastructure in Asia Pacific：Outlook, Challenges and Solutions［R］. 2014.

［100］刘洪钟. 论东亚地区经济的关联机制［J］. 世界经济与政治，2000（5）：51-54.

［101］夏平. 东亚区域生产网络和中国对外贸易发展［J］. 国际经济合作，2007（3）：60-63.

［102］孙少勤，邱斌. 全球生产网络条件下 FDI 的技术溢出渠道研究——基于中国制造业行业面板数据的经验分析［J］. 南开经济研究，2011（4）：50-66.

［103］孙少勤. 全球生产网络下我国制造业 FDI 技术溢出效应的实证研究［J］. 东南大学学报（哲学社会科学版），2013（1）：50-57.

［104］张伯伟，胡学文. 东亚区域生产网络的动态演变——基于零部件贸易产业链的分析［J］. 世界经济研究，2011（3）：81-86.

［105］李小平，周记顺，王树柏. 中国制造业出口复杂度的提升和制造业增长［J］. 世界经济，2015（2）：31-57.

［106］顾国达，郭爱美. 金融发展与出口复杂度提升：基于作用路径的实证［J］. 国际经贸探索，2013（11）：101-112.

［107］张雨，戴翔. 什么影响了服务出口复杂度：基于全球 112 个经济体的实证研究［J］. 国际贸易问题，2015（7）：87-96.

［108］戴翔. 服务业"两化"趋势与我国服务出口复杂度的提升战略

[J].国际贸易，2015（5）：60-66.

[109] 于诚，黄繁华，孟凡峰.服务贸易出口复杂度的影响因素研究：基于"成本发现"模型的考察[J].经济问题探索，2015（2）：54-62.

[110] 刘艳.制度质量与高技术制成品出口复杂度[J].当代财经，2014（2）：96-105.

[111] 丁媛媛，彭星.中国与东盟双边贸易成本测度、贸易增长分解及影响因素研究[J].经济问题探索，2012（1）：179-184.

[112] 施炳展.中国企业出口产品质量异质性：测度与事实[J].经济学（季刊），2014，13（1）：263-284.

[113] 施炳展.中国出口产品的国际分工地位研究[J].世界经济研究，2010（1）：56-62.

[114] 和春红.东亚区域一体化的路径选择[J].世界经济与政治论坛，2010（3）.

[115] 温祁平.东亚区域经济一体化的结构及其演变：基于国家间的合作博弈分析[D].南开大学博士学位论文，2014.

[116] 徐春华，吴易风.国际产业转移理论：马克思经济学与西方经济学的比较[J].经济学动态，2015（60）：66-67.

[117] 韩艳红.马克思的国际产业转移理论及其当代价值[J].当代经济研究，2012（10）：23-27.

[118] 龚雪，高长春.国际产业转移理论综述[J].生产力研究，2009（4）：157-160.

[119] 汪斌，赵张耀.国际产业转移理论述评[J].浙江社会科学，2003（6）：43-47.

[120] 郭世华.国际产业转移理论研究[J].教育理论与实践，2008（33）.

[121] 王雪.国际产业转移理论的研究现状及发展趋势[J].工业技术经济，2006，25（10）：110-112.

[122] 胡俊文.国际产业转移的理论依据及变化趋势——对国际产业转移过程中比较优势动态变化规律的探讨[J].国际经贸探索，2004，20

（3）：15-19.

[123] 严薇，赵宏宇，夏恩君.国际产业转移效应影响因素分析及理论模型构建[J].商业时代，2009（30）：99-100.

[124] 唐海燕，张会清.中国崛起与东亚生产网络重构[J].中国工业经济，2008（12）：60-70.

[125] 文东伟.亚洲三角贸易模式与中国的贸易增长[J].国际经贸探索，2012，28（7）：4-14.

[126] 刘畅，涂国平.供给侧改革与全球产业链重构[J].河南社会科学，2016（4）：1-10.

[127] 毛蕴诗.重构全球价值链[J].清华管理评论，2016（6）：34-39.

[128] 谭人友，葛顺奇，刘晨.全球价值链重构与国际竞争格局——基于40个经济体35个行业面板数据的检验[J].世界经济研究，2016（5）：87-98.

[129] 范新华.CAFTA框架下中国对东盟直接投资的现状分析[J].商业经济，2010（12）：89-91.

[130] 中国商务部.2008年中国对外投资统计公报[R].中国商务部，2009.

[131] 中国商务部.2009年中国对外投资统计公报[R].中国商务部，2010.

[132] 中国商务部.2010年中国对外投资统计公报[R].中国商务部，2011.

[133] 中国商务部.2013年中国对外投资统计公报[R].中国商务部，2014.

[134] 中国商务部.2014年中国对外投资统计公报[R].中国商务部，2015.

[135] 中国商务部.2015年中国对外投资统计公报[R].中国商务部，2016.

[136] 蒋冠宏, 将殿春. 中国对外投资的区位选择: 基于投资引力模型的面板数据检验[J]. 世界经济, 2012 (9): 21-41.

[137] 王岚, 李宏艳. 中国制造业融入全球价值链路径研究——嵌入位置和增值能力的视角[J]. 中国工业经济, 2015 (2): 76-89.

[138] 李宏艳, 王岚. 全球价值链视角下的贸易利益: 研究进展述评[J]. 国际贸易问题, 2015 (5): 103-115.

[139] 将殿春, 张庆昌. 美国在华直接投资的引力模型分析[J]. 世界经济, 2011 (5): 26-52.

[140] 倪沙, 王永兴, 景维民. 中国对"一带一路"沿线国家直接投资的引力分析[J]. 现代财经, 2016 (5): 3-14.

[141] 李宏艳. 中国参与跨国公司垂直专业化的地位测算[J]. 南方经济, 2012 (4): 17-32.

[142] 项本武. 东道国特征与中国对外直接投资的实证研究[J]. 数量经济技术经济研究, 2009 (7): 33-47.

[143] 熊琦. 东盟国家在全球生产网络中的分工与地位——基于 TiVA 数据与全球价值链指数的实证分析[J]. 亚太经济, 2016 (5): 51-57.

[144] 文东伟. 亚洲三角贸易模式与中国的贸易增长[J]. 国际经贸探索, 2012 (7): 4-15.

[145] 刘洪钟, 杨攻研. 后危机时代的东亚贸易与生产网络的挑战与政策含义[J]. 中国市场, 2010 (8): 68-74.

[146] 廖泽芳. 全球附加值贸易之图[J]. 世界经济研究, 2014 (5): 46-54.

[147] 张勤, 李海勇. 入世以来我国在国际贸易中角色地位变化的实证研究——以社会网络分析为方法[J]. 财经研究, 2012 (10): 79-90.

[148] 陈银飞. 2000—2009 年世界贸易格局的社会网络分析[J]. 国际贸易问题, 2011 (11): 31-43.

[149] 刘春生. 东亚区域生产网络的构建研究[J]. 中央财经大学学报, 2010 (6): 81-85.

[150] 刘中伟．东亚生产网络、全球价值链整合与东亚区域合作的新走向[J]．当代亚太，2012（4）：126-156.

[151] 喻春娇，陈咏梅，张洁莹．中国融入东亚生产网络的贸易利益——基于20个工业部门净附加值的分析[J]．财贸经济，2010（2）：70-79.

[152] 喻春娇，徐玲．中国在东亚电子行业生产网络中的分工地位研究——以ICT部门为例[J]．世界地理研究，2010（12）：47-59.

[153] 喻春娇，徐玲．中国在东亚生产网络中的分工地位——基于机电行业零部件贸易的考察[J]．中国经贸，2010（2）：12-19.

[154] 范爱军，常丽丽．中国在东亚生产网络中的分工地位检验——基于贸易增长途径的视角[J]．财贸研究，2012（2）：1-7.

[155] 刘重力，陈静．东亚垂直分工网络与技术梯度研究——基于零部件贸易的视角[J]．世界经济研究，2009（6）．

[156] 邓智团．全球生产网络中的网络权力及其运行机制研究[J]．南京社会科学，2013（3）：61-69.

[157] 夏明，张红霞．增加值贸易测算：概念与方法辨析[J]．统计研究，2015（6）：28-36.

[158] 刘重力，赵颖．东亚区域在全球价值链分工中的依赖关系——基于TiVA数据的实证分析[J]．南开经济研究，2014（5）：115-130.

[159] Barry Eichengreen．美元的困境——世界头号货币面临挑战[J]．郭泰译．经济资料译丛，2011（1）．

[160] 崔英敦，王要武．中韩贸易的现存问题研究[J]．商业研究，2008（12）：118-123.

[161] 胡艺，沈铭辉．中韩贸易20年：回顾与展望[J]．东北亚论坛，2012（10）：38-41.

[162] 李怡，罗勇．韩国工业化历程及其启示[J]．亚太经济，2007（1）：51-55.

[163] 李英武．中韩经贸合作的现状和发展前景[J]．东北亚论坛，

2003（8）：73-76.

［164］李准晔，金洪起.中韩贸易结构分析［J］.中国工业经济，2012（10）：31-35.

［165］廉晓梅.中韩贸易关系的发展与存在的问题［J］.东北亚论坛，2014（7）：60-63.

［166］刘鑫.中韩贸易关系现状分析与前景展望［J］.世界经济，2007（4）：27-31.

［167］李霞，廖泽芳.21世纪海上丝绸之路视域下中国OFDI与对外贸易互动研究［J］.现代经济探讨，2018（9）：52-60.

［168］王静文.东亚区域生产网络研究［D］.吉林大学博士学位论文，2007.

［169］陈继勇等.国际直接投资的新发展与对外直接投资研究［M］.北京：人民出版社，2004.

［170］秦长城.东亚生产网络的调整与中国产业升级［D］.中国社会科学院博士学位论文，2014.

［171］周昕.东亚生产网络的形成与深化：理论和实证研究［D］.南开大学，2013.

［172］秦婷婷.东亚区域产业转移研究［D］.吉林大学博士学位论文，2008.

［173］李冬.中韩贸易的发展与潜力分析［D］.吉林大学硕士学位论文，2008.

［174］［美］戴维·罗默.高级宏观经济学［M］.上海：上海财经大学出版社，2014.

［175］［美］印德尔米特·吉尔，霍米·卡拉斯.东亚复兴：关于经济增长的观点［M］.北京：中信出版社，2008.

［176］［美］保罗·克鲁格曼，茅瑞斯·奥博斯法尔德.国际经济学：理论与政策［M］.北京：中国人民大学出版社，2011.

［177］李宏艳.基于FDI视角的垂直专业化研究：理论与来自中国的

实证[M].北京：北京理工大学出版社，2011.

[178] 刘军．整体网分析[M].上海：上海人民出版社，2016.

[179] 易丹辉．数据分析与 Eviews 应用[M].北京：中国人民大学出版社，2013.

[180] 高铁梅．计量经济分析方法与建模[M].北京：清华大学出版社，2016.

[181] 王钰．东亚经贸关系——中国的视角[M].北京：科学出版社，2014.

[182] 余振．东亚区域贸易安排[M].北京：科学出版社，2010.

[183] 刘钧霆．推进我国与东亚国家自由贸易区建设研究[M].北京：经济科学出版社，2015.

[184] 陈锡康，杨翠红等．投入产出技术[M].北京：科学出版社，2011.

[185] 夏明，张红霞．投入产出分析：理论、方法与数据[M].北京：中国人民大学出版社，2011.

[186] 陈强．高级计量经济学及 Stata 应用[M].北京：高等教育出版社，2014.

[187] 孙治宇．全球价值链分工与价值链升级研究[M].北京：经济科学出版社，2013.

[188] 盛斌．中国对外贸易政策的政治经济分析[M].上海：上海人民出版社，2002.

[189] 施正荣．再造宏基[M].北京：中信出版社，2005.

[190] [德] 葛勃尔·施奈特（Gabor Steingart）．为财富而战：对权力和资源再分配与再争夺的世界大战[M].许文敏，李卡宁译．北京：国际文化出版社，2007.

[191] 宋念申．发现东亚[M].北京：新兴出版社，2018.

[192] [美] 傅高义（Ezra F. Vogel）．日本第一 [M].丹柳，张柯，谷英译．上海：上海译文出版社，2016.

［193］中日韩三国共同历史编撰委员会．超越国境的东亚近现代史（上）——国际秩序的变迁［M］.北京：社会科学文献出版社，2013.

［194］中日韩三国共同历史编撰委员会．超越国境的东亚近现代史（下）——制度、人、社会［M］.北京：社会科学文献出版社，2013.

［195］［美］莫里斯·戈登斯坦，菲利普·特纳．王传纶审校．货币错配——新兴市场国家的困境与对策［M］.李扬，曾刚译．北京：社会科学文献出版社，2005.

［196］［西班牙］圭拉姆·德拉德赫萨．全球化博弈［M］.董凌云译．北京：北京大学出版社，2005.

［197］王钰等．东亚经贸关系——中国的视角［M］.北京：科学出版社，2014.

［198］安忠荣．现代东亚经济论［M］.北京：北京大学出版社，2004.

［199］史清琪，赵经彻．中国产业发展报告［M］.北京：中国致公出版社，1999.

［200］［美］斯蒂格利茨·J.E..东亚奇迹的反思［M］.王玉清译．北京：中国人民大学出版社，2007.

致　谢

　　此书是在我的博士学士论文基础上修改完善而成！在键盘上敲下这句话的时候，不禁泪湿眼眶。五年前，顶着周围不解的目光，为了追求心中的梦想，我毅然辞职进入人民大学精致凝练的校园。回首时光，有兴奋与激情，有压力与迷茫，有挫折与艰难，更有沉甸甸的收获与感动。这一切是我不懈的坚持与努力的结果，但更凝聚了太多人的无私帮助和心血。

　　首先，我要感谢我的博士生导师彭刚教授。没有他的无私帮助，我断不可能进入我心中的学术盛殿，攻读博士学位；没有他的细心指导和不吝提携，我断不可能顺利完成学业；没有他的涓涓教诲和细致修改，我断不可能顺利完成博士论文写作。彭老师心胸阔达、学识渊博、认真细致，这些宝贵的品格让我受益终生。还有黄卫平教授、关雪凌教授，他们对我的谆谆教诲，让我领悟到何谓做学问、何谓做人，这让我有自信可以从容地面对一切未知的挑战和考验。

　　其次，我要感谢我的爸爸和妈妈。父爱如山，母爱如海。尽管我已经为人妻、为人母，但是依然依赖爸爸和妈妈无微不至的照顾和毫无保留的付出，他们包揽了全部的家务，连我为人母的责任也一并承担。本书的写作过程充满艰难与挫折，爸爸和妈妈甚至还要承受我无法控制的暴躁脾气与莫名其妙的迁怒，他们毫无怨言。每思及此，泪湿衣襟，愧疚满怀。尽管爸爸和妈妈是普通的，是平凡的，但是他们是我一生最大的骄傲！我爱你们！

　　再次，我要感谢我的儿子们。2014年我和大儿子九九共同进入校园，2017年我们又一同走出校园，不同的是，这次是我学生生涯的终点，却是你学生生涯的起点。学海多苦旅，希望你目睹的妈妈这段求学经历，能给你的学习生涯增添勇气和信心。犹记得博士入学时两个最大的愿望就是，再生一个宝宝，再戴一顶帽子，如今全部实现。懵懂的小又又啊，也许自你出生妈妈就疏于对你的照顾，但是妈妈对你的爱并不比任何人少。孩子们，你们是我不断努力的动力，希望你们快乐、健康！

我还要感谢我的挚友们。从我们充满戏剧性的相遇至今，友谊弥坚。在我遇到挫折时，当我苦闷时，与她们动辄数小时的通话成为我心灵的慰藉。是她们的鼓励、毫无保留的经验分享和中肯的建议让我得以更顺利地克服困难、迎接挑战。平生得此知己足矣！你们的友谊是我一生的宝贵财富。还有好多关心我、帮助我的亲人和朋友，在这里一并感谢。

最后，我特别要感谢中共天津市滨海新区区委党校。此书是我主持的校级课题《东亚生产网络演进与中国地位选择》的最终成果，它能顺利完成并出版离不开中共天津市滨海新区区委党校各位领导的关心和大力支持，离不开各位同事不遗余力的帮助。对此无以为报，唯更勤奋尔。

还要感谢经济管理出版社的各位编审老师的辛勤工作，使本成果顺利出版。

新时代新征程，在此祝愿大家一切顺利！

李霞

2019 年 7 月